Isabel Losada
Auf dem Holzweg zur Erleuchtung

Isabel Losada

Auf dem Holzweg zur Erleuchtung

*Von einer, die auszog,
das Glück zu suchen*

Aus dem Englischen von Ariane Böckler

Ullstein

Für Robert
Mit Dank für deine Inspiration

Inhalt

Prolog:
Am Anfang ankommen 9

Erster Schritt:
Heraus aus der Behaglichkeitszone
Insight-Seminare –
eine »Ändern-Sie-Ihr-Leben-jetzt«-Geschichte 16

Zweiter Schritt:
Tai Chi und freiwilliger moralischer Verfall
Ein Sommerurlaub, zufällig mit dem Erlernen
von Tai Chi und dem Sinnieren über eine
Sackgasse verbracht 38

Dritter Schritt: Klösterliche Klugheit
Ganz im Ernst: Ein Abstecher ins Kloster 54

Vierter Schritt: Die Entdeckung des Widders
Ein Besuch beim Astrologen, das Leben als Widder
und die Verdopplung meiner selbst 68

Fünfter Schritt: Der inneren Göttin Ausdruck verleihen
Frau sein – Nacktheit eingeschlossen 79

Sechster Schritt: Tantrischer Sex – Ja! Ja! Ja!
Das Spirituelle trifft das Sexuelle 91

Siebter Schritt: Bin ich etwa ko-abhängig?
Unverlangte Ratschläge geben und Unrecht haben 109

Achter Schritt: Unter der Gürtellinie
Körperlicher geht es nicht: Darmspülungen 122

Neunter Schritt:
Die eigene Geburt noch mal erleben
Rebirthing – mehr als wundersam 141

Zehnter Schritt: Frühere Existenzen mit Holztüren
Verdursten an einem Samstagnachmittag 159

Elfter Schritt:
Ich werde gerolft, gesteinigt und geknetet
Auf der Suche nach der ultimativen Massage 187

Zwölfter Schritt: Mit Stil »Leck mich« sagen
Ein Wut-Abreaktions-Wochenende 210

Dreizehnter Schritt:
Der Hypnotiseur, das Genie und der Dicke
*Neurolinguistisches Programmieren, Spinner
und Spinnen* 223

Vierzehnter Schritt:
Engel, Feen und kahlköpfige Nordlichter
Die unsichtbare Welt: Ein Ausflug 255

Epilog:
Immer noch auf halbem Weg 281

Danksagung 286

Prolog:
Am Anfang ankommen

Ich bin mit hemmungsloser Neugier gesegnet. Ich möchte herausfinden, wie ich Tag für Tag irrsinnig glücklich sein kann. Kennen Sie diese Leute, die permanent einen heiteren Optimismus ausstrahlen, ganz egal, was in ihrem Leben los ist? Unerträglich, was? Ich will auch so werden.

Ich meine nicht die, die zwar heiter wirken, aber nach zehn Sekunden den Verdacht in einem aufkeimen lassen, dass sie in Wirklichkeit schwer deprimiert sind. Und auch nicht diejenigen, die »zufrieden« sind (mein Exmann ist ein sehr »zufriedener« Mensch). Ich würde Verzweiflung allemal noch der Zufriedenheit vorziehen. Ich will lernen, wie man das Leben umfassend, überschäumend, himmelhoch jauchzend und gedankenlos lebt. Das ist mein Ziel. Erleuchtung.

Bis jetzt bin ich noch nicht allzu weit gekommen.

Ich bin das Ergebnis einer Affäre in Paris. Mein Vater war offenbar ein spanischer Diplomat, und damit wissen Sie nun ebenso viel über ihn wie ich. Mir gefällt die Vorstellung, dass mir das spanische Blut einen Hauch exotischer Unergründlichkeit verleiht. Er schenkte mir eine Haut, die in der Sonne schnell bräunt, und das Leben selbst, wofür ich ihm dankbar bin. Aber wenn Sie engagiert würden, um in einem Film über mein Leben seine Rolle zu spielen, kämen Sie auf der Karriereleiter nicht groß voran.

Meine Mutter arbeitete damals als Fremdsprachensekretärin, und als er sich weigerte, sie zu heiraten, reiste sie nach Amerika, um dafür zu sorgen, dass ich einen amerikanischen Pass bekam, und brachte mich nach England zurück, als ich sechs Monate alt war. Ich glaube, ihre eigene Mutter war ein wenig überrascht, da sie mich mit keinem Wort erwähnt hatte. Sie nahm den Namen meines Vaters an, und obwohl ich keinen gesetzlichen Anspruch auf ihn habe, ist er zeit meines Lebens der meine gewesen. Und ich klinge doch interessant damit, oder?

Allerdings soll das hier keines dieser Bücher werden, in denen Sie lückenlos alles über die Kindheit der Autorin erfahren. Es gibt lediglich eine gekürzte Fassung. Ich lebte bei meiner Großmutter, und meine Mutter kam nur an den Wochenenden zu Besuch. Großmütter geben einem aus Tradition alles, was man will, und meine war sehr traditionsverbunden. Sie brachte mir bei, dass die Welt sich dreht und ich ihre zentrale Achse bin und alles, was ich will, bekommen kann. Als meine Mutter mich im Alter von fünf Jahren übernahm, war ich schon verdorben. Kein Mensch hatte je »nein« zu mir gesagt. Ein ausgezeichneter Anfang.

Ich war bereits viel versprechend laut, und so schickte mich meine Mutter in eine Schule für darstellende Künste. Sie kennen diese grässlichen Kinder aus Schauspielschulen? Ich war eines davon. Ich grinste im Fernsehen, sang und tanzte in Theatern, war aber absolut hoffnungslos im Addieren und Subtrahieren. Als ich mich schließlich zum Teenager entwickelt hatte, bestand die Schule zu achtundneunzig Prozent aus Mädchen, und selbst damals waren die Jungen, die eine Ballettausbildung machen wollten, nicht von der Sorte, mit der Mädchen ausgehen wollten. Wenn ich nicht in der Schule war, stellte ich Zelte auf und sang schmissige Lieder mit den Pfadfinderinnen. Außerdem hatte ich in einer Biologiestunde mal die schematische Darstellung eines Penis gesehen. Mit jemandem gesprochen, der einen besaß, hatte ich eigentlich nie.

Doch ich war unbesiegbar, und das war auch gut so, weil meine Mutter starb, als ich achtzehn war, und meine Großmutter ein Jahr später zu ihr hinaufschwebte. Meine Verwandten scheinen irgendwie einen unüberlegten Hang zum Jenseits zu haben. Mutter, Großmutter, Großvater, Tanten, Onkel – ja selbst der Vater, den ich nie kennen lernte. Denn als ich ihn endlich aufgespürt hatte, musste ich feststellen, dass auch er sich bereits in höhere geistige Sphären davongemacht hatte. Und meine Brüder und Schwestern waren nicht einmal so nett, überhaupt zur Welt zu kommen. Es ist sehr beruhigend, Geister zu Verwandten zu haben, aber beim Abwasch sind sie keine große Hilfe.

Natürlich lernte ich bald einen Mann kennen, und mit dem enormen Erfahrungsschatz einer Neunzehnjährigen ließ ich ihn bei mir einziehen. Ich glaube nicht, dass er mich besonders gern hatte, und ich weiß nicht genau, ob ich ihn gern hatte, aber irgendwie fiel uns das damals nicht auf. Er war ein gut aussehender Achtundzwanzigjähriger mit Sexappeal, doch er rauchte Pfeife, trug Pantoffeln und schaute Kricket im Fernsehen, und ich hatte auf einmal das Gefühl, achtzig Jahre zu früh in Rente gegangen zu sein. Außerdem war ich ihm ein völliges Rätsel. Ich konnte nicht kochen, ich konnte keinen Haushalt führen, und das Schlimmste war – ich interessierte mich für alles.

Ich begann als Schauspielerin zu arbeiten. Den Sommer verbrachte ich auf dem Festival in Edinburgh, wo ich an obskuren Veranstaltungsorten in ernsten Theaterstücken auftrat. Im Winter spielte ich in traditionellen Weihnachtsmärchen. Ich kann mich rühmen, in *John und der Bohnenstängel* die Bohne und in *Aladin und die Wunderlampe* die Sharon gespielt zu haben. In manchen Jahren hatte ich sogar zwischen Sommer und Weihnachten gelegentlich Arbeit. Doch in den Monaten dazwischen wurde erwartet, dass ich Zufriedenheit fand.

Der Mann im Haus wollte nichts als ein angenehmes Leben, bei dem er ungestört internationale Kricket-Vergleichskämpfe verfolgen konnte, und ich wollte andauernd etwas unternehmen. Ich las zum Beispiel ein Buch und rief plötzlich: »Wow! Hör dir das mal an!« Ich hatte – schon wieder – eine Idee entdeckt, die alles umwälzte. »Mmm?«, brummte er dann, heuchelte Interesse und versuchte sich von dem Spiel loszureißen, in dem England von den Westindischen Inseln vernichtend geschlagen wurde. Ich verkündete etwa: »Hermann Hesse sagt: ›Glück ist ein Wie, kein Was, ein Talent, kein Objekt.‹ Ist das nicht faszinierend?« Dann starrte er mich an, fragte sich wohl, warum ich so viel redete und ob ich wohl vorhätte, irgendwann ein Essen zu kochen. Es gehörte nicht zu meinen Gewohnheiten, so etwas wie »Mittagessen« oder »Abendessen« zu veranstalten – wenn ich Hunger bekam, steckte ich mir Obst in den Mund. Er stammte aus Yorkshire und erwartete in regelmäßigen Abständen etwas Heißes und Totes auf dem Teller.

Ich konnte nie einen Tag im Voraus planen und raste meist herum wie Tigger auf Ecstasy, im Kopf einen verrückten Plan, mit dem ich jemandem helfen wollte, der keine Hilfe brauchte. Ich hatte das Haus mit Mietern angefüllt, damit Geld hereinkam. Diese arglosen Seelen stammten meist aus entlegenen Gegenden der Erde und mussten dann hier erleben, wie ich ihnen Sprachunterricht aufdrängte und sie zu allen möglichen gesellschaftlichen Ereignissen mitschleppte. Das Haus war stets in chaotischem Zustand. Ich war der festen Überzeugung, dass Leute mit ordentlichen Häusern zu wenig zu tun haben, und ich kann mich erinnern, dass ich den größten Teil meiner Zeit damit zubrachte, den Mann mit den Pantoffeln dazu zu überreden, gegen seinen Willen Dinge zu tun und Ideen nachzugehen, an denen er nicht interessiert war. Ich versuchte in aller Offenheit, ihn zu ändern, aber natürlich nannte ich es nicht so. Vielleicht nannte ich es »ihn aus dem alten Trott rausholen« oder – obwohl er neun Jahre älter war als ich – vielleicht sogar »ihm helfen«.

Man sollte annehmen, dass er so schlau gewesen wäre, mich zu verlassen. Doch er überschätzte seine Anpassungsfähigkeit. Er heiratete mich. Er hatte vermutlich gehofft, ich würde ein bisschen ruhiger werden und den Wunsch entwickeln, mich der Bügelwäsche zu widmen, doch es klappte nicht. Er brauchte weitere fünf Jahre, bis er jemanden fand, mit dem er schlichte Zufriedenheit genießen konnte. Er hinterließ mir eine zweieinhalbjährige Tochter. Es lief nicht nach Plan.

Ich half in der Spielgruppe in meinem Viertel aus und

brachte meiner Tochter sowie den anderen Kleinkindern Singen und Krachmachen bei. Ich liebte meine Tochter dermaßen, dass ich an achtundneunzig Prozent der Schauspielrollen, die man mir anbot, nicht interessiert war. Eines Tages gab meine Agentin auf: »Es tut mir Leid, Isabel, aber Sie sind einfach nicht mehr vermittelbar. Sie wollen entweder einen dreizehnteiligen Historienschinken für die BBC drehen oder gar nichts.« Mit dem dreizehnteiligen Schinken hätte ich mich zufrieden gegeben, doch stattdessen bot sie mir gar nichts an.

Und so war ich ab sofort eine allein erziehende Mutter ohne Verwandte, ohne Geld und ohne Job, die abends zu Hause saß. Ich war sechsundzwanzig. Als meine Tochter zur Schule kam, schlich ich durchs Haus und war kreuzunglücklich. Ich wusste, dass ich irgendetwas tun musste, und so begann ich als Vollzeitbeschäftigung zu schlafen. Ich war grauenhaft festgefahren. Meine Mitmenschen sagten mir, dass sich unweigerlich etwas ändern würde. Das war gelogen. Alles blieb beim Alten. Monate (oder waren es Jahre?) vergingen.

Ich nehme an, ich habe die Wäsche gemacht, wie man das eben so tut. Und mit dem Briefträger, dem Milchmann und den unmittelbaren Nachbarn geplaudert. Ich habe den Rasen gemäht. Ich habe die Katze gefüttert. Ich habe sogar abgestaubt. Mieter zogen ein und aus. Endlich gehörte auch ich zu den Leuten mit einem ordentlichen Haus.

Ich hatte nicht den Mut, ohne Agentin wieder in die Schauspielerei einzusteigen, und etwas anderes konnte ich nicht. Meine Jahre auf der Schule für Bühnenkunst bedeuteten, dass ich nichts beherrschte außer Stepptanz. Also wartete ich – ich weiß nicht, worauf. Die Tage flogen vom Kalender und machten sich schonungslos über mich lustig. »Wieder ein Tag vorbei.« »Wieder ein Tag vorbei.« Ich starrte ihn an und fragte: »Na und?« Nichts änderte sich. Falls kein göttliches Eingreifen erfolgte, womit ich nicht rechnete, sah es ganz danach aus, als sei ich dazu verurteilt, bald meine Rente zu beantragen.

Dann kam der göttliche Eingriff. Eine lächelnde, selbstbewusste Freundin aus der Schauspielschule trat erneut in mein Leben und erklärte mir, dass ich so nicht weiterkäme und einen Kurs besuchen müsse, um mein Leben in den Griff zu kriegen. Bei ihr lief es im Beruf ärgerlich gut. Sie behauptete, ich »stagnierte«.

»Du bist zu hundert Prozent selbst dafür verantwortlich, was in deinem Leben geschieht.« Sie setzte ein Zahnpasta-Lächeln auf. Ich machte ihr keine Tasse koffeinfreien Kaffee. Ich ging nicht in ihren Kurs. Ich ignorierte sie.

Sie kaufte mir ein Geschirrtuch mit einer ärgerlichen Aufschrift: »Wähl deinen Trott mit Bedacht – du bleibst vielleicht lange drin.« Sie wusste, dass ich Zeit hatte, das Geschirr abzutrocknen, statt es auf dem Abtropfgestell stehen zu lassen. Ich ignorierte sie trotzdem. Ich überlegte mir, dass es vielleicht eine gute Idee wäre, auf die Universität zu gehen und einen akademischen Grad zu erwerben. Drei Jahre später war ich höher qualifiziert und immer noch festgefahren.

»Du führst das Leben, das du willst, weil du es selbst gestaltet hast«, fuhr Fiona fort, nachdem sie mir in den drei Jahren nur kurz Ruhe gelassen hatte, damit ich meine Prüfungen schreiben konnte. »Mach doch mal ein Seminar; das wird dir helfen, dein Leben wieder auf Kurs zu bringen.«

Ein Seminar über das Leben? Mein Widerstand war gewaltig. Es handelte sich zweifellos um eine Sekte.

»Der Kurs ist nicht religiös«, widersprach sie. Mir gingen die Argumente aus. Die Universität war eine interessante Ablenkung gewesen, doch geholfen hatte sie nicht. Allerdings wurde das Seminar von Amerikanern veranstaltet. Jedes Gedankengebäude, das aus Kalifornien stammt, ist ja wohl von vornherein höchst verdächtig. Dazu musste ich nicht unbedingt wissen, woraus es bestand.

»Vorverurteilen geht über Probieren?«, spottete sie. »Ich hatte eine höhere Meinung von dir. Und überhaupt – was hast du schon zu verlieren?«

Mir fiel nichts ein. Sie war strapaziös beharrlich.

»Isabel, mach dieses Insight-Seminar. Wenn es dir nicht gefällt, kannst du immer noch gehen.«

Und so siegte sie. Vielleicht hatten sie ja auch ein oder zwei Dinge zu sagen, die mir nützen konnten. Auf die würde ich lauschen und den Rest überhören. Ich war fest entschlossen, mir nicht von einem schmunzelnden Amerikaner mit Wandtafel sagen zu lassen, wie ich mein Leben leben sollte. Schließlich hatte ich jetzt einen Universitätsabschluss. Ich konnte diese Typen austricksen.

Doch die Person, die mein allererstes Seminar leitete, war eine Frau. Und eine Tafel hatte sie auch nicht.

Erster Schritt:
Heraus aus der Behaglichkeitszone

Insight-Seminare – eine »Ändern-Sie-Ihr-Leben-jetzt«-Geschichte

Man kriegt ein Schildchen, auf dem in auffälligen Großbuchstaben der eigene Name steht und das man tragen muss. Das wirkte sich lästig aus, da ein wildfremder Typ auf mich zukam und sagte:»Du bist also Isabel?« Und ich konnte mit absoluter Sicherheit erwidern:»Ja, und du bist Tom.« Selbstoffenbarung ist etwas Wundervolles.

Ich war in einem Hotel im Norden Londons eingetroffen, wo ich in einen großen Konferenzraum mit einem hässlichen Teppich und hässlichen Vorhängen geführt wurde. Der Gesamteindruck war, na ja, hässlich eben. Ich fragte mich, was in aller Welt da auf mich zukam. Anwesend waren etwa hundert Leute aus allen Alters-, Gewichts- und Gesellschaftsklassen; ältere Matronen und an Hippies erinnernde Mittzwanziger, Banker-Typen in Anzügen und verdächtig wirkende, ungepflegte Gestalten, die aussahen, als könnten sie sich als lokale Anlaufstelle für allerlei Interessantes erweisen. Die Guten, die Bösen und die Hässlichen – und alle trugen sie Namensschilder. Ich hatte gehört, dass John Cleese, Janet Reger, Terence Stamp und Bernard Levin den Kurs absolviert hatten, doch in der Woche, die ich mir ausgesucht hatte, schien eklatanter Mangel an Prominenten zu herrschen. Ein Jammer. Ich hätte gern neben Terence Stamp gesessen.

Reihen von samtgepolsterten Stühlen standen vor einem großen Podium mit einem Tisch und einem phänomenalen Blumenbukett. Man hatte große Schachteln pastellfarbener Papiertaschentücher auf alle planen Fläche verteilt, und im hinteren Teil des Raumes standen Leute und lächelten – reichlich selbstgefällig, wie ich fand, als wollten sie sagen:»Ha ha ha, wir wissen, weshalb die Taschentücher da sind.« Vielleicht könnte ich jetzt einfach gehen und mir eine kreative Ausrede für Fiona einfallen lassen?

Ein Overheadprojektor warf die Worte »Nimm an deinem Erleben teil und erlebe deine Teilnahme« auf eine Leinwand. Rasch sah ich mich noch einmal um, um mir den Verdacht zu bestätigen, dass ich von einem Haufen einsamer, trauriger Menschen ohne Lebensinhalt umgeben war, und dann begann ich munter auf das Opfer auf dem Stuhl neben mir einzuschwatzen. Was genau konnten sie wohl mit den Worten auf der Leinwand meinen? Sie wollten, dass wir so umfassend wie möglich »teilnahmen« und die Tatsache, dass wir das taten, »erlebten«. Das schien mir akzeptabel. Ich erwartete zwar nicht viel von diesen kalifornischen Typen, aber ich würde aufpassen. Ich beschloss, dass ich mir, wenn sie auch nur eine einzige nützliche Aussage zu bieten hatten, die mir dabei helfen konnte, mein Leben auf Kurs zu bringen, diese auf gar keinen Fall entgehen lassen würde.

Eine schicke, schlanke und seriöse Amerikanerin im Seidenkostüm kam herein. »Willkommen zum Insight-Seminar.« Sie lächelte. Schon fasste ich eine Abneigung gegen sie. »Na, haben Sie sich alle umgesehen?«, fragte sie. »Sie wissen sicher noch, dass man Ihnen beigebracht hat, wie unhöflich es ist, andere anzustarren. Tja, wir fordern Sie zum Starren auf. Sehen Sie sich all die anderen Leute hier im Raum an. Ein komischer Haufen, stimmt's?« Ich war ihr einen Schritt voraus – zu diesem Schluss war ich nämlich selbst schon gekommen. »Wenn Sie sich umsehen ...«, fuhr sie lächelnd fort, »nehmen Sie wahr, was für Schlüsse Sie über andere Menschen ziehen ... wer interessant aussieht und wer nicht ...« Mir waren keine Interessanten aufgefallen. »Und dann fragen Sie sich vielleicht, was die anderen denken, wenn sie Sie anschauen.« Mmm. Ich war ohnehin anders als die anderen. Ich war nur hier, um Fiona eine Freude zu machen.

»So, und jetzt schauen wir mal, wie viele von Ihnen nur hier sind, weil sie dem Drängen einer Freundin oder eines Freundes nachgegeben haben.« War die Frau Hellseherin? Alle

17

im Raum hoben die Hand, ich selbst eingeschlossen. Gelächter. Wenigstens hatten sie Humor. »Und jetzt besprechen wir ein paar Richtlinien für das Seminar.« Ein attraktiver Inder im Anzug trat vor und wechselte die Folie im Overheadprojektor. »Nutze alles für deine Erfahrung, Erbauung und Entwicklung.« Sie ließ es uns wiederholen wie kleine Kinder, damit wir uns den Satz einprägten. Waren wir nicht nur hoffnungslos, sondern auch noch zurückgeblieben? Offensichtlich. Doch mir gefiel die erste Anweisung – sie erschien mir absolut stichhaltig. Dann kam die zweite Richtlinie: »Kümmere dich um dich selbst, damit du dich um andere kümmern kannst.« Das schien mir doch verkehrt herum zu sein. Hatte ich nicht gehört »Liebe deine Nächsten wie dich selbst«? Vielleicht war es aber logischer, sich zuerst um sich selbst zu kümmern, weil man dann nicht zu erschöpft war, um sich um seine Mitmenschen zu kümmern. Vielleicht war das ja praktischer, oder vielleicht war es auch ketzerisch oder widersinnig, oder vielleicht machte es gar keinen so großen Unterschied. In einem meiner seltenen lichten Momente beschloss ich, nicht aufzustehen und die Aussage anzufechten.

Anschließend unterhielt die Frau uns mit Geschichten über die Übungen und Spiele, die unser »empirisches Lernen« in den nächsten Tagen ausmachen sollten. Dann bekamen wir Gelegenheit, die anderen »Sektenmitglieder« zu beäugen, nämlich die lächelnden Leute, die an den Wänden des Raums standen, nicht die Opfer auf den Stühlen. Einer nach dem anderen traten sie ans Mikrofon: »Ich heiße Martin und leite eine Software-Firma«, »Ich heiße Val und bin Pianistin«, »Ich heiße Paul und bin Reitlehrer«, »Ich heiße Emma und bin Fotografin«, »Ich heiße Steven und bin Anwalt«. Es war zwar nicht Hollywood, aber immerhin wirkten sie ziemlich normal. Vielleicht hatte man sie allesamt einer gründlichen Gehirnwäsche unterzogen.

»Manche Leute denken, wir seien hier, um Ihnen eine Gehirnwäsche zu verpassen«, fuhr die hellseherisch begabte Amerikanerin fort. »Doch wir sind nur hier, um Ihnen ein paar

Ideen vorzustellen, von denen wir hoffen, dass sie Ihnen in Ihrem Leben nützlich sein können. Wenn sie Ihnen gefallen, verwenden Sie sie, wenn nicht, ist es auch recht.« Es musste doch Ominöseres dahinter stecken als das. »Andere Leute halten uns für eine ominöse Sekte.« Ja, genau! »Sekten haben meist geistliche Führer, die wollen, dass Sie ihnen folgen«, sagte sie grinsend. »Wie Sie sehen, halte ich dieses Seminar – und ich sage gleich, bitte folgen Sie mir nicht, weil ich nächste Woche nach Amerika zurückfliege und mein Haus schon ziemlich voll ist. Und mit meinem Mann, den Kindern und dem Hund haben wir wirklich keinen Platz mehr.« Ich musste zugeben, dass sie nicht aussah wie eine Sektenführerin. Nirgends eine Spur von einem orangefarbenen Gewand oder Sandalen. Sie hatte nicht die geringste Chance, mich als Jüngerin zu gewinnen.

Der Sinn der Anordnung »Nutze alles für deine Entwicklung« zeigte sich darin, dass wir beobachten konnten, wie wir mit allem umgingen, was sie uns vorsetzten. Die Amerikanerin nannte uns ein paar Vorschriften für das Seminar, und alle (ich natürlich nicht), die ein Problem mit Vorschriften hatten, standen auf und beschwerten sich, noch bevor sie dazu gekommen war, ihre Aussage zu Ende zu bringen. Aufgrund der Geheimhaltungspflicht kann ich Ihnen hier nicht alle Vorschriften nennen, aber ich kann durchblicken lassen, dass Drogensüchtige und Alkoholiker sich vermutlich nach der Tür umsahen. Es dauerte nicht lange, bis wir begriffen, dass all das zum »Prozess« gehörte – unsere Achillesfersen fingen bereits an, ein wenig zu schmerzen. Bald sahen wir, wer ein Problem mit Vorschriften, Zuspätkommen, Geld, Sprechen vor Mikrofonen, seinen Eltern, Männern, Frauen oder einfach anderen Menschen hatte. Diejenigen, die ein Problem mit anderen Menschen hatten, sollten dies erkennen, noch bevor der Abend zu Ende war.

Wir befanden uns im ersten »Prozess«. Vier Sätze wurden vom Overheadprojektor an die Wand geworfen:

Ich bin bereit, offen zu dir zu sein.
Ich bin nicht bereit, offen zu dir zu sein.
Ich weiß nicht genau, ob ich bereit bin, offen zu dir zu sein.
Ich möchte nicht sagen, ob ich bereit bin, offen zu dir zu sein.

Die Übung bestand darin, im Raum umherzugehen und, wenn wir auf eine neue Person stießen, einen dieser Sätze zu ihr zu sagen. Das war leicht. Ich beschloss, dass ich gern zu allen offen sein wollte, und außerdem wollte ich niemanden damit kränken, dass ich sagte, ich wolle nicht offen zu ihm sein. Also spazierte ich einfach im Raum herum, lächelte Leute an und wiederholte: »Ich bin bereit, offen zu dir zu sein«, ohne mir richtig zu überlegen, was ich da machte.

Dann sagte sie: »Bitte bleiben Sie stehen. Schließen Sie die Augen. Wenn Sie die Übung jetzt fortsetzen, möchte ich, dass Sie sich überlegen, ob es noch eine tiefere Ebene von Aufrichtigkeit gibt, auf die Sie gehen könnten ... Und weitermachen.« Ich ging weiter und begegnete anderen Gesichtern. Ich ertappte mich dabei, wie ich sagte: »Ich weiß nicht genau, ob ich bereit bin, offen zu dir zu sein.« Dann kam ein Mann auf mich zu, der übereifrig wirkte. Ich spürte einen Anflug von Panik und beschloss, ihm nachzugeben – »Ich bin nicht bereit, offen zu dir zu sein«, sagte ich. Er machte einen geknickten Eindruck. »Ich bin bereit, offen zu dir zu sein.« Er mühte sich tapfer, nicht niedergeschmettert dreinzusehen. Dann kam eine schrill aussehende Frau auf mich zu. »Ich bin nicht bereit, offen zu dir zu sein«, sagte sie. Ich dachte: »Tja, sie hat wohl ein Problem.« Ich erwog meine Antwort. »Ich möchte nicht sagen, ob ich bereit bin oder nicht«, sagte ich. Doch entsprach das meinen wahren Gefühlen, oder war es nur eine Reaktion? Die Süße der Rache? Dann war die Übung zu Ende. Ich war froh darüber. Es war nicht so leicht gewesen, wie ich gedacht hatte.

Wir setzten uns, und dann bekam jeder, der etwas über dieses Erlebnis sagen wollte, die Gelegenheit, ans Mikrofon zu treten. Hände schossen in die Höhe. »Ich fand es furchtbar, wenn jemand gesagt hat, dass er nicht offen zu mir sein will«, sagte eine junge Frau von etwa fünfundzwanzig Jahren. Sie sah betroffen drein. Mir wurde klar, warum die Taschentücher später gebraucht werden könnten. Sie fuhr fort: »Ich glaube, ich bin ein offener Mensch, und ich bin gern für andere da. Deshalb hat es mich richtig verletzt, wenn Leute gesagt haben, dass sie nicht offen zu mir sein können.«

»Sie sind also im Wesentlichen bereit, offen zu anderen Menschen zu sein?« Die schicke Amerikanerin verwandelte sich in eine Personifizierung von Empathie und Verständnis.

»Ja.«

»Und wenn jemand nicht bereit ist, offen zu Ihnen zu sein, mit wem hat das dann zu tun?«

»Mit dem anderen, nehme ich an.«

»Sind Sie verantwortlich für die anderen?«

»Nein. Oh. Danke.«

Sie setzte sich. Wir klatschten, um ihre Tapferkeit anzuerkennen. Dieses Am-Mikrofon-Sprechen nannten sie »Sich-Einbringen« – obwohl ich nicht verstand, warum man es nicht »Sprechen« nennen konnte.

Eine zweite Hand winkte in der Luft.

»Ich bekam Schuldgefühle, weil ich, wenn Leute zu mir gesagt haben, sie seien bereit, offen zu mir zu sein, das Gegenteil gesagt habe. Aber das hatte gar nichts damit zu tun, was ich ihnen gegenüber empfunden habe. In der momentanen Phase meines Lebens bin ich einfach nicht bereit, zu irgendjemandem offen zu sein.«

Es steckte mehr dahinter, als man auf den ersten Blick sah. Ich erkannte bereits, wie das mit meinem Leben zusammenhing. Der letzte »Freund«, der nach Pantoffelmann durch mein Leben gerast war, hatte nur Freundschaft gewollt. Er rief jeden Tag an, führte mich zum Essen aus und setzte mich dann in die Bahn nach Hause. Er kam nie mit und blieb über Nacht. Vielleicht war es gar nicht so, dass mit mir etwas nicht stimmte? Vielleicht hatte es ja auch etwas mit ihm zu tun gehabt? Vielleicht war ich gar nicht die am wenigsten begehrenswerte Frau von ganz London?

Die Woche schritt voran. Es war alles sehr durchdacht. Das »Sich-Einbringen« hieß, irgendetwas zu sagen, was man sagen wollte, angefangen von »Meine Katze hat heute morgen gekotzt« bis zu »Ich habe vor, meinen Liebhaber umzubringen«. Niemand wurde zum Sprechen gezwungen, aber als Gruppe wurden wir alle ermuntert, uns irgendwann »einzubringen«. Die lächelnde Amerikanerin sagte uns, dass öffentliches Sprechen bei Frauen die drittgrößte Angst nach Tod und Gebären ist. Für Männer ist offenbar Gebären die größte Angst, dicht gefolgt von Tod und öffentlichem Sprechen. Natürlich war das keine echte Statistik, und sie grinste breit, während sie uns einschärfte, dass wir sie nicht zu ernst nehmen sollten, aber es machte ihr Anliegen denjenigen klar, die meinten, sie würden lieber sterben als ans Mikrofon treten. Ich sonnte mich erneut in Selbstgefälligkeit. Geboren hatte ich bereits, und ich habe mich damit abgefunden, dass wir alle sterben müssen. Aber öffentlich sprechen finde ich herrlich. Bei der geringsten Aussicht darauf, im Mittelpunkt zu stehen, bin ich sofort zur Stelle.

Ich wollte mich mit einem echten Problem »einbringen«. Angehörige des anderen Geschlechts sorgen doch zuverlässig für Probleme, finden Sie nicht? Ich hatte ein winziges Problem mit einem Mann, den ich mochte, der verheiratet war und in einem anderen Erdteil lebte. Er war einmal vorbeigekommen, als ich zu Hause festsaß, und sieben Tage geblieben, gerade lange genug, dass ich mich bis über beide Ohren in ihn verliebte, bevor er mit einem Taxi zum Flughafen entschwand und davonflog. Ich wusste, dass es mir nicht gerade gut tat, einen Haufen unrealistischer Vorstellungen auf jemanden zu projizieren, der nicht zu haben war und den ich nie sah, und ihm zu gestatten, das gleiche mit mir zu tun. Also beschloss ich, aufzustehen und darüber zu sprechen. Mal sehen, was für schlaue Ratschläge die Frau mit ihren vielen Antworten wusste. »Sie sind also verrückt nach einem verheirateten Mann?«, fragte sie. »Verrückt?!« Von ›verrückt‹ habe ich nichts gesagt«, widersprach ich und verzog dabei das Gesicht, »ich habe lediglich gesagt, dass ich viel an ihn denke.« Doch das Argument saß. Es stimmte. Es war höchste Zeit, dass ich diese spezielle »Dysfunktion« aufgab und mir wenigstens eine suchte, die Single war. Auch wenn es sich um den attraktivsten, sexysten, anziehendsten, hoch gewachsensten und begabtesten Filmausstatter Hollywoods handelte, der mir je untergekommen war. Auch wenn ich bei unserer ersten Begegnung endlich den Sinn des Ausdrucks »Verlangen auf den ersten Blick« begriffen hatte. Auch wenn er mich regelmäßig anrief, um mir zu sagen, wie sehr er mich liebte (und wie sehr er seine Frau liebte, was er meist erwähnte). Er musste weg. Ich musste frei sein. Jetzt war eine Foto-und-Brief-Verbrennungszeremonie angesagt.

Dann fingen sie mit der »Behaglichkeitszone« an. (Jetzt gut aufpassen!) Die Frau zeichnete auf ein Flipchart ein Strichmännchen, das uns repräsentieren sollte. Dann zog sie einen Kreis drum herum. »Das stellt all die Dinge dar, bei denen oder mit denen wir uns behaglich fühlen, und das außerhalb des Kreises stellt unsere Erweiterung dar.« Äh, ja? »Jeder von Ihnen hat eine andere Behaglichkeitszone, und bei jedem von Ihnen gibt es einen Punkt, ab dem ihm bei der Vorstellung, ein Risiko einzugehen, unbehaglich zumute wird.« Meine Nachbarin hatte ihren offenbar schon erreicht. Sie versuchte seit Tagen den Mut aufzubringen, ans Mikrofon zu treten, und hatte noch kein Wort gesagt. »Jedes Mal, wenn Sie an den Rand der Behaglichkeitszone kommen und anfangen, sich unwohl zu fühlen – gehen Sie das Risiko ein.« Ich würde also nicht nur meine fröhlich dysfunktionalen Gewohnheiten aufgeben, sondern mich auch noch weiterentwickeln müssen? Nach und nach legte ich meinen Zynismus ab und begann zwischen Angst und Vorfreude zu schwanken. Meine Behaglichkeitszone war enger und enger geworden, bis ich nur noch eine allein Erziehende war, die zu Hause saß. Ich hatte mir angewöhnt, kaum noch aus dem Haus zu gehen. Wie konnte ich anfangen, aus dieser Enge herauszutreten und Mut zu beweisen? Ein paar Kleinigkeiten, die ich gern tun würde, kamen mir in den Sinn: umziehen, einen neuen Job suchen, eine neue Beziehung eingehen. Das sollte für den Anfang genügen.

Die Unterweisung war beängstigend klar, aber stets humorvoll. Eines Abends erzählte sie uns eine Geschichte. »Während meiner gesamten Schulzeit war es mein Traum gewesen, Europa zu sehen«, begann sie. »Ich sparte und sparte, und endlich kam der große Tag, an dem ich meine Reise antreten konnte. London war mein erstes Ziel, und ich war voller Vorfreude. Ich flog nach London und fuhr zu meinem Hotel. Doch als ich dort eintraf, merkte ich, dass man mir die Brieftasche gestohlen hatte. Alles war darin gewesen – mein Pass, das Geld für die gesamte Reise, Reiseschecks, Versicherungsbescheinigung, Flugtickets und Reiseunterlagen, einfach alles. Ich setzte mich im Hotel auf den Fußboden und weinte. Ich musste die Reise abbrechen, auf die ich mich schon so lang gefreut hatte.« Sie hielt inne und lächelte. »Bekomme ich kein Mitgefühl? Jetzt mal alle ›ohhhh‹ sagen.«

Wir gehorchten: »Ohhhh.«

»Das ist eine Opfergeschichte. Solche haben wir alle. Ich möchte, dass sich jeder von Ihnen einen Partner sucht und ihm eine von Ihren erzählt.«

Ich wandte mich um und erblickte eine attraktive Blondine in einem Leinenkostüm und einer Wolke Chanel No. 5. Ihr Namensschild sagte mir, dass ihre Mutter den Namen Charlotte-Anne gewählt hatte. Sie sah mich ermunternd an. Ich begann. »Letztes Jahr habe ich einen Untermieter aufgenommen, um einem Freund einen Gefallen zu tun. Er war Schauspieler und trat in einem Stück im West End auf. Mein Freund war der Regisseur, und er suchte verzweifelt nach einer Unterkunft für diesen Schauspieler. Ich sagte, ich könne ihn ohne weiteres drei Wochen lang aufnehmen. Ich war wirklich nett zu ihm, aber als dieser Typ auszog, mietete er sich einen Transporter, stahl alles, was ihm gefiel, aus meinem Haus und verschwand. Ich wandte mich an das Theater, um mich zu beschweren, und sie erklärten mir völlig unmissverständlich, dass sie nichts unternehmen würden. Mein Freund, der Regisseur, meinte nur: ›Ach herrje, das tut mir Leid.‹ Was sagt man dazu?«

Dann erzählte Charlotte-Anne ihre Geschichte. »Letzte Woche ging ich am helllichten Tag eine Straße entlang, und auf einmal wurde mir eine goldene Uhr, die zehntausend Pfund wert ist, vom Arm gerissen. Zwei Burschen stürzten sich auf mich, warfen mich um und stahlen sie einfach. Es war die Uhr meines verstorbenen Vaters.« Ich zeigte angemessenes Mitgefühl. Dann ergriff die Amerikanerin wieder das Wort.

»Und jetzt wollen wir dem Gedanken nachgehen, ein bisschen verantwortungsbewusster zu sein. Ich möchte nun ein paar Einzelheiten über meine Geschichte hinzufügen, die ich Ihnen vorher verschwiegen habe. Zuerst einmal wusste ich, dass es dumm war, das ganze Geld und sämtliche wichtigen Papiere in meiner Brieftasche aufzubewahren. Doch ich ignorierte die warnende Stimme in meinem Kopf, die sagte: ›Sei nicht so dumm, das alles am selben Ort zu verstauen.‹ Eine solche Warnung nennen wir eine rote Flagge.« Sie zeichnete eine rote Flagge auf ein Flipchart. »Ich hatte einen Rucksack und dachte mir beim Packen, dass es vermutlich keine gute Idee wäre, die Brieftasche in das kleine Fach ganz außen zu stecken, aus dem sie jeder stehlen konnte. Ich hätte sie in eine Gürteltasche oder tief unten in den Rucksack stecken können, sodass man von außen nicht herangekommen wäre. Das war meine zweite rote Flagge. Ich ignorierte sie. Als ich in London in die U-Bahn stieg, sah ich etwa zehn Schilder mit dem Hinweis ›Vorsicht vor Taschendieben!‹ und dachte mir, dass ich meine Brieftasche vielleicht aus dem Außenfach nehmen sollte. Ich tat es nicht.« Eine Reihe roter Flaggen erschien. »Zu guter Letzt merkte ich noch, dass die U-Bahn ziemlich voll war, und ich spürte, wie sich mehrere Leute an mich drängten und mich anrempelten. Mir kam sogar der Gedanke: ›Es wäre ziemlich leicht, mir hier die Brieftasche zu klauen.«»Vier rote Flaggen.»Und wissen Sie was? Als ich ins Hotel kam und merkte, dass die Brieftasche weg war, wunderte ich mich.«Wir lachten.»Und jetzt möchte ich Sie bitten, Ihre Geschichten erneut zu erzählen und die Details einzufügen, die Sie beim ersten Mal weggelassen haben.«Wir rutschten auf unseren Sitzen hin und her.

Ich begann.»Ich sollte hinzufügen, dass mein Freund, der Regisseur, mich nicht explizit darum gebeten hat, diesen Schauspieler aufzunehmen. Ich habe es angeboten. Und der Regisseur erzählte mir, dass der Schauspieler aus seinem vorherigen Zimmer rausgeflogen war. Ich nehme an, das hätte man als das betrachten können, was sie eine rote Flagge nennt.« Meine Partnerin stimmte mir zu und meinte, dass wohl jeder, der nicht farbenblind ist, dies hätte erkennen können.»Und als ich das Angebot machte, hat er mich sogar noch davor gewarnt und gesagt, dass er den Schauspieler nicht besonders gut kenne und sich nicht sicher sei, ob er vertrauenswürdig sei. Die Wahrheit ist vermutlich, dass ich den Regisseur beeindrucken und ihm helfen wollte. Als der Typ einzog, zahlte er mir die Miete nicht, die er zugesagt hatte, und erzählte eine Ausrede nach der anderen; also hätte ich eigentlich sofort etwas tun müssen.« Mittlerweile hielt sie drei Finger in die Höhe.»Ich wusste, dass es dumm war, ihm einen eigenen Schlüssel zu geben, aber ich tat es trotzdem.«Vier Finger.»Und als ich genau zu dem Zeitpunkt, als das Stück abgesetzt wurde, übers Wochenende wegfuhr, dachte ich mir: ›Wenn ich dieses Wochenende wegfahre, könnte er verschwinden und meine ganzen Sachen mitnehmen.‹ Als er es dann tat, war ich verblüfft. Vielleicht hätte ich ein bisschen verantwortungsbewusster sein können?« Erstaunlicherweise pflichtete sie mir bei. Doch ihre Geschichte kam mir anders vor.

»Aber du wurdest doch einfach am helllichten Tag überfallen?«

»Ja. Aber es gibt ein paar Einzelheiten, die ich weggelassen habe.«

»Tatsächlich?« Das war faszinierend.

»Zuallererst wusste ich natürlich, dass ich keine Uhr tragen sollte, die finanziell und emotional dermaßen wertvoll ist. Meine Mutter hatte mich noch am selben Morgen gewarnt, dass die Uhr so, wie ich gekleidet war, ausgesprochen gut zu sehen war, und mich sogar gefragt: ›Willst du das wirklich riskieren?‹ Also hat sie, glaube ich, eine rote Flagge vor mir geschwenkt. Und mir war bereits unbehaglich dabei, die Uhr so offen zu tragen, sodass ich die Stimme in meinem eigenen Kopf ignoriert habe.« Sie machte eine Pause. »Ich habe nicht erwähnt, dass es eine sehr gefährliche und unterprivilegierte Gegend Londons war, in der ich mich aufhielt, als ich überfallen wurde, oder?«

»Nein«, bestätigte ich schmunzelnd, »das hast du nicht erwähnt.«

»Und ich habe zwar gesagt ›am helllichten Tag‹, aber in Wirklichkeit dämmerte es bereits. Ich habe diese zwei Männer gesehen, die herumstanden, nichts taten und mich musterten. Ich fand, dass sie bedrohlich wirkten, und bin daher in einen Süßwarenladen gegangen. Während ich dort drinnen war, sagte ich mir: ›Geh nicht weiter diese Straße entlang, kehr um.‹ Doch dann ignorierte ich diesen Rat und redete mir ein, ich sei nur paranoid. Ich dachte sogar noch an die Uhr ... aber ich bin trotzdem die Straße weitergegangen.« Inzwischen zählte ich die roten Flaggen schon gar nicht mehr. »Es ist interessant, jetzt, wo ich daran denke. Ich habe die Gefahr gespürt.« Ich dankte der uhrlosen, nach Chanel duftenden Charlotte-Anne dafür, dass sie meine Partnerin gewesen war.

Die Amerikanerin begann mit ihrer Erklärung. »Wir behaupten nicht, dass es Ihre eigene Schuld ist, wenn Sie überfahren werden. Es geht nicht darum, uns selbst Vorwürfe zu machen. Aber wir behaupten, dass wir alle verantwortungsbewusster handeln und aufhören können, in unserem Leben so oft das Opfer zu spielen. Und wir sagen, dass wir die Verantwortung dafür übernehmen müssen, wie wir auf das reagieren, was uns zustößt. Wir fordern Sie auf, Ihre ›Verantwortungs-Fähigkeit‹ unter die Lupe zu nehmen. Sie schrieb das Wort auf ihr Flipchart.

Ich dachte über mein Leben nach. Es war nicht meine Schuld, dass alle meine Verwandten gestorben waren. Es war aber zweifellos zur Hälfte meine Schuld, dass meine Ehe gescheitert war, und voll und ganz meine Schuld, dass meine Agentin meine Set-Karte ins Altpapier geworfen hatte. Jedenfalls vermute ich, dass es in meinen Händen lag, wie ich auf all das reagierte. War ich dazu fähig, nach Gelegenheiten für »Erfahrung, Erbauung und Entwicklung« zu suchen? Offensichtlich waren sie ganz schön schlau, diese verrückten Kalifornier, die sich dieses Seminar ausgedacht hatten.

Weiter ging es damit, dass sie uns zeigten, wie wir auf unsere Mitmenschen reagieren. Ich weiß nicht, wie Sie über andere Menschen denken, aber ich dachte immer, dass die große Mehrzahl von ihnen ein reichlich hoffnungsloser Haufen ist. Zwischendurch gab es immer mal wieder einen, den ich massiv ins Herz schloss und für immer behalten wollte. Mutter Teresa hat gesagt, dass wir nach dem »Abbild Christi« in einem Menschen suchen und diese einzigartige Repräsentation des Göttlichen lieben sollen. In der Theorie ist das ja alles gut und schön. Doch es gibt Leute, die es schaffen, das Abbild Gottes fast komplett zu verfinstern. Der letzte Ort, an dem ich erwartet hätte, darin unterwiesen zu werden, wie man mit Mutter Teresas Augen sieht, war ein Konferenzraum in einem Hotel in Belsize Park.

Die Übung war leicht. Alle sollten im Raum umhergehen, und diesmal sahen wir einander in die Augen und sagten ganz einfach: »Die innere Schönheit, die ich in dir sehe, ist ...« und teilten dem anderen dann die guten Eigenschaften mit, die man erkennen konnte, wenn man ihn nur ansah. Es war erstaunlich leicht. Ein übergewichtiger Mann mit pickliger Nase und penetrantem Körpergeruch steht vor mir. Doch anstatt mir den Gedanken »Warum treibst du nicht ein bisschen Sport und wäschst dich öfter?« zu erlauben, sage ich zu ihm: »Die innere Schönheit, die ich in dir sehe, ist ...« und dann schaue ich ihn an. Offenbar quillt er über von dem Wunsch, zu lieben und geliebt zu werden. Ich sehe ihm an, dass er zuverlässig und fleißig ist, und erkenne eine Sensibilität, eine tiefe Freundlichkeit. Und so sage ich ihm das alles, indem ich die Worte benutze, die man mir gegeben hat. Als ich sage: »und ich sehe, dass du den tiefen Wunsch hast, zu lieben und geliebt zu werden«, füllen sich seine Augen mit Tränen. Er hat gelernt, wie er antworten soll. Sie geben die Antwort vor, denn sonst würde die Standardantwort meistens lauten: »Wenn du mich besser kennen würdest, würdest du nicht all diese netten Dinge sagen.« Als würde das Wissen um unsere Fehler unsere guten Seiten annullieren. Also darf er, um zu gewährleisten, dass wir das Gute hören, nur »Ich weiß« sagen.

Ich ging durch den Raum. Die Leute sagten zum Beispiel: »Die innere Schönheit, die ich in dir sehe, ist deine enorme Energie, deine Lebensfreude, deine Liebe und dein Mitgefühl«, und ich erwiderte dann »Ich weiß«, als wäre es die natürlichste Sache der Welt. Außerhalb eines Seminarraums würde ich normalerweise »Vielen Dank« sagen, wenn mir jemand ein Kompliment macht. Doch selbst das kann heißen: »Danke für Ihre Meinung, aber ich teile sie nicht«. Sagt man »Ich weiß«, nachdem einem jemand von den eigenen Vorzügen gesprochen hat, drückt das aus, dass alles, was der andere gesagt hat, wahr ist und man es bereits selbst über sich weiß. Nachdem dreißig oder mehr Leute mir von sich aus gesagt hatten, dass sie mich als aufrichtig und warmherzig sahen, musste ich zugeben, dass das, was sie in mir sahen, womöglich tatsächlich vorhanden war. Nach einer Ehe, die zu einer Studie meiner Schwächen geraten war, empfand ich es als Erleichterung, all diese angenehmen Dinge zu hören. Ich spürte, wie meine Aufrichtigkeit und Warmherzigkeit ein bisschen wuchsen, weil sie wahrgenommen und anerkannt worden waren.

Zu der Übung gehörte noch ein zweiter Teil. Nachdem wir von der inneren Schönheit gesprochen hatten, mussten wir nun hinzufügen »und ich erlebe, dass du sie verbirgst, indem du …« Unter normalen Umständen würden solche Kommentare als negativ zählen, doch hier wirkten sie nicht so. Ich ging auf eine steif aussehende Frau in förmlicher Bürokleidung zu. »Die innere Schönheit, die ich in dir sehe, ist deine kindliche Art und Verspieltheit, und ich erlebe, dass du sie verbirgst, indem du andere auf Distanz hältst und deine natürliche Autorität als Schild benutzt.« Die Frau sah überrascht drein. Auch die Antwort, die man hier geben musste, war uns beigebracht worden: »Danke, dass dir das wichtig genug war, um es mir mitzuteilen.« Die Wortwahl war offenbar genau bedacht worden. Diese zweite Antwort hieß, dass meine Wahrnehmungen zutreffend oder unzutreffend gewesen sein können. Sie können auch zur Gänze Projektionen von mir gewesen sein, doch die Adressatin vernahm sie und dankte mir dafür, dass ich sie gemacht hatte. Falls die Angaben zutreffend waren, konnten sie ihr nützen. Aber sie musste mir mit ihrer Antwort nicht verraten, ob sie fand, dass ich Recht hatte oder nicht.

Dann war ich an der Reihe. Sie sah mich aufmerksam an. »Die innere Schönheit, die ich in dir sehe, ist deine Fürsorglichkeit und Verletzlichkeit«, begann sie. So weit, so gut. »Und ich erlebe, dass du sie mit einer Überheblichkeit und einer beträchtlichen Arroganz verbirgst, die zwar auf echtem Selbstbewusstsein basieren, aber viele Menschen abstoßen.« Ich stand da und sah sie an. Ich war sprachlos, bis mir wieder einfiel, was ich sagen musste. »Oh. Danke, dass dir das wichtig genug war, um es mir mitzuteilen.« Ich ging weiter zum Nächsten, der sagte: »Die innere Schönheit, die ich in dir sehe, ist deine Sanftheit, und ich erlebe, dass du sie durch Selbstbewusstsein verbirgst.« Das nennt man wohl einen »schnellen Lernerfolg«. Die anderen hielten mich also für arrogant? Sie konnten die Verletzlichkeit nicht erkennen? Tja, anscheinend konnten sie es doch, aber sie sahen, dass sie der Art widersprach, wie ich auftrat. Sie hatten sich nicht einmal von meinem endlosen Geplapper betäuben lassen. Sie hatten all das erkannt, indem sie mich nur ansahen. Das war etwas, das mir bei meinen Interaktionen mit anderen nicht bewusst gewesen war.

Die innere Schönheit in anderen Menschen zu suchen ist

ein Trick, den ich im Alltag anwende. Bei quälend kleinlichen Prinzipienreitern zum Beispiel. Gelegentlich ertappe ich mich dabei, wie ich denke: »Der da bläst sich ein bisschen zu sehr auf«, und dann schaue ich noch mal hin und denke: »Die innere Schönheit, die ich in dir sehe, ist, äh, dass du geliebt werden willst, und es ist offensichtlich, dass du nicht weißt, wie du das erreichen kannst.« Dann bin ich nett zu demjenigen, ganz egal wie kleingeistig sein Verhalten auch ist. Er ändert sich auf der Stelle und wird menschlich. Das ist ein guter Trick.

Im Lauf der Woche wurden die Leute immer lockerer und begannen über das zu reden, was ihnen wirklich wichtig war. Es war sehr bewegend, und die Taschentücher wurden nach und nach aufgebraucht. »Seit mein Mann gestorben ist, merke ich, dass ich einfach nicht mehr leben will.« »Mein Freund ist mir ständig untreu, und ich weiß, dass ich mich davon zerstören lasse. Ich sollte mich von ihm trennen.« »Ich hasse meinen Vater. Ich habe ihn schon immer gehasst, aber jetzt ist er ein alter Mann, und ich will ihm verzeihen. Ich weiß aber nicht, wie.« Die Leute begannen über Dinge zu sprechen, die sie normalerweise nur einem Lebenspartner oder einem qualifizierten Therapeuten anvertrauen würden. Der Vorteil hierbei ist, dass niemand allein im Zimmer des Therapeuten sitzt. Jede Geschichte spiegelte die Erfahrungen anderer in der Gruppe wider. Die amerikanische Seminarleiterin war bestens ausgebildet und besaß die scheinbar wundersame Fähigkeit, alle Probleme zu verstehen, ihnen auf den Grund zu gehen und dem Teilnehmer dann Fragen zu stellen, damit er seinen eigenen Weg aus dem Dilemma finden konnte. Ich fühlte mich privilegiert, weil ich ihr bei der Arbeit zusehen durfte.

Eine Frau stand auf und sagte, sie sei nicht liebenswert. Die Leiterin fragte die Anwesenden: »Fühlt sich irgendjemand Joan jetzt näher?« Fast alle hoben die Hand. Joan sah sich furchtsam im Raum um, wo ihr hundert Augenpaare sagten, dass sie sehr liebenswert sei. Mir kam der Gedanke, dass eine der Hauptgefahren der Therapeutenpraxis darin liegt, dass der Patient glaubt, sein Leiden sei einzigartig. In einem Raum wie diesem war eine derartige Täuschung unmöglich. Nach zwei Tagen fühlten wir uns wie eine Familie, alle unsere Kämpfe waren so ähnlich. Ich wusste nicht, was diese Leute von Beruf waren, aber ich wusste, wie sie ihr Leben empfanden. Es war unwirklich, da ich wahrscheinlich den Kontakt zu den meisten verlieren würde, aber es war trotzdem aufmunternd, zu sehen, wie viel Unterstützung die Leute einander gaben.

Sie ließen uns eine Menge gute Spiele spielen. Eines meiner Lieblingsspiele war »Bitte um etwas, das du willst«. So viele Menschen werden in Beruf und Privatleben frustriert, weil sie von den anderen erwarten, dass sie wissen, was sie wollen. Wir ärgern uns, wenn unsere Mitmenschen keine Hellseher sind und uns nicht verstehen. Sie hatten eine wunderbare Art, uns das zu zeigen. Die Hälfte der Anwesenden schloss die Augen. Die andere Hälfte suchte sich einen Partner. Ich schlug die Augen auf und sah eine lächelnde ältere Frau vor mir sitzen. Ich musste sie um etwas bitten, das ich wollte.

»Ich möchte, dass du mir von deinem Leben erzählst, und ich höre zu.«

»Mit Vergnügen«, antwortete sie und begann mit ihrer Geschichte. Ich saß da und lauschte, hingerissen von ihrer Offenheit. Dann schloss ich die Augen wieder, und als ich sie öffnete, stand ein hoch gewachsener, attraktiver, muskulöser Fußballertyp vor mir.

»Ich hätte gern eine Rückenmassage«, sagte ich.

»Klar«, sagte er und drückte seine Daumen in meine dankbaren Muskeln. Fünf Minuten Seligkeit. Mir gefiel diese Übung. Ich bekam Lust, mit ihr zu experimentieren. Das nächste Gesicht vor mir trug einen Anzug; der Mann sah aus wie ein Banker.

»Ich möchte, dass du mir fünfzig Pfund gibst«, sagte ich. Leider war auch folgende Anweisung ergangen: »Sie können nein sagen, oder Sie können verhandeln, wenn Ihnen das, was jemand von Ihnen verlangt, nicht recht ist.« Also sagte er einfach: »Nein, dazu bin ich nicht bereit. Aber hier sind zehn.« Dann nahm er zehn Pfund aus seiner Brieftasche und gab sie mir. Er fragte nicht einmal, wofür ich sie wollte. Das war ein Satz, den ich in meinem Leben noch nutzen konnte. »Bitten Sie um das, was Sie wollen.« Ja, eine ausgezeichnete Idee.

Sie kannten noch mehr Spiele, die einem zeigten, wie risikofreudig man war oder wie man Widerstand dagegen leistete, Unterstützung von anderen zu bekommen, oder die einen daran erinnerten, worum es bei dem Begriff »Spiel« überhaupt ging. Am Samstagabend legten sie Tanzmusik auf, wir spielten Kinderspiele und feierten eine Party. Es ist traurig, einem typischen Geschäftsmann zuzusehen, der nicht weiß, wie er mit seinen Kindern spielen soll, weil er selbst vergessen hat, wie man spielt. Und jemandem dabei zuzusehen, wie er seine Verspieltheit wieder entdeckt, ist, als würde man Zeuge eines Wunders. Wie in dieser Szene in *Hook,* wo der von Robin Williams dargestellte Geschäftsmann sich erinnert, dass er eigentlich Peter Pan ist, und wieder lernt zu fantasieren. Einige schüchterne Menschen, die normalerweise nie auf eine Party gehen würden, sich aber bereit erklärt hatten, den Kurs bis zum Ende mitzumachen, standen da und rangen ein wenig mit sich. Dann sah man, wie sie nachgaben und zu tanzen begannen, als wollten sie sagen: »Na ja, wenn ich schon unbedingt lernen muss, mich zu amüsieren ... dann tu ich es eben.« Später sahen sie drein, als hätten sie den Mount Everest erklommen. Der Sieg war ihrer, als sie »aus ihrer Behaglichkeitszone heraustraten«. Ja, besser noch, sie waren herausgetanzt.

Nein, ich meine nicht alle. Es gab unübersehbar einige, die mit verschränkten Armen und gesenktem Blick am Rand herumstanden. Niemand würde sie zwingen, sich zu amüsieren. Doch ich hoffte, sie hatten mittlerweile wenigstens begriffen, dass ihr Leiden selbst auferlegt war. Eine Frau im Rollstuhl tanzte, als wollte sie diese Erkenntnis allen einbläuen. Sie amüsierte sich königlich. Ich hüpfte herum wie eine durchgeknallte Go-go-Tänzerin. Es war höchst besorgniserregend. Ich war in Fionas Seminar und amüsierte mich.

In den letzten zwei Tagen war der Widerstand geschwunden, und alle waren bereit zu lernen, so viel sie konnten. Eine der Gelegenheiten, bei denen Tränen und Freude zum Vorschein kamen, war der Moment, als sie uns aufforderten, unsere Gefühle gegenüber unseren Eltern zu betrachten. Es ist verblüffend, wie viele Erwachsene immer noch voller Groll darüber sind, dass jemand anders sie verkorkst hat. Sie hatten da einen Satz: »Jeder tut mit dem Wissen, der Einsicht und dem Bewusstsein, über das er zu einem gegebenen Zeitpunkt verfügt, sein Bestes.« Als sie das zum ersten Mal an die Wand projizierten, brüllte ein ziemlich übergewichtiger Geschäftsmann, der extrem rot im Gesicht war: »Schwachsinn. Meine Mutter hat mich nicht so geliebt, wie sie gekonnt hätte.« Die Leute hatten eine derartige Wut auf ihre Eltern. Ich stand auf.

»Ich möchte gern sagen, dass der Satz auf mich zutrifft. Von meiner Position als Mutter aus möchte ich erklären, dass ich, ganz egal, welchen psychischen Schaden ich meiner Tochter auf lange Sicht womöglich zufüge, mit dem Wissen, der Einsicht und dem Bewusstsein, über das ich verfüge, mein Bestes tue. Selbst wenn ich die Grundlage dafür bereite, dass ein hoch qualifizierter Psychoanalytiker in einigen Jahren ein Vermögen verdient, tue ich das nicht mit Absicht. Ob ich wohl ihres Mitgefühls und ihrer Verzeihung würdig bin? Ich hoffe es.«

Dann erhob sich eine Frau und sagte, dass sie als kleines Kind in einen Schrank gesperrt worden war, aber ihr sei klar, dass ihre Mutter eine schwer gestörte Frau gewesen sei, die auf die einzige Art mit ihr umging, deren sie fähig war. Sie erzählte uns von den Stunden, die sie auf engstem Raum eingesperrt gehockt und gerufen hatte: »Mami, Mami.« Sie weinte. Wir weinten alle.

Leute, die ihre eigenen Verwandten seit Jahren hassten, schlossen Frieden mit ihnen. Verzeihung war nun kein hehrer Begriff mehr, sondern wurde zum Erlebnis. Ich dachte an die Menschen in meinem Leben, denen ich grollte. Hatte mein Exmann mit dem Wissen, der Einsicht und dem Bewusstsein, über das er zu der Zeit verfügte, als er mich verließ, sein Bestes getan? Ja. Und es war tapfer von ihm gewesen, zu gehen und sich ein Leben zu suchen, in dem er glücklicher wäre. Ich merkte, dass ich soeben einen guten Gedanken an meinen Exmann gehabt hatte. Dieses Seminar war ein Wunder. Entweder das, oder sie hatten mir das Gehirn nicht nur gewaschen, sondern es auch noch gebleicht. Höchst besorgniserregend.

Am letzten Tag, nachdem sie es geschafft hatten, binnen fünf Tagen praktisch jeden Aspekt des Lebens abzuhandeln, sagte die lächelnde Amerikanerin (in die wir mittlerweile alle verliebt waren, der wir aber trotzdem nicht nach Hause folgen wollten): »Und jetzt schreiben Sie einen Brief an Ihren besten Freund oder Ihre beste Freundin.« Diejenigen, die um uns herumstanden und die ich inzwischen »Freiwillige« oder »Assistenten« nannte, verteilten Papier und Stifte. Ich zögerte. An wen sollte ich schreiben? Ich konnte nicht an den umwerfenden Adonis schreiben, den ich bis vor einer Woche noch als meinen engsten Vertrauten betrachtet hatte. Dann kam die Antwort – in kalifornischem Akzent: »Und das sind natürlich Sie selbst.«

Hä? An mich selbst? Einen Brief an mich selbst schreiben? Da fiel der Groschen. Diese seltsame Idee, von der man im Umfeld von »New Age« immer wieder hört, dass man »lernen soll, sich selbst zu lieben«, verfügte tatsächlich über eine Grundlage in der Wirklichkeit? Ich sollte mir selbst einen anerkennenden Brief schreiben? Ich war hierher gekommen, um zu tun, was diese Frau sagte. Also fing ich an, ganz egal, wie lächerlich mir das noch vor einer Woche erschienen wäre. »Liebe Isabel, ich schreibe nur, um dir zu sagen, dass du ziemlich in Ordnung bist. Ja, es gibt sogar vieles an dir, was ich aufrichtig bewundere. Deine Energie, deine Freude am Leben und an den Menschen. Deine sanfte Freundlichkeit. Es ist wirklich ein Gewinn, dich zu kennen. Ich verstehe dich und all deine guten Absichten, aber man muss ein bisschen auf dich aufpassen. Und du sollst wissen, dass ich dich nie verlassen werde (ha, ha).«

Ich malte Herzen und Smileys auf den Umschlag und reichte ihn einem der Assistenten, die nun pastellfarbene Taschentücher an diejenigen verteilten, die die Schönheit ihrer eigenen Worte so ergriffen hatte, dass sie zu Tränen gerührt waren. Als der Kurs zu Ende war, hatte ich hundert neue Freunde, lauter erstaunliche Menschen. Entweder hatten sich die hoffnungslosen Nieten, denen ich am ersten Tag begegnet war, verwandelt oder ich mich. Doch es war vorüber. Ich konnte nach Hause gehen und zu meiner alten Art, Menschen zu sehen, zurückkehren. Ich weigerte mich, die Möglichkeit in Betracht zu ziehen, immer zu allen nett zu sein. Viel zu anstrengend. Es war schon schlimm genug, Fiona gegenüber zugeben zu müssen, dass mir der Kurs gefallen hatte. Und dass ich sogar wünschte, sie hätte keine drei Jahre gebraucht, um meine Vorurteile zu bezwingen.

Ich rief sie an und stieß zwischen zusammengebissenen Zähnen hervor: »Ich habe eine Menge gelernt, aber es war kein Mann da, mit dem ich gern ausgegangen wäre.« Über irgendetwas musste ich mich ja beklagen. »Verstehe«, sagte sie. Es war gemein von mir, ihr nicht zu sagen, dass ich schwer beeindruckt gewesen war, aber sie freute sich trotzdem. Zumindest war ich die ganze Woche bei der Stange geblieben. Jetzt konnte sie nur noch abwarten, ob ich etwas von dem, was ich gelernt hatte, anwenden würde.

Als ein paar Wochen später der Brief, den ich an mich selbst geschrieben hatte, mit der Post kam, wurde mir beim Lesen ganz warm. Es waren nicht nur die Nettigkeiten, die darin standen, oder die Erinnerung an die anderen Seminarteilnehmer, sondern auch die Erkenntnis, dass mich dieser Kurs mit mir selbst bekannt gemacht hatte. Ich war zu etwas bekehrt worden, das man »Selbsterkenntnis« nennt. Ich hatte es dermaßen genossen, dass ich unbedingt noch mehr von dem wollte, was ich bei diesen Typen gelernt hatte, auch wenn sie aus Kalifornien kamen.

Ich schmunzelte und fragte mich, ob ich nun durch Gehirnwäsche zum Mitglied einer Sekte gemacht worden war. War es eine abstruse und falsche Religion, an mich selbst zu denken statt an andere? Aus dem Nichts vernahm ich die Worte Christi: »Das Reich Gottes ist in euch.« Und ich dachte, dass das alles auf eine Art zusammenpasste, die ich erst noch ergründen musste.

Zweiter Schritt:
Tai Chi und freiwilliger moralischer Verfall

*Ein Sommerurlaub, zufällig mit dem Erlernen von Tai Chi
und dem Sinnieren über eine Sackgasse verbracht*

Wahrscheinlich glauben Sie, diese Kurse bewirken alle überhaupt nichts, stimmt's? Dass die Leute in die seltsamsten Seminare gehen und ihr Leben trotzdem gleich bleibt? Ja, schon. Aber hin und wieder lassen sich die armen, traurigen Leute derart anregen, dass sie tatsächlich etwas ändern. Ich zum Beispiel.

Ich verkaufte die weitläufige Villa, die meine Mutter erworben hatte und in der ich zwanzig Jahre zu lang gelebt hatte und kaufte mir eine Schuhschachtel in Battersea. Das Insight-Seminar hat mich in die Battersea Park Road geführt. Ich kam zu dem Schluss, dass TV-Producing eine mögliche Lösung war, wenn ich schon nicht mehr als Schauspielerin arbeiten konnte, und ich verfolgte dieses Vorhaben, bis ich einen Job als Rechercheurin für eine Serie über Essen bekam. Es war ein Anfang. Ich erklärte dem amerikanischen Adonis, dass ich noch wie Miss Havisham enden und mich bis ins Grab nach ihm verzehren würde, wenn er nicht aufhörte, mich anzurufen. Und mit einer Tapferkeit, die ich mir gar nicht zugetraut hätte, fügte ich hinzu: »Würdest du also bitte aufhören, mich anzurufen?« Ich war so ekelhaft positiv gestimmt, dass ich sogar zum Zahnarzt ging. Das war genug Veränderung für jeden. Ich fand, dass nun wieder eine längere Phase der Stagnation angebracht wäre. Es war Sommer, und ich schwelgte in Vorfreude darauf, mich mit meiner Tochter, die inzwischen dieselbe Schuhgröße hatte wie ich, in einem hedonistischen Urlaub in Frankreich hemmungslos gehen zu lassen.

Aber das Heikle daran, »sich als Mensch weiterzuentwickeln«, ist, dass man nie weiß, wann sich unaufgefordert eine Gelegenheit bietet, etwas zu lernen. Soweit ich es überblicke, bestünde die einzige Lösung darin, sich von jedem fernzuhalten, der einen ermuntern könnte, über irgendetwas nachzudenken. Wenn Sie die geringste Neugier aufkommen spüren, schauen Sie sich sofort ein Kricketmatch an. Wenn Sie dem Verlangen nachgeben, von Freude erfüllt zu sein und andere aus ganzem Herzen zu lieben, können Sie nicht wissen, wohin das führt oder wann Ihnen die nächste Gelegenheit, etwas zu lernen, auflauert. Sagen Sie dann bloß nicht, ich hätte Sie nicht gewarnt!

Und da stand ich nun, sehr selbstzufrieden und von mir angetan. Meine französischen Freunde und ihre Kinder, meine Tochter und ich tuckerten in einem alten Wohnmobil durch die Pyrenäen, und die Sonne schien. Ich träumte von Baguettes, zu viel Käse und irrwitzigen Mengen Rotwein – einer Woche, die ich nach meiner Rückkehr nach Battersea bereuen würde.

Wir entdeckten die ideale *gîte*. Auf der einen Seite der Unterkunft ragten die Berge in die Höhe, und auf der anderen senkte sich das Tal. Ringsum nichts als unverfälschte Schönheit, uralte Bäume und ein dicker, alter Mann wie aus dem Bilderbuch, der auf seinem Fahrrad vorbeieierte und uns zulächelte. Ein Ort, wie man ihn nie wieder verlassen will. Doch als wir hineingingen, wussten wir auf der Stelle, dass etwas faul war. Die anderen Gäste sahen Besorgnis erregend »bewusst« aus. Die meisten sprachen Deutsch, trugen bequeme Kleidung und Birkenstock-Latschen. Alle waren begeistert, als sie uns Französisch sprechen hörten, und die fröhlichen Deutschen hießen uns im Kurs herzlich willkommen. Kurs? Was für ein Kurs? Ich war nicht gekommen, um an mir zu arbeiten – man führe mich zum Weinkeller.

Dann sah ich einen Mann in Weiß – eine phänomenal selbstsichere, geschmeidige, schöne und sensible Erscheinung. Er trat zu uns, und ich antwortete »ja«, noch bevor ich die Frage gehört hatte. Ganz egal, was für einen Kurs er leitete, er konnte mich in seine Liste eintragen. Er fixierte mich mit seinem Blick und lächelte verführerisch. »Wir 'aben ein kleines Problem«, sagte er mit starkem französischem Akzent, »vielleischt möschten Sie uns 'elfen. Isch mache diese Woche eine zweisprachige Tai-Chi-Kurs. Wir 'alten die Kurs in Deutsch und dann *en français*. Einige der Französisch-Sprescher sind nischt gekommen. Wir können Ihnen den Kurs *gratuitement* anbieten, da er schon bezahlt ist. Möschten Sie machen mit?« Meine Tochter seufzte, schien aber sehr erpicht darauf zu sein, dass ihre Mutter sich anmeldete.

Würden Sie zu einem Gratis-Kurs Tai Chi nein sagen? Wollte ich meinen Körper in Einklang mit meinem Weg bringen? Eigentlich nicht. Es reichte mir, ab und zu ein esoterisches Buch zu lesen und die Cellulite wuchern zu lassen. Die Trias »Körper, Geist, Seele« hatte mich seit jeher beunruhigt. Musste ich wirklich durchtrainiert sein, um erleuchtet zu werden?

Le Franzmann meinte: »Der Körper ist särr wischtisch«, und ehe ich mich versah, hatte ich ein Formular mit deutschem Text unterschrieben. So fand ich mich am nächsten Morgen um sechs Uhr (vergessen Sie nicht, dass dies ein Urlaub war) in einer Schlange wieder, da alle vor den lauwarmen Duschen anstanden, um rechtzeitig zur frühmorgendlichen Meditationssitzung um halb sieben zu erscheinen. Jemand sang sogar. Sind Menschen, die am Morgen fröhlich sind, nicht das Letzte? *»La vie est belle!«*, trällerte dieser. Ich merkte, dass ich meine Seife in London vergessen hatte.

Haben Sie schon mal versucht, eine halbe Stunde lang still auf dem Boden zu sitzen? Vergessen Sie den Lotossitz oder irgendeine Form von Schneidersitz, das Sitzen auf einem speziellen Hocker oder das Knien mit dem Po auf einem Kissen – da bin ich mit meinen »noch nicht mal vierzig« und kann auf Teufel komm raus keine Stellung finden, die mein Körper nicht nach zehn Minuten als geradezu perverse Bosheit empfindet.

Ich soll an den fließenden Atem denken. Mir der Luft bewusst werden, die zu meinen Nasenlöchern ein- und ausströmt. In Wirklichkeit denke ich: Au! Mein Rücken (Bein,

Knie, Hintern oder was auch immer) tut weh. Ich merke, dass mein Körper ein Wrack ist und ich ihn aus meiner Liebes- oder Fürsorgezone völlig ausgegrenzt habe. Meine Muskeln sind so verspannt, dass ich nicht einmal meine Zehen fassen kann, und ich besitze weder Kraft noch Beweglichkeit. Schlimmer noch, ich hatte nie die leiseste Absicht, daran zu arbeiten. Garantiert leide ich an vorzeitiger Alterung, da offenbar niemand sonst im Raum ein Problem damit hat, so lange still zu sitzen. Ich sehe mich um. Heitere Gesichter voller Frieden ruhen in absoluter Gelassenheit. Der Meister scheint in seiner Schneidersitz-Seligkeit ein paar Zentimeter über der Erde zu schweben. Und ist das etwa ein Lichtkreis um ihn herum?

Nach einem Zeitraum, der mir wie fünf Stunden vorkam, war die halbstündige Meditation beendet, und der Meister senkte sich auf den Boden herab. Dann sprang er auf wie eine Gazelle, und wir begannen »den Körper zu wecken«, indem wir hüpften, sprangen und uns am ganzen Körper abklopften. Er war über fünfzig und besaß offenbar eine unerschöpfliche Energie. Meine Energievorräte befanden sich im Schockzustand, und ich verspürte das übermächtige Verlangen, ins Bett zurückzukehren. Dann fing er an zu tanzen, und sämtliche Anwesenden begannen herumzuhopsen, als wären sie in einer Disko. Ich sah auf die Uhr. Es war noch nicht mal halb acht.

Endlich Frühstück. Ah! Die Gaumenfreuden Frankreichs. Was stellen die nur mit ihrem Brot an? Ich schwöre, dass französisches Brot in England nie so gut schmeckt, auch wenn es aus einer französischen Bäckerei kommt. Und dann der Kaffee – es kann doch nicht sein, dass er nur deshalb so gut schmeckt, weil man ihn aus einer Schale trinkt. Marmelade mit dicken *Framboise*-Stücken, die man sich aufs Brot streicht, und saftige Pflaumen frisch vom Baum.

Dann begann der Tag offiziell. Alle Leser, die etwas von Tai Chi verstehen, sollten an dieser Stelle lieber zu lesen aufhören und zum nächsten Kapitel übergehen. Ich verstand nur mit Mühe, was vom Deutschen ins Französische übersetzt wurde.

Daher entging mir manches an dem Kurs komplett. Ein bisschen wie im richtigen Leben. Für diejenigen unter Ihnen, die sogar noch weniger wissen als ich – lassen Sie sich von mir instruieren.

Der traditionellen chinesischen Medizin zufolge fließt »Chi«, das wir unsere »Lebenskraft« nennen könnten, entlang spezieller Kanäle durch den Körper. Fast alle weisen Chinesen über sechzig haben sich jahrelang damit beschäftigt, wie es das tut, und die besonders Klugen haben sogar gelernt, wie man an den Stellen Nadeln in den Körper steckt, wo Energieblockaden entstanden sind. Auf jeden Fall trägt Tai Chi dazu bei, dass die Energie so durch den Körper fließt, wie sie soll. »Tai« heißt, glaube ich, so was wie »der Weg«. Oder vielleicht ist das auch »Tao«.

Bisher hatte ich mit Tai Chi immer die Vorstellung großer Gruppen von Chinesen verbunden, die morgens in einem Park in Shanghai stehen und ihre Übungen machen. Nicht gerade wie bei Jane Fonda, sondern eine unendlich viel graziösere Form von Übungen mit erwiesenen Vorzügen, zum Beispiel einer blutdrucksenkenden Wirkung.

Jeden Tag nach dem Frühstück übten wir bis zum Mittagessen die komischen Positionen. Einen Schritt nach vorn machen, siebzig Prozent des Körpergewichts aufs vordere Bein verschieben und das hintere Bein leicht anheben, ohne das Gewicht zu verlagern. Die Arme über den Kopf führen, als würde man zwei kleine Wolken halten, und sich auf Entspannung konzentrieren. Ha, ha. Wie ein Vogel Strauß auf einem Bein stehen und versuchen sich nicht über sich selbst zu ärgern, wenn man merkt, dass man die Einzige im ganzen Raum ist, die die Stellung nicht halten kann, ohne zu wackeln.

Es ist fast wie Zauberei. Keiner der Schritte ist an sich anstrengend. In einer Bewegungsabfolge, die etwa zwanzig Minuten dauert, muss man kaum je ein Bein weit vom Boden heben. In dieser Hinsicht ist es wesentlich sanfter als Yoga. Als ich meinen letzten Yogakurs in der örtlichen Turnhalle gemacht habe, konnte ich mich hinterher zwei Tage nicht rühren, aber das hier war alles leicht. Natürlich kannte ich keine der Bewegungen und sah mich gezwungen, die anderen nachzuahmen, während ich dreinblickte, als wüsste ich, was ich tue. Nach einem Morgen damit fühlte ich mich nicht erschöpft, sondern wunderbar, und hatte mehr Energie als zuvor. Irgendwie war es Training und Meditation in einem. Ich lebe mein Leben in zwei Geschwindigkeiten – entweder »volle Kraft voraus« oder »Stopp«. Hier lernte ich, langsamer zu werden. Gerade die Langsamkeit der Bewegungen und die Versenkung, die erforderlich ist, um sie zu perfektionieren, sammeln den Geist und verdichten zugleich die Energie im Körper.

Doch es steckte noch mehr dahinter. Beim Tai Chi ist sehen nicht gleich glauben. Unser Meister wollte uns zeigen, dass dieses »Chi«, von dem ständig die Rede ist, nicht einfach nur durch unseren Körper fließt, sondern auch in der Erde und im Himmel ist. Es steckt in allem.

Die alten Rentner bewegen sich nicht nur – sie spielen mit unsichtbarer Energie, die sie sowohl innerhalb als auch außerhalb ihres Körpers spüren können. Wir glauben nur, dass sie nicht da ist, weil wir sie nicht sehen können. Sie können mir nicht folgen? Okay, es ist so: Wenn Sie dicht bei jemandem stehen – »in dessen Raum« sozusagen –, dann gibt es eine Energie, die nicht nur mit Körperwärme zu tun hat. Es ist mehr als das. Eine Elektrizität, die man nur spüren, ein Licht, das man nicht richtig sehen kann, von dessen Vorhandensein man aber weiß, und eine Lebendigkeit, die man nicht erklären kann, deren man sich aber sicher ist.

Um das zu demonstrieren, war eine Exkursion geplant. Wir sollten nicht sprechen – unsere einzig hörbare Anweisung an diesem Tag war *»gardez le silence«*, »wahren Sie Schweigen« –, und wir bekamen die Augen verbunden. Einige Teilnehmer behielten die Augen offen, damit sie uns den nonverbalen Anweisungen des Meisters entsprechend führen konnten. Ich nahm gern eine Augenbinde. Ich glaube, er hatte vor, unsere Intuition und Sensibilität zu steigern, damit uns die Lebendigkeit der Natur, das »Chi« in allem, wirklich bewusst werden konnte.

Eltern aufgepasst! Vergessen Sie Vergnügungsparks. Verbinden Sie Ihren Kindern einfach die Augen und gehen Sie mit ihnen hinaus in die Natur. Es war ein so simples Vergnügen. Ich stand in einem Wald und konnte ihn nicht sehen. Nie zuvor hatte es ein solch magisches Märchenland für mich gegeben. Diejenigen unter uns, die mit Sehvermögen gesegnet waren, nahmen nur wenig Notiz von unseren anderen Gaben. Hatte ich je zuvor trockene Erde berührt? Hatte ich je das modrigfeuchte Moos gerochen? Worin bestand das Wunder von Strukturen, die ich noch nie wahrgenommen hatte? Ein stacheliger Zweig. Ein kalter, runder Stein. Ein faltiges Stück Rinde. Während ich auf den Knien durchs Unterholz kroch, tastete ich vorsichtig umher, neugierig, was meine Finger als Nächstes finden würden. Endlose Abwechslung. Der Franzose reichte mir ein Holzscheit, aus dem Ohren zu wachsen schienen. Ich streichelte sie, fasziniert von der weichen Flaumigkeit und außerstande zu erfassen, was ich da hielt.

Um uns herum erklangen die Geräusche eines sommerlichen Waldes. Ich stoppte das Geplapper in meinem Kopf, um der Lebendigkeit zu lauschen. Vielleicht singen die Vögel auch in Battersea, doch ich schwöre, ich habe sie nie gehört. Welche Reichtümer wir doch auf Erden haben. Es kam mir vor, als funktionierten meine Ohren nur bei geschlossenen Augen. Dann wurde mir das Rauschen eines kleinen Wasserfalls bewusst. Ich trat langsam näher und hob die Hände, um aus dem eisigen Schwall zu trinken; dann setzte ich mich einfach hin und lauschte dem sanften Plätschern. Das war's. Ich brauchte keinen Lebensunterricht mehr. Ich war angekommen.

Dann folgte die nächste Lektion. Nehmt die Augenbinde ab! Sicht! Probieren Sie es einmal aus, sich drei Stunden lang mit geschlossenen Augen in der Natur aufzuhalten und sie dann einfach zu öffnen. War dies eine andere Wirklichkeit? Ich hielt immer noch einen Ast, aus dem flauschige Pilze wuchsen, die

die Form von Ohren hatten. Ich betrachtete sie mit kindlicher Freude und erspähte aus den Augenwinkeln einen lachenden Franzosen. Ich sah mich um. Hatte ich je zuvor Bäume gesehen? Hatte jemand die Blumen neu angemalt? Der Himmel war von einer Farbe, wie ich sie aus den Sommern meiner Kindheit kannte. Und Wunder waren überall. Kühe.

Er führte uns zu einem Bach und watete ans andere Ufer. Die Strömung war stark und das Wasser tief, und wir sahen, wie er sich konzentrierte, um den Halt nicht zu verlieren. Die pummeligen Deutschen in ihren albernen kurzen Hosen wateten nach ihm hindurch, aber ich war vorbereitet und holte einen Badeanzug heraus. Voller Freude stürzte ich mich ins Wasser und watete mit in die Höhe gehaltener Tasche hinüber, bevor ich umkehrte und in dem eiskalten Wasser herumplanschte. Als meine Glieder taub wurden, stieg ich heraus und hüpfte auf und ab, im Zwiespalt darüber, ob ich nun hellauf begeistert war oder mir eine Lungenentzündung geholt hatte. Ich war die Einzige, die einen Badeanzug mitgenommen hatte, und die anderen musterten mich neidisch. Der Franzose lachte mich erneut an und freute sich über meine Würdigung seines Wandertags.

Er führte uns zu einem Feld, setzte sich und überließ es uns, uns allein zu vergnügen. Ich war nicht in der Lage gewesen, mit den Deutschen zu kommunizieren, weil wir versucht hatten Wörter zu verwenden. Jetzt, wo wir uns die Worte sparten, war es leicht. Wir spielten Fangen, wirbelten uns gegenseitig herum und nahmen einander huckepack. Jemand übte sogar Tai-Chi-Bewegungen. Es war leicht zu begreifen, wie Kinder aus verschiedenen Ländern zusammen spielen können. Wir amüsierten uns, obwohl wir Erwachsene waren.

Bevor wir aufbrachen, forderte er uns auf, in Gedanken noch einmal die Bilder des Tages Revue passieren zu lassen. Ein altes Chalet mit niedrigem Dach, das in der Mitte durchhing. Ein rostiges Tor, das beim Öffnen quietschte. Ein angeketteter Schäferhund, der unablässig bellte. Wir wurden angehalten, uns zu überlegen, was wir uns auf dem Heimweg einprägen wollten, um Bilder für unsere nächtlichen Träume zu speichern. Es war billiger und leichter als eine Videokamera mitzuschleppen. Ich blickte mich um und sah, wie sich das Wasser in Lichtstreifen brach, während es über die Felsen im Bach tanzte. Ja, das war ein Bild, das ich gern gefilmt hätte. Weiter flussabwärts lag ein alter Autoreifen. Den schnitt ich heraus. Ich brauchte keinen Dokumentarfilm mit Realitätsanspruch.

Schließlich führte er uns nach Hause. Ein herrlicher Tag des Schweigens. Keine leeren Höflichkeitsfloskeln in Französisch, Deutsch oder irgendeiner anderen menschlichen Sprache. Nur das, was die Vögel uns sagten, und der leise sprechende Lehrer. Wir marschierten nach Hause, brachen das Brot und aßen, stiegen in unsere Betten und schliefen wie Kinder.

Im Lauf der Woche bekam ich gelegentlich mit, wie sich meine Tochter vor Heiterkeit kringelte, wenn sie ihrer Mutter beim Versuch zusah, die Bewegung »Hände wie Wolken wiegen« zu perfektionieren. An einem Tag wurden wir zu Tieren, und sie ist bis heute imstande, zwar keinen Bären nachzuahmen, aber eine recht passable Imitation ihrer Mutter vorzuführen, die schwerfällig herumtapst und brummt. An einem dieser Tage sah ich sie ganze fünf Minuten, glaube ich. Oder vielleicht übertreibe ich auch. Drei Minuten. Von den Freunden, mit denen ich gekommen war, schlossen sich die Frauen dem Kurs an, aber die Männer nicht. Und so trafen wir uns alle an den Abenden und setzten uns nach französischer Tradition ins Freie, um unser tagsüber vorbildliches Benehmen dadurch wettzumachen, dass wir große Mengen Wein konsumierten. Zu meiner Überraschung verschwand der Meister nicht, um zu meditieren, sondern trank noch mehr Wein als jeder von uns. Ich liebe die Franzosen. Dann torkelten wir ins Bett, um vor der morgendlichen Dusch-Schlange ein paar Stunden zu schlafen.

Ich wette, Sie wollen jetzt von mir hören, dass die Meditation im Schneidersitz traumverloren wurde und ich keine Lust auf Kaffee mehr hatte. Die Meditation wurde schlimmer, und nur der Kaffee besser. Doch später geschah ein weiteres Wunder: Mittlerweile war ich bereit, dem Franzosen bis ans Ende der Welt zu folgen und ihm meinen Körper, mein Leben, meine Seele und alles, was ihm sonst noch einfiele, zu schenken.

Am letzten Morgen waren wir ihm alle zu einer Waldlichtung gefolgt. Wir sollten gerade die Arbeit mit einem Partner beginnen, und so bewegte ich mich langsam auf ihn zu, während ich dachte: »Ich kann ihn beeindrucken. Ich bin ausgebildete Tänzerin. Ich werde glänzen.« Er wandte sich mir zu und stellte sich breitbeinig hin. »Versusch mal, misch umzuwerfen«, sagte er. »Es geht um Enerschie und *équilibre,* und dann du kannst spielen.« Klar. Zwei Stunden später haben wir einen lachenden Lehrer und eine erschöpfte Engländerin. »Du musst deine Mitte kennen.« Dann schwenkt er die Arme, als schöpfte er Zaubertrank vom Boden. Er reißt sie nach oben, als schüfe er eine unsichtbare Form. Er spielt mit der Luft. Er reicht sie von einer Hand zur anderen und dann mir. Einen Ball, der nicht da ist. Nur ich kann ihn spüren. Nein, ehrlich, ich schwöre Ihnen, ich habe einen Ball aus Energie gespürt, und ich habe ihn mir nicht eingebildet. Ich spürte, wie die Luft meine Finger ebenso eindeutig berührte wie jetzt die Tastatur.

Während wir mit diesem unsichtbaren Ball spielten, öffnete sich der Himmel, und Regen strömte herab. Die anderen huschten den Weg entlang, um nach Hause zu kommen, doch ich trödelte. Ich wollte sehen, ob der Meister es bemerkte. Ihm entging nichts, und als alle anderen außer Sichtweite waren, gesellte er sich zu mir. Der warme Regen fiel in geraden Schnüren auf uns herab. Ich sah aus wie ein Wet-T-Shirt-Girl aus einem Fotokalender, und er genoss die Wirkung. Er war ja so attraktiv. Wann hätte ein Franzose schon je zugelassen, dass eine Kleinigkeit wie ein sintflutartiger Wolkenbruch einer Romanze im Weg steht? Mmm: Nutze alles für deine Erfahrung, Erbauung und Entwicklung sowie jede Gelegenheit?

Er stellte seine Tasche ab und zog mich an sich, um mich zu

küssen. Und um mir nicht Unrecht zu tun – ich zögerte etwa eine halbe Sekunde, bevor ich seinen Kuss erwiderte. Wir standen im strömenden Regen und küssten uns wie leidenschaftliche Teenager. Leidenschaftliche französische Teenager. Dann platschten wir zur *gîte* zurück. Er machte ein Foto von mir, auf dem ich aussehe wie eine gebadete Maus. Meine Tochter tauchte auf und erklärte mir: »Mutter, dein T-Shirt ist total durchsichtig geworden, weißt du.« Ich verkniff mir die Bemerkung: »Ja, Schätzchen, deshalb macht er ja das Foto.« Stattdessen spielte ich die gehorsame Tochter. »Schon gut, keine Sorge, ich zieh mich gleich um.«

An den Abenden erzählten alle Witze. Die Dolmetscher machten Überstunden, und die gebildeten Leute lachten zweimal. Einer der Franzosen verfügte über ein Akkordeon sowie ein schier unerschöpfliches Repertoire an Liedern und Tänzen. Am letzten Abend kam ein deutscher Herr von etwa sechzig Jahren zu mir her wie Yul Brynner in *Der König und ich* und verneigte sich. »Walzer?«, fragte er. Ich rang mir zur Antwort einen tiefen Knicks ab. Wusste ich's doch, dass sich zehn Jahre Bühnenschule eines Tages noch als nützlich erweisen würden. Und dann schwenkte er mich zwei Stunden lang herum. Walzer hat etwas Magisches an sich. Im richtigen Leben mögen die Männer ja völlig außerstande sein, die Führung zu übernehmen, aber ganz gelegentlich, auf der Tanzfläche, trifft man auf einen, der weiß, was er zu tun hat. Und ich brauchte nur zu folgen. Es war die pure Walzerseligkeit.

Unterdessen starrte ich träumerisch auf den Franzosen und die fast greifbare Vergiss-es-sofort-Barriere, die sich um ihn gebildet zu haben schien. Er küsste sicher nicht alle Frauen im Regen. War er nicht bestimmt heftig in mich verliebt? Ich begann in wilden Fantasien über die sich bietenden Möglichkeiten zu schwelgen. Vielleicht konnte ich mitten in der Nacht an seiner Tür erscheinen, und er würde mich dann ohne Worte zu einer Nacht heißer Leidenschaft hereinwinken? Vielleicht würde er aber auch den Kopf schütteln und »*Mais non!*« sagen, und ich würde mir am nächsten Tag entsetzlich erniedrigt und lächerlich naiv vorkommen. Aber ich konnte auf jeden Fall hingehen und abwarten, was geschah – schließlich waren auch Körperkontakt und Schlaf eine Möglichkeit. Wo war die Verpflichtung zu hehren Idealen, die ich mir gern zugute hielt? Ich wusste gar nichts über ihn. Vielleicht war er verheiratet, vielleicht lebte er mit jemandem zusammen, vielleicht hatte er eine langjährige Beziehung. Ich hatte nicht gefragt. Er hatte nicht gefragt. Warum kam mir das so unwichtig vor? Ich malte mir aus, dass er vollkommen unabhängig sei und tun und lassen könne, was er wolle. Vielleicht suchte er sich in jedem Kurs, den er hielt, eine neue Geliebte? Sein Blick begegnete meinem über dem Tisch, und ich bemühte mich verzweifelt herauszufinden, was er sagte. Meine Knie wurden ein wenig weich, und der französische Ausdruck für »Schmetterlinge im Bauch« fiel mir nicht mehr ein. Ich sah ihn achselzuckend an und versuchte Verwirrung anzudeuten. »Isch 'abe gefragt, möschtest du *encore du vin rouge*.« Er füllte mein Glas. Das war doch bestimmt ein Code für: »Möchtest du heute Nacht mit mir schlafen?« Ja, er war ganz offensichtlich verrückt nach mir. Vielleicht hatte er vor, am Fenster zu erscheinen, wie Gérard Depardieu es in *Cyrano de Bergerac* nicht getan hatte, um mich wider mein besseres Wissen zu verführen.

Ich hatte andere Freunde und Sexualpartner gehabt, seit Pantoffelmann davongeschlurft war, aber keinen, den ich als »Liebhaber« bezeichnet hätte. Das hier schien mir eine besondere Gelegenheit für moralischen Verfall zu sein. Ich begann meine Fantasien zu rechtfertigen. Was auch immer »Liebe« sein mochte, ich empfand eine Menge davon für diesen Mann. Ich war angetan von seiner Arbeit, seinem Aussehen und seinen Bewegungen, und mit ihm zu sprechen, fand ich herrlich. Die Herausforderung bestand darin, all das zu genießen und sich nicht an ihn zu klammern. Er hatte meine Anwesenheit die ganze Woche über genossen, doch er hatte mich nicht »festgehalten«. Aber womöglich war diese gekonnte Form des »Nicht-Festhaltens« ja einfach nur eine Art, die Gegenwart von Frauen zu genießen, ohne sich dabei das Leben schwer zu machen.

Nun kann es gut sein, dass Sie glauben, ich hätte mir umsonst den Kopf zerbrochen, da er ja Franzose war. Aber wäre es richtig gewesen, ihm Avancen zu machen? Wäre das klug gewesen? Spielte es überhaupt eine Rolle? Schließlich lernte ich gerade, im Jetzt zu leben. Konnte ich es einfach genießen, mit ihm zusammen zu sein und dann zu gehen? Ich hatte noch nie spontane Affären gehabt. War ich das? Wer war ich? Wo war ich?

Anscheinend stand ich im Freien, um den Stechmücken Nahrung zu bieten. Alle anderen waren zu Bett gegangen. War ich hypnotisiert vom berauschenden Duft der französischen Zigaretten und dem Gesang der Grillen in der Nacht? Oder konnte ich es den leeren Rotweinflaschen anlasten und meinem Wunsch, die Umsätze der örtlichen Winzer zu erhöhen? Mir fielen keine anderen Rechtfertigungen ein. Ich beschloss, sein Lächeln als Aufforderung zu verstehen.

Ich empfand Freude beim Hinaufsteigen der knarrenden *escalier*. Mein Herz schlug heftig, als ich ganz leise an die Tür klopfte. Keine Reaktion. Vielleicht war er auf der Suche nach mir. Ich hörte Schritte hinter mir und sprang aufgeschreckt zur Seite, um den Eindruck zu erwecken, als schlenderte ich rein zufällig zu so später Stunde durch diesen Teil der *gîte*. Der Walzer tanzende Deutsche grinste mich an. »Äh … haben Sie meine Tochter gesehen?«, fragte ich und schlüpfte schnell in die Rolle der besorgten Mutter eines verschwundenen Kindes.

»Nein.«

»Oh, äh, *danke*. Then *guten Nacht*«, murmelte ich in meinem beeindruckenden Deutsch. Er schlurfte in seinem grünen Schlafanzug davon. Ich glaube nicht, dass er sich gefragt hat, was ich dort wollte. Er hätte vermutlich nicht einmal bemerkt, wenn ich nackt gewesen wäre.

Kein Laut drang aus dem Zimmer des Franzosen. Ich klopfte erneut. Mein Herz machte einen Satz von Angst zu Vorfreude.

Offenbar wartete er nicht auf mich oder tupfte sich After Shave hinter die Ohren. Immer noch keine Reaktion. Verdammt. Im Film ist es nie so. Sollte dies nicht ein romantischer Moment sein? Ich schmollte. Nicht, dass es irgendwer hätte sehen können, aber dadurch fühlte ich mich besser. Dann fiel mir wieder ein, dass ich ein Einzelkind und gewohnt war, meinen Willen durchzusetzen.

Ich ergriff den Türknauf. Er ließ sich drehen. Das war es – offenbar hatte er für mich die Tür unversperrt gelassen. Ich drückte sie mit einem Knarren auf, das eigentlich die gesamte *gîte* hätte wecken müssen. Doch das tat es nicht. Es weckte nicht einmal den Franzosen. Lautes Schnarchen ertönte aus dem Bett in der Ecke. Ein Kopf hing in einem höchst unattraktiven Winkel herunter, und das Mondlicht enthüllte, dass ihm Haare aus der Nase wuchsen. Er ächzte und drehte sich um. Mich packte die Panik. Was um alles in der Welt hatte ich im Zimmer eines schlafenden Fremden zu suchen?

Zwei Millisekunden später war ich in meinem Zimmer, zwei Stockwerke weit weg. Eine Woge aus Wut, Verdruss, Reue, Freude, Selbstmitleid, Erniedrigung, Glück und Erleichterung überflutete mich. Ich legte mich ins Bett und sezierte meine Gefühle bis ins Kleinste. Es gibt ein Lied in einem Film mit tollen Klamotten, schicken Autos und Schießereien. »You must remember this, a kiss is just a kiss ...«, sang ich mitten in der Nacht fröhlich vor mich hin. Ich war ein Klischee. Ich hatte mich in den Lehrer verguckt und war gerade noch haarscharf daran vorbeigeschrammt, mich völlig lächerlich zu machen.

Am nächsten Tag musste ich Abschied nehmen. Ich stand in einer Reihe und wurde umarmt und mit einem Kuss auf die Wange bedacht, genau wie alle anderen. Ich hatte den Eindruck, als hielte er sich bei mir länger auf, weil er mich mochte, aber wer weiß? Vielleicht habe ich es mir auch nur eingebildet. Verdammt, warum konnte ich ihn nicht in meinen Koffer packen und mit nach Hause nehmen? Tai-Chi-Meisterlehrer wurden in der Battersea Park Road doch sicher gebraucht. Und in meinem Bett war auch noch Platz. Stampf, schmoll, stampf, schmoll. Ich stampfte und schmollte weiter, bis ich ganz erschöpft war. Dann grinste ich nur noch. Einer der Gedanken, die ich nach dieser Woche gelernt hatte, stammte aus dem klassischen Buddhismus: Klammern und Festhalten sind zwecklos. Von dem Moment an, in dem wir jemandem begegnen, den wir lieben, ist es unvermeidlich, dass wir getrennt werden, wenn nicht früher, dann später. Ich sehnte mich danach, mit ihm zu sprechen und zu sagen: »Rate mal, was ich letzte Nacht gemacht habe?« Doch es war ausgeschlossen, es auch nur zu versuchen. Nicht mit einer Drei im Grundkurs Französisch.

Was hätte er schon damit anfangen sollen? Womöglich war er ja sogar verheiratet. Müsste ich jetzt ein schlechtes Gewissen haben? Einen Kuss zu akzeptieren ist eine Sache, aber unaufgefordert im Zimmer eines Mannes zu erscheinen, den ich kaum kannte, war eindeutig etwas anderes. Ich beschloss, mir die Strafpredigt zu ersparen.

Er hatte uns die Erde und den Himmel zu Abschiedsgeschenken gemacht, und ich war ihm dankbar. Ich hatte es fertig gebracht, all die Jahre herumzulaufen, als wäre die Welt nur eine gemalte Kulisse. Außerdem wusste ich jetzt, dass ich in meinen Beziehungen Freiheit gewähren wollte. Ich wollte niemanden anbinden, und ich wollte selbst nicht angebunden werden. Ich wollte bedingungslos lieben, ohne Forderungen und ohne Erwartungen.

Achtung, Kurzvortrag: Nicht-Festhalten ist eine gute Lehre. Es hilft uns, die Zeit zu würdigen, die wir mit den Menschen verbringen, die wir lieben. Sollten Sie mit jemandem verheiratet sein, der zu viel fernsieht, schöpfen Sie Trost. Und wenn Sie in einer wunderbaren Beziehung leben, dann gehen Sie jetzt hin und geben Sie ihm oder ihr auf der Stelle einen Kuss, denn es ist alles vergänglich. Es heißt ja, unser Leben so zu führen, als dauerte es ewig, sei die verbreitetste menschliche Eitelkeit. Kurzvortrag beendet.

Ich hatte vor, weiter Tai Chi zu lernen. Immerhin beherrschte ich die ersten dreißig Sekunden dieser merkwürdigen und wundervollen Bewegungen. Ich wollte mehr lernen. Ich wollte lernen, zu meditieren und in meinem eigenen Körper zu ruhen. Ich wollte unerschöpfliche körperliche Energie besitzen, die perfekt auf jeden Moment abgestimmt war. Ich wollte Meisterin werden und dazu imstande sein, Männer, die doppelt so viel wiegen wie ich, völlig mühelos zu Boden zu werfen. Und dann landete das Flugzeug.

Ich kam ohne eine zusätzliche Schicht Cellulite aus meinem Frankreichurlaub zurück. Und ich konnte meinem lückenhaften Französisch ein paar Brocken Deutsch hinzufügen. Ich hatte so viel roten Bordeaux eingekauft, dass ich mich fragte, ob ich wirklich den »Nichts-zu-verzollen«-Durchgang nehmen und versuchen sollte, durchgeistigt dreinzusehen.

Ich würde den Wein brauchen. Man hatte mir angeboten, eine Fernsehserie über Mode zu machen. Ich würde mich schick anziehen und alle »Schätzchen« und »Herzchen« nennen müssen. Zu hart arbeiten, keine Zeit zum Nachdenken haben, am Abend ins Pub gehen, mit einem Kater aufwachen, zu viel Kaffee trinken und von Franzosen und Amerikanern träumen. Eben wieder das ganz normale Leben.

Dritter Schritt:
Klösterliche Klugheit

Ganz im Ernst: Ein Abstecher ins Kloster

Schon die Werbung für den Tai-Chi-Kurs stieß mich ab. Einem Freitagabend im Gemeindesaal mit Lehrer Doug Smith fehlte irgendwie die Romantik der Berge. Am Ende der ersten Woche, die ich für Channel Four gearbeitet hatte, war ich erschöpft, und es regnete, also ging ich nicht hin. Nichts war's mit den guten Vorsätzen. An den Freitagabenden versackte ich nun gemeinsam mit allen anderen im Pub. Nach der nächsten Serie war ich extrem gestresst und in übler Verfassung. Monate des realen Lebens mit *Absolutely Fabulous* hatten ihren Tribut gefordert. Ich kannte den Unterschied zwischen CK und DK. Ich fühlte mich, als hätte ich sechs Monate damit verbracht, die Straße zur Erleuchtung in der falschen Richtung entlangzugehen. Fernsehsendungen zu machen ist gut für den Kontostand, aber wenn Sie glücklich, entspannt und im Einklang mit sich selbst sein wollen, würde ich von einer Laufbahn in den Medien abraten. Eine radikale Erholungskur war angezeigt.

»Warum fährst du nicht zu Exerzitien?«, schlug ein intellektueller, christlich orientierter Freund vor. Dieser Mann, ein Drehbuchautor, hatte die extravagante Gewohnheit, sich ab und zu von Frau und Kindern abzusetzen und das Wochenende unter Mönchen zu verbringen. Ja, ich weiß, sich mit kahlköpfigen Typen »in knöchellangen Kutten aus attraktiver schwarzer Baumwolle« abzugeben klingt pervers. Er versicherte mir, dass es das nicht sei.

Doch in meinem Fall empfahl er ein Wochenende unter Nonnen, damit ich mich auf das Spirituelle konzentrieren konnte, anstatt mich Tagträumen hinzugeben, in denen ich den bestaussehenden Mönch im Kloster verführte. Ich war der festen Überzeugung, dass ich ein Sexualleben in meine Spiritualität integrieren musste. Aber nicht unbedingt dieses Wochenende. Sei's drum. Ab ins Nonnenkloster mit mir.

Ich bestieg einen Zug nach Oxford, um über den Stellenwert nachzudenken, den Religion in meinem Leben einnahm. Meine Mutter war überzeugte Atheistin gewesen, und ich hätte selbst auch eine werden können, wenn ich nicht einmal eine Kirche besucht hätte. Das war zu jener Zeit gewesen, als ich Schauspielerin war und mit Pantoffelmann in Sünde lebte. Ich hatte vorgehabt, eine Weile in der Kirche zu sitzen und die Stille zu genießen, aber auf dem Weg nach draußen stieß ich auf einen Videomonitor, der eine Geschichte des Gebäudes offerierte. Für Kultur immer offen, drückte ich die Start-Taste und wurde informiert: »Wir haben hier am Morgen tausend Menschen und am Abend tausend Menschen.« Eine Kirche voller Menschen?

Das war eine gute Gelegenheit, um mit dem Mann zu Hause über ein wichtiges Thema zu diskutieren. Fragen wie »Gibt es Gott?« und »Gibt es ein Leben nach dem Tod?«, so sagte ich mir, sind doch mit Sicherheit interessanter als Viv Richards' Trefferquote beim Kricket? Ich hatte noch nie einen Gottesdienst besucht, aber vielleicht hatten sie ja etwas über das Wesen der Wirklichkeit zu sagen, was ich noch nicht in Betracht gezogen hatte. Vielleicht gab es einen Gott.

Ziemlich aufgeregt war ich nach Hause geeilt, zum wiederholten Mal ohne zu bedenken, dass der Mann im Haus mehr an einer Einkaufstasche voller Lebensmittel interessiert war als an einem Kopf voller Enthusiasmus. »Gibt es etwas zum Abendessen?«, fragte er hoffnungsvoll, als ich hereinkam. »Äh, nein, aber wir müssen diesen Sonntag unbedingt in die Kirche gehen!« Er sah mich an. »Ich glaube nicht an Gott und bin nicht religiös«, erwiderte er berechtigterweise. »Ja, ich weiß, ich auch nicht. Ich dachte nur, es wäre echt faszinierend ...«

Am folgenden Sonntag waren wir dort und lauschten einem charmanten, gut aussehenden und begabten Redner, der eine Predigt hielt, die amüsant und – was mich weitaus mehr ängstigte – voller Relevanz für das Leben war. Dieser Christus hatte etwas an sich, das sehr einladend war. Ich war gefesselt. Hier waren wortgewandte, intelligente Menschen, die sich für Ideen, das Leben und die Wahrheit interessierten. Pantoffelmann machte sich Sorgen um mich. Wurde ich etwa »religiös«? Käme er mit dieser neuesten Phase meiner Verrücktheit zurecht?

Ich beschloss, wieder hinzugehen. Es musste doch ein Argument für teilnahmslosen Atheismus geben. Ich weiß noch, wie ich einen Einwand in puncto Schöpfung und Evolution vorbrachte und damit, wie ich glaubte, ein Gebiet ansprach, auf dem die christliche Lehre eindeutig irrte. »Sprechen Sie vom Homo sapiens oder vom Australopithecus?«, fragte der schmunzelnde Pfarrer, der sich als studierter Anthropologe entpuppte. Ich begriff, dass ich mich kundig machen musste. Haben Sie schon mal versucht, das Christentum zu widerlegen? Viel Glück, falls Sie es je tun, und möge Gott all ihre Bemühungen segnen. Zufällig las ich C. S. Lewis. Großer Fehler. Sechs Monate kämpfte ich, und je mehr ich meinen Verstand gegen die dauerhaft freundlichen und grauenhaft gebildeten Christen einsetzte, desto mehr verlor ich an Boden. Letztlich war es aussichtslos. Ich musste einräumen, dass es wahrscheinlich einen Gott gibt.

Natürlich werden die Zyniker unter Ihnen mich jetzt daran erinnern, dass ich zahlenmäßig unterlegen war. Aber ich hatte endlich etwas gefunden, womit ich hoffte, den Mann im Hause aus seiner »Zufriedenheit« zu reißen. Er würde mir darin zustimmen müssen, dass es – um Shakespeare falsch zu zitieren – »mehr Dinge im Himmel und auf Erden gibt, als ich mir in meiner Schulweisheit hätte träumen lassen«. Und so lud ich wie alle guten Evangelikalen – denn das war ich inzwischen unwissentlich geworden – Gott in mein Leben ein, gab zu, dass ich es bislang ziemlich verpfuscht hatte und es, falls Er die Führung übernehmen wollte, nur besser werden konnte.

Und so war es. Die Welt um mich herum wandelte sich. Die Sterne leuchteten am Himmel, statt nur irgendwo da oben herumzuhängen. Das Meer war majestätisch und nicht nur nass. Diese seltsame »Liebe« war überall um mich herum und lächelte mir aus den Gesichtern fremder Leute entgegen. Das war der Punkt, an dem mein Weg wirklich begonnen hatte. Das war der Anfang gewesen, und seitdem war nichts beim Alten geblieben.

Doch schon bald musste ich feststellen, dass die Sache einen Haken hatte. Ich war in einer Kirche bekehrt worden, deren Gemeinde glaubte, sich genau an das halten zu müssen, was in der Bibel steht – je nachdem, wie sie es auffassten. Sie lasen zum Beispiel heraus: »Du sollst keinen Sex außerhalb der Ehe haben.« Das irritierte mich. Nirgends konnte ich eine Stelle finden, wo Jesus sagt: »Ich bin gekommen, um dir zu sagen, dass du keinen Sex mit deinem Freund haben sollst.« Und zwar in keiner der Bibelfassungen, die ich mir angesehen habe. Aber angesichts der Menge von Predigten über »Beziehungen« hätte man glauben können, dass er ausschließlich das gesagt hat. Trotzdem hing ich an der Angel und war überdies sehr für hohe Ideale. Ich wollte aus ganzem Herzen, ganzer Seele und, falls nötig, ganzem Körper darin aufgehen, »Jesus Christus zu folgen«. Das hieß, es auf ihre Weise zu tun. Kein Mensch konnte ihnen vorwerfen, dass sie niemandes Leben verändert hätten. Eines Tages ging ich nach Hause und sagte: »Ich habe ein Engagement bei einem Tourneetheater angenommen und werde ein paar Monate weg sein. Danach möchte ich, dass wir entweder heiraten oder uns trennen.« So weit hatte mich, wie ich zu meiner Schande gestehen muss, mein rasender, wahnwitziger, fundamentalistischer Idealismus gebracht – dass ich dem Mann, der mich liebte, ein Ultimatum stellte: »Es gibt keinen Sex mehr, es sei denn, du heiratest mich.« Endlich hatte ich die Aufmerksamkeit von Pantoffelmann.

Ha. Offensichtlich hatte ich Ihnen noch nicht genau erklärt, warum er mich geheiratet hat, oder? Interessant, zu welchen Auslassungen sich Geschichtenerzählerinnen hinreißen lassen. Doch während ich nachdenklich zurückblickte, der Zug nach Oxford dahinzuckelte und der Tee über den Rand des

Styroporbechers schwappte, stellte ich fest, dass ich nichts davon bereute.

Mein evangelikaler Eifer hielt etwa zwei Jahre lang an. Dann kam ich zu dem Schluss, dass die Evangelikalen sogar mir zu anstrengend waren, und wechselte zur nächstgelegenen Church of England mit den traditionell leeren Bänken. Ich liebte den reizenden älteren Pfarrer und die braven Leutchen aus seiner Gemeinde. Ich blieb eine Ewigkeit dabei. Wir alle rangen darum, unser Leben so gut zu führen, wie wir konnten. Langsam, aber sicher hatte ich allerdings – wie alle guten Mitglieder der Church of England – aufgehört, überhaupt noch hinzugehen. Es lag nicht daran, dass ich nicht mehr glaubte – aber was genau glaubte ich in dem Moment eigentlich? Und wie war es dazu gekommen, dass ich mich nun auf dem Weg ins Kloster befand?

Ich weiß nicht, was Sie sich vom Besuch eines Nonnenklosters erwarten würden. Jedenfalls nicht viel zu lachen, das steht fest. Ich rechnete mit einem Haufen trübseliger alter Frauen, die ehrenwerte Sprüche im Tonfall von »Gott segne dich, mein Kind« von sich gaben. Ich war mir nicht sicher, ob ich das in allzu hohen Dosen vertrug. Ich hatte angerufen, und sie hatten mich gefragt, was für eine Art Wochenende ich wolle. Ich hatte mich für »zweitägige, stille Exerzitien mit Anleitung« entschieden.

Das bedeutete, dass ich mich jeden Morgen und nach dem Mittagessen eine halbe Stunde lang mit einer Nonne treffen und die restliche Zeit schweigend verbringen würde. Ich hatte das Schweigen in Frankreich genossen und hegte inzwischen den leisen Verdacht, dass jegliche echte Spiritualität oder jede echte Erfahrung dessen, was wir Gott nennen, Schweigen und Stille beinhalten müsse. Aber ich hatte noch nie zuvor eine Nonne kennen gelernt. Ich konnte mir nicht vorstellen, was wir gemeinsam haben oder worüber wir reden könnten. Einen Moment lang packte mich die Panik, bis mir die alten Insight-Ideen über Behaglichkeitszonen und darüber, dass ich alles für meine Erfahrung und Entwicklung nutzen solle, wieder einfielen. Ich hatte ein Buch eingepackt und hoffte auf ein erholsames Wochenende. Ich konnte ja das Klicken der Rosenkranzperlen und die unterdrückte Sexualität ignorieren, und wenn alles nichts half, würde ich einfach viel schlafen.

Ich ging voller Vorahnungen vom Zug zum Taxi, und als ich an der Anglican Community of St Mary the Virgin ankam, war ich bereits der festen Überzeugung, zu weit gegangen zu sein. Auf einmal klopfte eine lächelnde Rothaarige, die sich verkleidet zu haben schien, ans Fenster.

»Hi, ich bin Schwester Emma. Hatten Sie eine angenehme Reise?«, fragte sie strahlend. In einer schwarzweißen Woge hob sie meine Tasche hoch, winkte mich hinein und erklärte rasch: »Beim Essen herrscht Schweigen, und Sie sind ein bisschen spät dran. Ich hoffe, Sie finden es nicht seltsam, dass wir bei den Mahlzeiten nicht sprechen, aber folgen Sie mir einfach, und nach dem Essen kommt dann Schwester Alison und unterhält sich mit Ihnen.« Das musste ein Irrtum sein – schließlich weiß doch jeder, dass lächelnde, rothaarige Mittzwanzigerinnen nicht ins Kloster gehen. Ich fragte mich, wie ich sie retten konnte. Sie wirkte so nett, so normal. Ich würde sie unbedingt dazu überreden müssen, am Sonntag mit mir abzureisen.

Ich folgte ihr durch eine große Holztür und einen Flur entlang. Die Türen waren allesamt beschriftet: »Wäscherei«, »Bücherei«, »Schwester Helens Büro«. Es war erschreckend ruhig, doch die Heizung schien zu funktionieren. Wir betraten das Refektorium, und mir wurde klar, dass ich einen Kleinbus würde mieten müssen, um das halbe Kloster zu retten. Es gab zwar ein paar ältere und gebeugte Gestalten, die der landläufigen Vorstellung von Nonnen entsprachen, aber der Rest war durchweg jung. Es gab auch Novizinnen (sogar ich wusste, dass Novizinnen weiße Schleier tragen), sechs an der Zahl, alle jung, hübsch und ohne Damenbart.

Zaghaft setzte ich mich. Das Essen war vegetarisch, und das

Schweigen bedeutete, dass ich wahrnahm, was ich mir in den Mund schob. Man hatte mir am Telefon gesagt, dass sämtliches Gemüse biologisch sei, da sie es in einem Klostergarten ohne Pestizide anbauten. Es war perfekt zubereitet, und ich fragte mich, wie das möglich war, wo doch kein prämierter Meisterkoch in Sicht war und über hundert Personen gemeinsam aßen. Sie aßen langsam und ohne zu sprechen. Es war eine merkwürdige, neue Erfahrung – ich hatte Zeit, das Essen zu schmecken. Ich musste nicht wegen eines Termins zur Tür hinausrasen oder mir eine Fernseh-Dokumentation ansehen, über die ich mir einbildete, eine Meinung haben zu müssen. Als sie den Apfelauflauf mit Eiercreme brachten, entpuppte sich dieser als so köstlich, dass ich mich fragte, ob Gott mich gerufen hatte, damit ich für immer dabliebe. Ich hörte im Geiste schon das Gespräch: »Ja, Mutter Oberin, ich habe das Gefühl, ich wurde gerufen, um mich Ihnen anzuschließen. Ich habe es beim Apfelauflauf mit Eiercreme gemerkt.«

Das Essen war beendet. Wir blieben alle sitzen und warteten, bis die Zahnlosen auch so weit waren. Dann folgte ein Dankgebet, und eine junge blonde Schwester winkte mich zur Tür hinaus.

»Das ist Schwester Alison«, sagte die Blonde und wies auf eine Nonne mit einem Gesicht, das unendliche Weisheit und Geduld ausstrahlte.

»Willkommen«, sagte das Gesicht. »Möchten Sie Ihr Programm für das Wochenende selbst entwerfen oder lieber eines empfohlen bekommen?« Ich entschied mich ohne zu zögern für die empfohlene Version. Ganz abgesehen davon, dass ich keine Ahnung gehabt hätte, was ich für mich selbst hätte vorschlagen sollen, war ich gewiss nicht gekommen, um über irgendetwas nachzudenken. »Dann würde ich vorschlagen, dass Sie ein heißes Bad nehmen und früh zu Bett gehen, und wir treffen uns dann nach dem Frühstück. Wenn Sie irgendetwas brauchen, fragen Sie die Gästeschwester in Ihrem Flügel. Gute Nacht.« Und weg war sie. Ich sah auf die Uhr. Es war neun Uhr abends. Um halb zehn legte ich mich schlafen, schätzungsweise zum ersten Mal seit zwanzig Jahren. Ich muss erschöpft gewesen sein und es nicht einmal gemerkt haben. Als ich aufwachte, zeigte der Wecker auf sechs Uhr, doch ich fühlte mich erstaunlich munter. Ich schwebte zum Morgengottesdienst zur Kapelle hinunter und stieß dort auf hundert Nonnen, die aussahen, als seien sie schon seit Stunden wach. Welch entrückte Klänge sie erzeugten! Haben Sie jemals versucht, um sechs Uhr morgens zu singen? Es ist allgemein bekannt, dass das einfach unmöglich ist. Womit bewiesen wäre, dass diese Menschen in Wirklichkeit Engel waren. Es war ein so herrlicher Ort. Morgensonne schien durch das Buntglasfenster über dem Altar in die Kapelle. Überall frisch geschnittene Blumen. Hölzerne Bänke, in vielen Jahren blank gewetzt, und ein herrlich zarter Duft von Weihrauch, der aus dem Nichts zu kommen schien.

Sanfte Gesichter rezitierten lyrische Worte, die vor über zweitausend Jahren von einem jüdischen König geschrieben worden waren.

Wie der Hirsch lechzt nach frischem Wasser
So lechzt meine Seele, Gott, nach dir.

Ich lehnte mich auf meinem Stuhl zurück, ganz kleinlaut angesichts all der Schönheit. Warum wollte ich die Rothaarige retten? Wohin wollte ich sie bringen? Zu einem Job bei einer »wichtigen« TV-Produktionsfirma in der Oxford Street?

Dann gab es Frühstück – schweigend – mit hausgemachtem Joghurt und Honig aus dem Bienenstock auf dem Klostergelände. Danach folgte das Treffen mit Schwester Alison. Ich saß in einem winzigen Raum, der mit einem niedrigen Tisch und zwei Stühlen möbliert war. Sie lächelte und wartete ab, dass ich etwas sagte.

»Ich habe überlegt, ob es Gott wirklich gibt, oder ob Er/Sie nur eine nützliche Vorstellung ist«, wagte ich mich vor, entschlossen, ehrlich zu sein. Ich hatte das irrationale und perverse, aus meiner evangelikalen Phase übrig gebliebene Gefühl, dass Gott mehr war als eine subjektive Meinung, aber ich wollte ihr gern vermitteln, wie ich an schlechten Tagen empfand. Ich nahm an, dass sie das alles schon mal gehört hatte.

Sie lächelte. »Nehmen Sie das Buch hier und versuchen Sie es mit dieser Übung. Wir treffen uns um zwei, und dann können Sie mir sagen, wie Sie zurecht kommen. Vergessen Sie Ihre Kaffeepause nicht, und wenn Sie zu viel Zeit haben, machen Sie einen Spaziergang im Garten. Aber sprechen Sie mit niemandem, verbringen Sie die Zeit nur mit Ihren eigenen Gedanken. Die wahre Reise, Isabel, ist die mit Ihnen selbst.« Gut. Das war ein Kinderspiel. Eine kleine »Übung« und ein Spaziergang im Garten – das schaffte ich.

»Stellen Sie sich vor, jemand hat eine Statue von Ihnen gemacht«, stand in dem Buch. »Sie sind eingeladen, sie sich anzusehen, bevor sie enthüllt wird. Gehen Sie jetzt in den Raum und ziehen Sie das staubige Laken beiseite. Was halten Sie von ihr? Nehmen Sie alles an ihr wahr.«

Für wie verrückt halten Sie mich jetzt? Ich gehe in einem Raum in einem Kloster umher und ziehe imaginäre Laken von nicht vorhandenen Statuen. »Wie sieht sie aus?«, wollte das Buch wissen. Ich malte mir eine Pose aus, die mein Exmann immer eingenommen hatte, wenn er sich über mich lustig machen wollte. Den Kopf nach vorn gereckt, die Augen in der Sonne blinzelnd, geschürzte Lippen und wegen irgendetwas drängend. »Was gefällt Ihnen an ihr?« Ich befand, dass sie aus einem warmen Stein gehauen war, der sich angenehm anfühlte, und dass die Kleider, die ich anhatte, gut aussahen – für eine Statue. »Und jetzt sprechen Sie mit der Statue.«

»Was schaust du so?«, fragte ich vorwurfsvoll. »So habe ich geschaut, als du mich gemacht hast«, erwiderte die Statue. »Was regst du dich so auf? Werd doch mal ein bisschen lockerer.« Ich überlegte, während ich um sie herumging und den exquisiten Sockel bewunderte. Dann blickte ich wieder ins Buch. »Werden Sie jetzt selbst die Statue«, verlangte es blasiert. Ich stolperte meinen herrlich gearbeiteten Sockel hinauf, doch es war kein besonders behagliches Gefühl. Ich war in meinen gewohnten Zustand physischer Verspannung verfallen und schien mich wegen nichts Besonderem aufzuregen. Das hatte mich Tai Chi nicht gelehrt. Auf einmal hätte ich eine Schultermassage nötig gehabt, und mein Kiefer schien so fest zusammengebissen zu sein, dass mein Zahnarzt auf Jahre hinaus im Geschäft bleiben könnte. Diese Übung gefiel mir nicht. Das war ein Bild meiner Person, wie andere es sich von mir machen mussten. »Guter Gott, bin ich froh, dass ich nicht mit dieser Person zusammenlebe«, dachte ich.

»Und jetzt stellen Sie sich vor, dass Jesus in den Raum kommt und die Statue sieht, und warten Sie ab, was geschieht.« Das war leichter. Die Statue sank auf die Knie und war nun nicht mehr aus Stein, sondern wurde durch den Blick der reinen Liebe lebendig. »Und was sagt Jesus?« Jesus sagt meinen Namen – »Isabel«.

Eines muss man diesen Nonnen lassen. Ich hatte zuvor schon etwas getan, das ich »Beten« nennen würde, aber dies hier war wirklich abgefahren. Okay, ich mag ja eine blühende Fantasie haben, aber diese Nonne hatte mich dazu gebracht, mit einem Mann, der vor zweitausend Jahren gestorben war, auf dem Fußboden meines Zimmers zu knien und ein Gespräch mit ihm zu führen. Und seine Gegenwart zu genießen. Wenn man davon absah, dass er natürlich nicht da war.

»Vertraust du mir?«, fragte er. »Ja«, erwiderte ich blitzschnell und erkannte die Lüge sofort. »Vertraust du mir?«, fragte er mit noch mehr Liebe. »Nein, ich vertraue dir überhaupt nicht, oder?« Vielleicht noch ein bisschen näher an der Wahrheit? »Vertraust du mir, Isabel?«, fragte er erneut. Ach, umfassende Geduld und umfassendes Verständnis als Gegenüber zu haben. »Na ja, ein bisschen«, antwortete ich und blieb still sitzen.

»Setzen Sie die Unterhaltung fort, so lange es Ihnen nötig erscheint«, warf das Buch ein. Und so kniete ich in meinem Zimmer auf dem Boden und plauderte mit diesem Mann, der nicht da war, sprach mit ihm über mein Leben, all die Dinge, die damit nicht in Ordnung waren, was ich gerne anders gehabt hätte, worüber ich froh und worüber ich traurig war.

Und das Merkwürdige war, dass er das alles bereits wusste, mir aber anscheinend trotzdem gern zuhörte – als schöpfte er sogar mehr Freude aus meiner Gesellschaft als ich aus seiner. Und er wurde über nichts wütend oder ungeduldig, so wie ich es selbst mit mir bin, sondern er war nichts als Liebe.

Schließlich warf ich wieder einen Blick in das Buch. »Lassen Sie Jesus jetzt den Raum verlassen.« Ich sah, wie er mir zuzwinkerte, und schloss hinter ihm leise die Tür. »Und jetzt treten Sie aus der Statue heraus und werden wieder Sie selbst«, wies mich das Buch an. Ich setzte mich auf das ziemlich harte, schmale Bett. Ich fühlte mich mehr im Einklang mit mir selbst, als es, soweit ich mich erinnern konnte, je der Fall gewesen war. Ich war ruhig und gelassen. Es spielte keine Rolle mehr, was geschähe, wenn ich nach Battersea zurückkam. Dank dieser Heiterkeit und dieses Vertrauens konnte ich mit allem fertig werden. Ich schwebte in den Klostergarten, um die lächelnden Blumen zu genießen.

»Aber es war nicht wirklich Jesus«, beklagte ich mich in meiner nächsten Sitzung bei Schwester Alison. »Ich habe ihm die Worte in den Mund gelegt. Ist das nicht irgendwie fragwürdig?«

»Deshalb bin ich ja hier: um das zu überprüfen. Was hat er denn gesagt?«

Hätte ich mir eingebildet, Jesus hätte mir geraten, den Kopf in den Gasherd zu stecken, dann hätte sie mir vermutlich erklärt, dass ich womöglich von ein wenig professioneller Therapie profitieren könne. Aber als ich ihr von meinem Morgen berichtete, schmunzelte sie nur. »Es war also ein bisschen so wie damals, als Jesus Petrus dreimal gefragt hat: ›Liebst du mich?‹« Daran hatte ich ehrlich nicht gedacht. Ich konnte mich nicht einmal an die Bibelstelle erinnern. Aber ja, so war es gewesen. »Und wie war die Übung? Hat sie Ihnen gefallen?« Ich musste zugeben, dass es außergewöhnlich gewesen war. »Gut«, meinte sie.

Am Samstagnachmittag ließ sie mich ein paar Geschichten aus dem Leben Jesu lesen und fragte mich, was ich dabei empfände. Das war äußerst bizarr. Als Evangelikale hatte man mich gelehrt, meinen Gefühlen zu misstrauen, weil sie unzuverlässig und als Richtschnur von zweifelhaftem Wert seien. Doch hier war nun eine Nonne, eine Person, von der ich gedacht hätte, dass sie sich der Tatsache, Gefühle zu haben, gar nicht bewusst sei, und forderte mich (eine ehemalige Schauspielerin!) auf, die meinen zu erforschen. Ganz schön unverfroren, die Frau. Ich las das Leben Jesu nach dem Matthäusevangelium und musste weinen. Er war ein so faszinierender Mann, ein so tapferer Mann. Es wäre mir wesentlich lieber gewesen, die Geschichte nur in intellektueller Form als interessanten historischen Abriss zu studieren. Aber was fühlte ich? Gefühle? Huch. Wer braucht schon Gefühle?

Am Sonntagmorgen besuchte ich ihren Gottesdienst und versuchte, ihn rein verstandesmäßig aufzufassen. Ich wollte eigentlich gar nicht fühlen, dass zwischen meiner Begegnung mit einem Mann, der gar nicht da war, der Geschichte, die ich über das Leben eines jüdischen Zimmermanns gelesen hatte, und dem Brot und dem Wein, die im Gottesdienst gereicht wurden, irgendwelche Zusammenhänge bestanden. Es war viel einfacher, mir ein paar triviale Beanstandungen bezüglich der Form des Gottesdienstes auszudenken. Vielleicht entging mir das Herzstück des Wochenendes oder vielleicht auch nicht. Aber eines wusste ich: Ich fand es herrlich hier. Ich genoss es rundum. Mir gefielen sogar die schweigsamen Mahlzeiten.

Ich suchte Schwester Alison auf, um mich voller Bangigkeit nach Einzelheiten der Sitzung am Sonntagnachmittag zu erkundigen. Ich war überwältigt und wollte weder etwas Neues empfinden noch irgendetwas denken. Gott musste es ihr verraten haben.

»Ich glaube, es täte Ihnen gut, eine Wanderung zu machen. Hätten Sie dazu Lust? Wandern Sie gern?«

»Ja, sehr«, log ich, außerstande, mich an das letzte Mal zu erinnern, als ich weiter gegangen war als die Distanz zwischen meiner Haustür und der Bushaltestelle.

»Nehmen Sie einen der ›langen Wandervorschläge‹, die Sie unter den Landkarten im Aufenthaltsraum finden. Es ist alles eingezeichnet. Sie brauchen nur eine mitzunehmen.« Toll. Daran war nichts Spirituelles, Gott sei Dank. Nur ein für Nonnen gedachter Wanderweg. Ich machte mich nach dem Mittagessen auf den Weg, die Beschreibung in der Hand. »Gehen Sie durch Wantage und nehmen Sie die Manor Road, bis Sie den Ridgeway erreichen.« Und schon marschierte ich los durch das Dorf, betrachtete die Leute und dachte: »Sie würden mir nie glauben, wenn sie wüssten, woher ich gerade komme.« Ich ging die Straße entlang, die Straße entlang, die Straße entlang und die Straße entlang, bis ich am Horizont angekommen war. »Äh, entschuldigen Sie bitte«, brach ich einem Einheimischen gegenüber mein Schweigen, »ist das der Ridgeway?« »Ach nein, der ist auf dem Hügel da dorten.« (Nein, ich schwöre Ihnen, ich habe das nicht erfunden, er sagte tatsächlich »dorten«.) Also machte ich mich auf den Weg zum nächsten Horizont. Eine Stunde später entdeckte ich ein Schild: »The Ridgeway«. Ich sah auf die Aufzeichnungen der Nonnen. »Wenn Sie zum Ridgeway kommen, wenden Sie sich nach rechts und gehen Sie weiter, bis Sie zum Dorf Letcombe Regis kommen.« Ich drehte mich um und blickte angestrengt ins Weite. Dorf? Da war kein Dorf. Lag dieses Dorf an der Küste? War es denkbar, dass ich rechts und links verwechselt hatte?

Ich studierte die Karte, wandte mich nach rechts und begann zu wandern. Dann erinnerte ich mich daran, mir die Welt anzusehen und mir das Gehen bewusst zu machen. Ja – »Nimm an deinem Erleben teil und erlebe deine Teilnahme«. Um etwas für mein Geld zu kriegen, konnte ich die Grundsätze, die ich beim Insight-Seminar gelernt hatte, auf lange Wanderungen übertragen. Langsam begannen die Groschen zu fallen. Hier erlebte ich die Tatsache, dass ich lebendig war.

Was war das für ein erstaunliches Geräusch? Ein Vogel weit, weit über mir. Er sang ein Lied, das sich nur als unverfälschte Freude beschreiben ließe. Wenn Freude einem Klang zugeordnet werden kann, dann war es dieser. Ich erinnerte mich an Klänge. Ich erinnerte mich an unsere Spielplätze in den französischen Wäldern und daran, dass die Natur lebte. Ich erinnerte mich daran, vor langer Zeit zu dem Schluss gekommen zu sein, dass es wahrscheinlich einen Gott gab, der all das erschaffen hatte. Ich erinnerte mich sogar daran, dass das Reich Gottes auch in mir war. Es war faszinierend. Alles passte zusammen.

Ich hielt den einzigen Passanten an, der mir an diesem Nachmittag begegnete. Er und sein Hund schmunzelten über die Städterin. »Das ist eine Lerche. Ist das nicht unglaublich?« Ja, es war unglaublich, und jetzt, wo ich hier sitze und dies an einem regnerischen Abend in der Battersea Park Road schreibe, kann ich mich immer noch an die Reinheit dieses Liedes erinnern. Falls Sie noch nie eine Lerche gehört haben, machen Sie im Sommer eine Wanderung auf dem Ridgeway in Oxfordshire.

Doch zurück zu meiner Wanderung. Sie war lang. Wenn eine Nonne von einer langen Wanderung spricht, dann meint sie auch eine lange Wanderung. Es war sieben Uhr abends, als ich wieder durch die Klostertür und zu den verschleierten und lächelnden Gesichtern trat. Um zwei Uhr nachmittags war ich aufgebrochen. Ich fühlte mich großartig. Das Blut war in Teile meines Körpers geflossen, die ganz vergessen hatten, wie gut Sauerstoff den Zellen tut. Ich lauschte ein weiteres Mal dem entrückten Gesang der Nonnen und musste mich losreißen. Wenn ich doch nur ihre Stille behalten könnte. Die heitere Zartheit, von der ich mich nun entfernte.

Nie wieder würde ich Nonnen als verstörte und unzulängliche Wesen betrachten. Mich? Ja, vielleicht. Aber die Nonnen? Nein. Sie waren anmutig und gnädig, sie sprühten vor Leben und Freude. Sie hatten mir durch nichts als Sein beigebracht, wie man sein konnte. Und mit Ausnahme von Alison und der lächelnden Rothaarigen hatten sie kein Wort gesagt.

Vierter Schritt:
Die Entdeckung des Widders

Ein Besuch beim Astrologen, das Leben als Widder
und die Verdopplung meiner selbst

Und, mache ich irgendwelche Fortschritte? Findet in mir eine Entwicklung als Person statt? Bleibt irgendetwas von dem Gelernten hängen, oder verändert es mich? Bin ich nur selbstgefälliger, oder werde ich freundlicher, ruhiger, glücklicher oder zu einer irgendwie »bewussteren« Frau? Falls ich mich in irgendeiner Weise zum Besseren verändert habe, so hat zumindest niemand dergleichen erwähnt. Das Problem ist, dass ich, obwohl ich bei Insight fröhlich getanzt habe, mit fast weisen Franzosen Sackgassen entlangmarschiert bin und ein himmlisches Wochenende in einem Kloster verbracht habe, zwischendurch immer mal wieder so missmutig bin wie immer. Ich bin immer noch ich. Sind etwa neue Personen, denen ich begegne, jemals von der Ähnlichkeit zwischen mir und einem Sinnbild der Unbeschwertheit beeindruckt? Mitnichten.

Vielleicht würde ich einen unbeschwerten Eindruck machen, wenn ich den Leuten nicht auf Partys begegnete. Aber wie soll man sonst neue Menschen kennen lernen? Ich hasse Partys. Ich hasse die Tatsache, dass einen immer jeder anstarrt und dann fragt: »Und was machen Sie beruflich?«, als wären wir Menschen außerstande, miteinander zu reden, solange wir kein Etikett haben und wissen, in welche Gesprächskategorie wir uns gegenseitig einordnen sollen. Warum wollen immer alle wissen, was ich beruflich mache? Warum können sie nicht einfach von dem erstaunlichen Wesen, das vor ihnen steht, so hingerissen sein, dass sie nur noch meine Gegenwart genießen möchten? Da stecke ich nun so viel Mühe in das, was ich bin, und das Einzige, was sie wissen wollen, ist, was ich tue. Es ist wirklich ärgerlich.

Weil ich diese Frage hasse, mache ich natürlich immer interessantere Konversation. Daher kann ich mir gar nicht erklären, warum auf der letzten Party, die ich besuchte, ein Mann zu mir sagte: »Ich bin Astrologe.« Vielleicht wollte er mir nur unbedingt seinen Lebenszweck offenbaren. Vielleicht hatte ich aber auch ein bisschen zu tief ins Glas geguckt und vergessen, dass ich diese Frage eigentlich nie stelle.

Ja, jetzt, wo ich darüber nachdenke, wird mir klar, dass dies mit ziemlicher Sicherheit der Fall war, weil ich noch weiß, dass mir sein Beruf Anlass zu hysterischer Heiterkeit gab. »Astronom?«, rief ich belustigt. »Oder Astrologe? Ich verwechsle die beiden ständig. Patrick Moore oder Mystic Meg?«

Er zuckte zusammen. »Mystic Meg.« »Ehrlich? Das ist doch nicht Ihr Ernst! Sie meinen, Sie bringen es fertig, Leute davon zu überzeugen, dass ihre Lebensentscheidungen davon beeinflusst werden, in welche Richtung sich der Mond zum Zeitpunkt ihrer Geburt bewegt hat? Das ist das Lächerlichste, was ich je gehört habe. Und außerdem«, tönte ich mit Stentorstimme durch den Raum, »lässt das die Tatsache außer Acht, dass wir in unserem Leben einen freien Willen haben! Jeder vernünftige Mensch weiß, dass wir unser Geschick selbst gestalten und die Planeten nichts damit zu tun haben. Also bitte! Das ist doch absurd! Dabei sehen Sie wie ein intelligenter Mensch aus. Und die Leute bezahlen Sie dafür?«

Der elegant gekleidete Herr, der kurze dunkle Haare und feine Gesichtszüge hatte, sah sich mittlerweile Hilfe heischend nach jemand quälend Introvertiertem als Gesprächspartner um.

»Ja, offen gestanden bin ich ein halbes Jahr im Voraus ausgebucht.«

Ich füllte mein Glas zum wiederholten Mal mit einem hervorragenden 1990er Saint-Émilion, einem roten Bordeaux.

»Sechs Monate im Voraus! Tja, das beweist lediglich, wie viele leichtgläubige Menschen herumlaufen. Das ist doch alles Unsinn – die Zukunft nach dem Sternzeichen vorhersagen. So ein Quatsch! Was für ein Sternzeichen bin ich denn?

Ich wette, das können Sie mir nicht sagen … na los … Noch einen Schluck Wein? Was für ein Sternzeichen bin ich?«

Er lächelte milde. »Wenn ich raten soll, würde ich sagen Widder.«

Ich starrte ihn mit meinen glasigen Augen an und musste mit mir ringen, um einen klaren Gedanken zu fassen. Keiner der anderen Gäste wusste mein Sternzeichen. Er hatte einfach Glück gehabt.

»Hören Sie«, sagte er und stützte mich am Arm, »wissen Sie überhaupt irgendetwas über Horoskope? Sie können vorbeikommen und sich eines machen lassen, wenn Sie möchten. Sie brauchen ja nicht daran zu glauben.« Offenbar war er ein netter Mensch. Wie ekelhaft.

Als ich den Kater überstanden hatte und daran dachte, den Gastgeber anzurufen, um mich zu bedanken, erkundigte ich mich nach diesem dubiosen Gast. »Ach, Richard? Er stellt schon seit etwa zwanzig Jahren Horoskope. Er ist auf diesem Gebiet sehr bekannt. Mir hat er auch eines gestellt. Es war verblüffend. Du solltest auf jeden Fall hingehen, wenn er dir angeboten hat, die Warteschlange zu überspringen. Man kann nie wissen, vielleicht erfährst du ja etwas!«

Und so ließ ich mir schließlich »mein Horoskop stellen«. Es war einfach zu verführerisch, und außerdem hatte mich die Neugier gepackt. Ich bewies meine nachlassende Urteilskraft und rief diesen Astrologen an. Ich erfuhr, dass ich ihm gewisse wichtige Lebensdaten nennen musste. Wusste ich beispielsweise Datum und Uhrzeit meiner Geburt? Das Datum ist kein Problem, solange niemand herausfinden will, wie alt ich bin. Jedem des Rechnens Unkundigen verrate ich das Datum gerne. Aber die Uhrzeit?

Zum Glück erwies sich meine Geburtsurkunde als erstaunlich genau: 1 Uhr 13. Doch dann tauchte ein Problem auf. Stand da »a. m.« oder »p. m.«, nachts oder nachmittags? Ein unleserliches Gekritzel sollte über meinen gesamten weiteren Lebensweg entscheiden? Zum Kuckuck mit dem Arzt, der das Formular ausgefüllt hatte. War ihm denn nicht klar, dass von diesen Angaben abhängen konnte, ob ich jemals Millionärin werden oder wieder heiraten würde?

Ich rief den Astrologen an, dem ich in der Absicht, zu beweisen, dass ich das Ganze nicht ernst nahm, den Spitznamen Merlin gegeben hatte. »Spielt es eine Rolle, ob es nachts oder mittags war? Ich kann die Handschrift des Arztes nicht lesen.« Ja, offenbar würde mein Leben je nachdem ganz unterschiedlich ausfallen. Mutterpersönlichkeit, beruflicher Erfolg, all das änderte sich, wenn mein Mond im Aufgehen war. »Es sieht ganz danach aus, als könnten Sie eine Mittags-Version sein, also werde ich damit zu arbeiten anfangen«, erklärte Merlin. »Aber wenn Sie es herausfinden könnten, wäre das nützlich – und bringen Sie weitere signifikante Daten mit.«

Mich erfasste Panik. Ich könnte das falsche Leben bekommen. Die falsche Zukunft. Mein Schicksal von ein paar Schnörkeln geraubt. Ich starrte auf die Geburtsurkunde und sah, dass unten auf der Seite »Chestnut Hill Hospital, Philadelphia« stand. Du liebe Zeit! Vielleicht lag irgendwo in einem Archiv dieses Krankenhauses – falls es noch nicht geschlossen worden war – die Lösung für mein geheimnisumwittertes Schicksal.

Zwei Anrufe später sagte ein bonbonsüßer pennsylvanischer Akzent: »Mein Name ist Mary-Lou, und ich habe Ihre Geburtsurkunde direkt vor mir liegen. Es sind zwei kleine Fußabdrücke darauf. Sie hatten unheimlich niedliche Füßchen.« Ein seltsames Gefühl. Und dann schickte meine Stimme ihre aufgeregte Frage telefonisch in ein Gebäude auf der anderen Seite des Atlantiks, wo sie seit ... einigen Jahren nicht mehr zu hören gewesen war: »Ach, äh, vielen Dank. Aber, äh, die Tageszeit, wissen Sie die Tageszeit, zu der ich geboren wurde? Es könnte eine ganze Menge davon abhängen, wissen Sie ...«

»O ja, Kindchen, sie steht mehrfach in den Akten – es war 1 Uhr 13 morgens. Sicher bin ich mir sicher, Kindchen – 1 Uhr 13 morgens, Eastern Standard Time.« Ich nehme sämtliche Bosheiten zurück, die ich je über British Telecom verbreitet habe. Soeben hatten sie mein Leben verändert. Ich rief

71

Merlin an, der zur Vorbereitung auf unseren Termin mein Horoskop gestellt hatte. Jetzt würde er von vorn anfangen müssen. Statt Uranus war nun Saturn am Aufsteigen.

Nervös drückte ich auf die Messing-Türklingel. Mein Besuch bei diesem Mann, mit dem Totenschein meiner Mutter und der Geburtsurkunde meiner Tochter in der Hand, hatte etwas merkwürdig Beängstigendes an sich. Abgesehen davon dulden Widder natürlich nicht gern Dummköpfe. Und außerdem gibt es definitiv keine Charakterzüge, die einem bestimmten Sternzeichen zugeschrieben werden können. Warum muss dieses Reifen, Sichverändern und -entwickeln derart harte Arbeit sein?

Ich betrat einen hellen, großzügigen Raum und wurde von den Apparaturen der Wissenschaft geblendet. Ein großer Computermonitor stellte ein recht hübsches geometrisches Muster in allen Farben zur Schau, das Merlin offenbar alles sagte, was er über mich wissen musste. »Ich bin gleich so weit«, sagte er, während er mir einen Laserausdruck des Musters machte und eine Kassette einlegte, um die nächste Stunde aufzuzeichnen.

Skeptisch musterte ich die Regale. Viele Bücher über Astrologie, was ein gewisser Trost war. Selbst wenn es eine unsinnige Disziplin war, so hatte er sich zumindest darin kundig gemacht. Im nächsten Regal standen weitere Bücher über Astrologie und im nächsten und übernächsten auch. Ich zählte sie. Er schien 136 zu haben. Wie seltsam, dass überhaupt so viele geschrieben worden waren. Ich zog eines aus dem Regal und sah mir die Einleitung an:

> Die Astrologie regt schon seit Tausenden von Jahren die Gedanken tiefgründiger Denker und Wissenschaftler an, und doch wird sie von Leuten, die sich nicht mit ihr befasst haben, nach wie vor als unsinnig abgetan. Als der Astronom Halley über sein Interesse an Astrologie spottete, erwiderte ihm Sir Isaac Newton: »Sir, ich habe sie studiert, Sie dagegen nicht.«

Du liebe Zeit. Stell das Buch bloß gleich wieder ins Regal. Muss ich denn allem offen gegenüberstehen? Merlin bemerkt, wie aufgewühlt ich aussehe. »Ist das nicht alles zutiefst unchristlich?«, frage ich. Er lächelt mich mit einem Ausdruck geduldiger Toleranz an. »Kennen Sie das Matthäus-Evangelium?«

»Ja, ich habe mich damit beschäftigt, als ich evangelikalisch war«, erklärte ich stolz.

»Dann kennen Sie also Matthäus, Kapitel zwei, Vers zwei?«

»Äh, nein, das muss aber etwas mit der Geburt zu tun haben, oder?«

»Ja. Ich weiß die Stelle sogar auswendig. Sie lautet: ›Als Jesus zur Zeit des Königs Herodes in Bethlehem in Judäa geboren worden war, kamen Sterndeuter aus dem Osten nach Jerusalem und fragten: Wo ist der neugeborene König der Juden? Wir haben seinen Stern aufgehen sehen …‹ Wenn nun Astrologie unchristlich ist, warum haben die drei Weisen dann bei der Geburt Jesu eine so gut dokumentierte Rolle gespielt?«

Schweigen. Ich bin sicher, es gibt eine Antwort auf diese Frage. Doch ich wusste sie nicht.

»Möchten Sie Ihr Horoskop jetzt hören oder nicht? Hier ist Ihr Laserausdruck. Kommen Sie und setzen Sie sich hierher, damit ich die Lautstärke für das Mikrofon testen kann.«

Und dann legte er los und erklärte mir, warum ich so bin, wie ich bin. »Ihre Sonne steht im Widder, Ihr Mond im Schützen, und Sie haben den Steinbock als Aszendenten. Sie haben fünf Planeten im Feuer, drei in der Erde, einen in der Luft und einen im Wasser, also sind Sie von den Elementen her überwiegend eine Feuer-Erde-Persönlichkeit.« Er hätte mir die Deutung ebenso gut auf Aramäisch vortragen können. »Hä?«, machte ich.

»Bestimmte Energiebahnen und Eigenschaften werden im Moment Ihrer Geburt bestimmt.« Ich glaube, er hatte noch nie eine Deutung für jemanden vorgenommen, der astrologisch so ungebildet war. »Wenn Sie sich vorstellen, dass jemand die Position der Sterne betrachtet hat, während Sie damit beschäftigt waren, geboren zu werden, dann stand das Sternbild Schütze zu diesem Zeitpunkt hinter dem Mond. Also sagt man, dass Ihr Mond im Schützen stand.«

»Ich dachte, die Planeten drehen sich alle um die Sonne?«, wagte ich einzuwerfen, ziemlich sicher, dass das etwas war, was ich wusste.

»Ja, aber dies ist eine geozentrische Disziplin, und daher werden die Planeten in ihrer Position zur Erde betrachtet. Sie müssen das nicht alles verstehen. Wichtig ist nur das, was uns die Planeten über Sie sagen.« Und er begann mit der Analyse meines Charakters.

»Was das Erledigen von Aufgaben angeht, ist das hier die Dampfwalze im Tierkreis. Ein doppeltes Feuer bedeutet, dass Sie gut darin sind, Trends auszumachen, und eine natürliche Affinität zu allem haben, was sich im kollektiven Unbewussten abspielt. Sie besitzen eine ausgeprägte Fähigkeit dazu, Dinge zu entwerfen und in Begriffe zu fassen, und als Widder lieben Sie Herausforderungen. Außerdem …« Langsam begann es mir zu gefallen. Ich hätte den ganzen Tag dasitzen und mir anhören können, wie brillant ich bin. Deshalb bezahlten die Leute ihn also. Er fuhr fort: »… sind Sie aber nicht nur anregend, sondern mit Ihrem Steinbock-Aszendenten tun Sie auch immer das, was Sie angekündigt haben.«

Das war ja alles wunderbar, aber ich hatte das Gefühl, dass er mir gleich etwas zur weiteren Erleuchtung sagen würde.

»Allerdings«, kam das unvermeidliche Wort, »besteht ein enormes Ungleichgewicht. Sie haben doppelten Überfluss neben doppeltem Mangel. Sie haben enorm viel maskuline Energie in Ihrem Horoskop. All das, was eine Frau gewöhnlich in einem Mann sucht … (er ringt um Taktgefühl), haben Sie bereits. Oder zumindest präsentieren Sie sich der Welt so.«

Dieser Mann wurde langsam unbeschreiblich scharfsinnig. Entnahm er diese ganze Weisheit seinem Computermonitor oder der Begegnung mit mir? Doch er zeigte immer wieder ganz dezidiert auf verschiedene kleine Zeichen in meinem Horoskop.

»Sie haben das Bedürfnis, das Geschehen um Sie herum zu kontrollieren, sonst passiert womöglich überhaupt nichts. Darin sind sie sehr gut, aber worin Sie nicht so gut sind, ist, Dingen ganz spontan ihren Lauf zu lassen. Sie wollen immer alles vorantreiben. Vielleicht haben Sie das auch in Ihrer letzten Beziehung getan?«

Okay, das reichte. Entweder hatte er irgendwo eine Kristallkugel oder er hatte stundenlang mit meinen Freunden telefoniert und sich nach mir erkundigt. War das Ganze vielleicht eine Verschwörung, die sie ausgeheckt hatten, um sich für meine evangelikalische Phase zu rächen? Merlin alles über mich erzählen, mir nichts davon verraten und dann hinterher im Pub sitzen und alles unheimlich lustig finden.

Er fuhr fort. »Sie haben hier eine doppelte Polarität, was besagt, dass Sie dazu neigen, stark zu polarisieren. Das ist der Mangel an Ausgleich durch die Waage. Haben Sie schon mal daran gedacht, Ihre weibliche Seite ein bisschen zu fördern?«

»Was, Sie meinen herumstehen und hübsch aussehen, Pastellfarben tragen und darauf warten, dass ein Mann auf einem Schimmel geritten kommt?«

Voller Abwehr? Ich?

»Interessant, dass Sie es so sehen. Was ist denn mit all den wunderbaren, schönen, wertvollen und sinnlichen Dingen am Frausein?«

»Muss man die denn nicht entsprechend der persönlichen Größenvorliebe im Geschäft für Ehehygiene erstehen?«, fragte ich und fand mich ungemein witzig.

»In Ihren Witzen leugnen Sie das Weibliche in sich selbst. Die Kraft in Ihrem Horoskop ist echt, doch sie zeigt auch, dass sie im Verborgenen hektisch herumrudern. Sie müssen dem Teil von Ihnen Ausdruck verleihen, der schüchtern ist.«

Ich schmollte. »Wenn all das in meinem Horoskop steht, heißt das dann nicht, dass ich ohnehin darauf festgelegt bin und jeder Verbesserungsversuch zum Scheitern verurteilt ist?«

»Nein, ganz und gar nicht. Das Horoskop zeigt, was Sie bereits haben, und das sagt Ihnen dann, woran Sie noch arbeiten müssen. Manche Leute glauben, dass es zeigt, was Sie in früheren Leben gelernt haben, womit Sie wiederum eine Richtschnur dafür erhalten, worauf Sie sich in diesem Dasein konzentrieren müssen. Sie können nicht verlieren, was Sie bereits haben. Es ist nur eine Frage des Gleichgewichts, damit Sie dann alles haben können.«

»Ich muss also lernen, gern zu kochen?«

»Erinnern Sie sich, dass ich gesagt habe, Sie hätten die Tendenz zu polarisieren?«

Mich darauf konzentrieren, meine innere Weiblichkeit zu fördern. Ha. Ich dachte, Leute gingen zu Astrologen, um zu erfahren, dass sie einem großen, dunkelhaarigen, gut aussehenden Fremden begegnen würden, der genau das täte.

»Ist in absehbarer Zeit vielleicht ein großer, dunkelhaariger, gut aussehender Fremder in Sicht?«, fragte ich in dem Versuch, von mir abzulenken.

»Offen gestanden ja. Wenn Uranus auf Venus trifft, bringt das meist Fremde mit sich. Aber bemühen Sie sich nicht um sie. Lassen Sie sie zu Ihnen kommen. Überlegen Sie, was Sie bisher unternommen haben, das Ihnen nicht gut getan hat.«

Was, immer diejenige gewesen zu sein, die die Männer in meinem Leben zu einer Verabredung aufgefordert hat? Dem letzten Mann, in den ich mich verliebt hatte, massenhaft lächerlich lange Briefe zu schreiben und die Tatsache zu ignorieren, dass er nicht zurückschrieb? Ihm – nur um mich an seiner Gegenwart zu freuen – quer durch Europa zu folgen? Nicht wahrzunehmen, dass er den größten Teil der mit mir verbrachten Zeit verschlief? Unverbesserlich? Ich?

»Wonach soll ich denn Ausschau halten? Irgendwelche Tipps?« Inzwischen begann ich langsam wieder Gefallen an der Sache zu finden.

»Da sie eine Menge seelische Kraft haben, brauchen Sie jemanden, der auf dem gleichen Niveau von Kraft und Intensität lebt. Der Mond der Frau und die Sonne des Mannes harmonieren gut, insofern wäre ein Schütze-Mann ein ebenbürtiger Partner für Sie. Sie können keinen Mann vertragen, der zu passiv ist, sonst drehen Sie durch. Sie brauchen einen, der sich seiner Männlichkeit sicher ist. Er muss spirituell stark sein und die Fähigkeit besitzen, sich emotional zu zügeln. Außerdem brauchen Sie jemanden, der viel in der Öffentlichkeit auftritt und auf einer großen Bühne agiert.«

»Der einzige unverheiratete Mann auf dem ganzen Planeten ist gerade mit meiner archetypisch blonden Freundin abgezogen«, jammerte ich pathetisch. »Wo soll ich denn hingehen, um Männer kennen zu lernen, die auf einer großen Bühne agieren?«

»Es geht nicht darum, auf die Suche zu gehen. Machen Sie die innerliche Arbeit, dann tauchen sie schon auf.«

»Ich glaube, ich habe keine einzige allein stehende Freundin mehr, die das noch glaubt.«

»Vielleicht sind sie deswegen allein stehend.« Er grinste selbstgefällig. »Gehen Sie einfach nach Hause und arbeiten Sie an sich. Es gibt in den nächsten Jahren mehr als genug große, dunkelhaarige Fremde für Sie. Das Wichtigste, was dieses Horoskop Ihnen zeigt, ist, dass Sie Ihre feminine Seite fördern müssen. Es gibt einen Workshop namens ›Die Göttin erwecken‹, der ein wunderbarer Anfang wäre. Ich glaube, er kann einen vollkommen verwandeln, aber er ist nur für Frauen, also habe ich ihn selbst nicht mitgemacht. Hier ist Ihr Band, hier ist Ihr Horoskop, und ich muss jetzt los.«

Wie von Zauberhand war er verschwunden, und ich stand draußen auf der Straße. Meine weibliche und meine männliche Seite einigten sich darauf, in ein Café zu gehen. »Ich möchte ein neues Kleid«, bat meine weibliche Seite höflich, »und die Erlaubnis, den Göttinnen-Workshop zu besuchen.«

»Ach herrje«, entgegnete meine männliche Seite. »Oder heißt das, dass du mir ab und zu eine Mahlzeit kochst?« Sie lächelte und klimperte mit den Wimpern. »Aber ja, Schätzchen, was immer du willst.«

Jetzt habe ich also eine gespaltene Persönlichkeit. Als wäre es nicht schon schlimm genug, zu versuchen sich als eine Person weiterzuentwickeln, muss ich es jetzt mit zweien von meiner Sorte aufnehmen. Meine weibliche Seite möchte losziehen und neue Ohrringe kaufen, aber meine männliche Seite findet, ich sollte zu Hause sitzen und eine Bewerbung an einen anderen TV-Sender verfassen. Meine weibliche Seite wendet ein, dass sie ohnehin keine Lust dazu hat, Fernsehsendungen zu produzieren, und lieber mehr Zeit mit ihrer Tochter verbringen würde. Meine männliche Seite sagt, das sei ja alles gut und schön, aber sie hätte eine Hypothek abzubezahlen. Ha. Eigentlich brauche ich gar keine Beziehung. Ich kann mit mir allein einen Familienkrach vom Zaun brechen. Und während der Mann in mir lieber draußen in der Welt etwas leisten möchte, muss er die Erniedrigung verkraften, einen Göttinnen-Workshop zu besuchen.

Fünfter Schritt:
Der inneren Göttin Ausdruck verleihen

Frau sein – Nacktheit eingeschlossen

Was der Astrologe mir gesagt hatte, stimmte. Ich hatte wirklich das Gefühl, als Frau irgendwie unzulänglich zu sein. Nicht feminin genug. Doch ich hatte keine Ahnung, was ich mir darunter vorstellte oder wie ich es ändern sollte. Vielleicht steckte hinter dem Frausein ein geheimnisvoller Nimbus, der mir irgendwie verborgen geblieben war. Das würde auch erklären, warum der letzte Mann, in den ich mich verliebt hatte – ein wirklich bemerkenswerter Typ –, mich verlassen und sich mit einer Blondine davongemacht hatte. Sie war zierlich, brauchte jemanden, der sich um sie kümmerte, und schaffte es, selbstsicher zu lächeln und dabei gleichzeitig auf ihre innere Verletzlichkeit hinzuweisen. Einmal sagte sie zu mir: »Ich kann jeden Mann haben, den ich will«, und dann bewies sie es. Dieser Vorfall führte dazu, dass mein Glaube an mich selbst als Frau bis in die Grundfesten erschüttert wurde. Ich fühlte mich hässlich, linkisch und maskulin. Mir kam unangenehm zu Bewusstsein, dass meine Figur nicht so war, wie es die Gesellschaft verlangte. Ich war weder hübsch noch sexy genug, um den Mann zu fesseln, den ich lieben wollte. Offensichtlich lag mit meiner Weiblichkeit etwas im Argen.

Vielleicht könnte mir die Frau helfen, die die Göttinnen-Workshops abhielt. Vielleicht war ich imstande zu ergründen, was mir fehlte, damit der nächste Mann, der mir gefiel, gleich auf mich zukäme und »Ich bin dein« oder so was sagte. Oder zumindest konnte ich darüber nachdenken, dass ich eine Frau bin und nicht eine Art Konglomerat aus Zuchtmeister, Ernährer, Koch, Regalbauer, Faktotum, verständnisvollem Erdvater und wirrem Typ, der den Haushalt schmeißt. Ich weiß schon, dass das alles nicht besonders feministisch klingt, aber von meinem Standpunkt aus – nachdem ich keinen Vater gehabt hatte und so – musste ich nie um Gleichberechtigung kämpfen. Gott sei Dank hatten das andere, tapferere Frauen vor mir getan. Doch wie Merlin sagte: »Was ist denn mit all den wunderbaren, schönen, wertvollen und sinnlichen Dingen am Frausein?« Ich wusste nichts von diesen Dingen. Vielleicht konnten mir das die Göttinnen beibringen. Der Prospekt versprach »Eine einzigartige Erfahrung deiner selbst als Frau und deiner weiblichen Kraft«. Entweder das oder den verstopften Abfluss des Waschbeckens reinigen.

Die Vorbereitungen auf das Wochenende machten mir keinen Spaß. Der Prospekt verlangte, ein Kleid anzuziehen, »in dem du dich fühlst wie eine Göttin«, und ich besaß absolut nichts dergleichen. Der Familienkrach, den ich vorausgeahnt hatte, war in vollem Gange. Ms. Innere Weiblichkeit schlurfte missmutig herum, weil man ihr nicht extra ein neues Kleid gekauft hatte. »Ich habe nichts Hübsches anzuziehen.« Mr. Innere Männlichkeit ignorierte sie. Ich fragte ihn, was er als »Musik, die eine innere Sehnsucht widerspiegelt«, wählen würde, eine weitere Bedingung für den Workshop. Er schlug »Money Makes the World go Round« aus *Cabaret* vor. Oder Madonna mit »Material Girl«.

Es war eine lächerliche Situation.

Jedenfalls war ich gezwungen, mir irgendetwas einfallen zu lassen. Das alte geblümte Kleid würde es tun müssen, und ich müsste irgendeine CD auftreiben. Ich war ratlos. Musik, die eine Sehnsucht ausdrückt? »Sehnsucht? *Sehnsucht!*« Die sollte ich auf dem Weg zur Erleuchtung doch bestimmt schon abgelegt haben? Ich hatte immer geglaubt, Buddha sei frei von Bedürfnissen und Bindungen?

Ich dachte, ich sollte eigentlich nur lernen, das Leben zu würdigen. Sich nach Dingen, Menschen und herrlichem, leidenschaftlichem Sex zu sehnen, war doch absolut dysfunktional, oder nicht? Ich konnte ja wohl kaum »Someone to Watch Over Me« mitnehmen, mit einem Text wie »Ich bin ein kleines Lämmchen und hab mich im Wald verirrt …« Wie wär's denn mit »Ich bin ein kleiner Widder und führe Schlimmes im Schilde«? Oper kam erst recht nicht in Frage – eine meiner selbstverwirklichten Freundinnen nennt sämtliche großen Arien »Lieder für Ko-Abhängigkeit«. (Seufz.) Also keine Liebeslieder. Wie wär's stattdessen mit einer Kassette mit Vogelgesängen aus dem Regenwald des Amazonas, die meiner Sehnsucht Ausdruck verliehen, ganz weit weg von der Battersea Park Road im Oktober zu sein?

Dann rettete mich Mr. Innere Männlichkeit. »Nimm was Klassisches.« (Praktisch wie immer.) »Wie wär's mit einem Cellokonzert von Bach? Das klingt eindeutig nach einer Art Sehnsucht.«

»Ja, nach Alan Rickman in *Wie verrückt und aus tiefstem Herzen*«, piepste Ms. Weiblichkeit.

Ich würde mich wohl um Einvernehmen bemühen und sie alle beide ignorieren müssen. Dann verließ ich das Haus und bestieg einen 19er-Bus Richtung Highbury und Islington. Eine sonderbare Gegend für ein Göttinnentreffen.

Bei der Ankunft sank mein Mut. Nicht dass ich von einem ausschließlich Frauen offen stehenden Workshop etwas anderes hätte erwarten dürfen, doch es waren keine Männer da. Das war ja schlimmer als das Insight-Seminar. Dort war ich zu dem Schluss gekommen, dass sie alle verschroben waren. Aber das hier lag noch viel weiter außerhalb meiner Behaglichkeitszone. Es war ein gewaltiger Fehlgriff. Ich war die Einzige mit langen Haaren und die Einzige, die keine Hosen trug. Ich geriet in Panik. Ich wusste, dass ich das Universum gebeten hatte, eine Beziehung für mich zu finden, aber die Hormone und eine altmodische genetische Vorliebe beharrten nach wie vor darauf, dass ich Männer mochte.

»Es geschieht etwas Kraftvolles, wenn Frauen sich zusammensetzen«, erklärte die Chefgöttin. Sie war eine atemberaubende Schönheit Anfang fünfzig. Selten hatte ich eine Frau getroffen, die selbstverwirklichter ausgesehen hätte. Wir näherten uns einem Kreis von Kissen auf dem Fußboden. Ich wollte nicht in einem Kreis aus lauter Frauen sitzen. Ich wollte nicht, dass etwas Kraftvolles geschah. Urplötzlich fasste ich eine intensive Abneigung gegen sämtliche Frauen.

Dann fing das »Sich-Einbringen« an. »Ich hatte schon immer ein Problem mit Männern«, sagte eine Hose. »Ich fühle mich wie ein Mann im Körper einer Frau«, meinte eine zweite. »Seit ich diesen Workshop zum ersten Mal gemacht habe«, bekannte eine dritte, »habe ich das Gefühl, dass meine Sexualität eine ganz neue Richtung eingeschlagen hat.«

Ich glaube, ich habe mich in meinem ganzen Leben noch nie so gefürchtet. Ms. Weiblichkeit wünschte, sie wäre mit einem Haufen anzüglich glotzender und pfeifender Fußballfans in einer Kneipe. Und dann sahen auf einmal alle mich an.

»Und du, Isabel?«, fragte die Chefgöttin auf einmal. »Was hat dich hierher geführt?«

»Ich, äh ... ich, äh ...«

»Ja, manchmal fällt einem das Sprechen schwer, nicht wahr?«

Vor diesem Moment noch nie.

»Man hat mir gesagt, dass meine maskuline Seite stärker sei als meine feminine, und jetzt bin ich hier, äh, um darüber nachzudenken, was Frausein bedeutet.«

»Ja, ja. Aha.« Sie nickte verständnisvoll.

Die Frau neben mir brach in Tränen aus. Es wunderte mich, dass sie von meinen wenigen, kurzen Worten so gerührt war. Vielleicht erstaunte es sie, wie reif ich war? Aber nein, es stellte sich heraus, dass sie deprimiert war. »Ich habe das Gefühl, immer eine Knospe zu bleiben und nie aufzublühen.« Sie begann heftig zu weinen. Mr. Männlichkeit hatte überhaupt kein Mitgefühl.

Es folgte eine weitere Stunde des Dasitzens und Gerührtseins. Eine nach der anderen sprachen sie weiter darüber, was in ihrem Leben verkehrt lief. Mein Mitgefühl hielt sich in Grenzen, und der Blick liebevoller Anteilnahme, den ich aufgesetzt hatte, begann langsam wehzutun. Wenn ich Glück hatte, käme ich noch vor der Sperrstunde ins Pub.

Zu meiner Überraschung setzte sich eine hoch gewachsene

und elegante Göttin auf einen Drink zu mir. Es war wider
Erwarten sogar ziemlich interessant, ihr zuzuhören: »Weiblich
zu sein hatte für mich immer damit zu tun, was ich meiner
Meinung nach sein musste, um von einem Mann akzeptiert
zu werden und ihm zu gefallen. Aber eine Frau zu sein ist etwas anderes. Das wirst du an diesem Wochenende noch herausfinden.«

»Aber sind denn nicht alle diese Frauen …«

Sie warf ihren Kopf mit den sehr kurz geschnittenen Haaren nach hinten.

»Nein, sind sie nicht. Sämtliche Frauen aus der Gruppe, die
ich kenne, haben Ehemänner und ziemlich gut aussehende
Liebhaber. Vielleicht irre ich mich auch. Ich kenne sie nicht
alle. Aber warum machst du Unterstellungen? Und überhaupt, selbst wenn manche von ihnen lesbisch sein sollten …«

Wie konnte sie so offen sprechen?

»Meinst du nicht, dass du auch etwas von ihnen lernen
könntest?«

»Doch, natürlich. Es ist nur einfach, dass ich … dass ich Männer mag.«

Ach du liebe Zeit. Ich kam vom Regen in die Traufe. Jetzt
fühlte ich mich auch noch intolerant. Im Grunde war es die
seltsame Umkehr einer anderen bizarren Situation, die mir
letzte Weihnachten passiert war. Ich wohnte in einem winzigen Apartment in Manhattan und hatte Weihnachtskarten
nach Hause geschickt, in denen ich meinen Freunden mit-
teilte, dass ich glücklich mit einer Frau zusammenlebte. In den
Weihnachtskarten, die ich im Gegenzug erhielt, wurde ich zu
meinem »Coming-out« beglückwünscht. Als ich zurückschrei-
ben und allen mitteilen musste, dass ich ganz unschuldig die
Wohnung mit einer Frau teilte und zur gleichen Zeit eine
unspektakuläre und altmodische Beziehung zu einem Mann
hatte, waren alle ganz betreten. Mein Pfarrer und seine Frau
waren völlig zerknirscht. Sie hatten gehofft, nun die erste wirklich »bekennende« Lesbe in ihrer Gemeinde zu haben. Ich
war eine große Enttäuschung für sie.

Deshalb war dies das zweite Mal, dass ich meinen Mangel an sexueller Offenheit als ziemliche Beschränkung erlebte.

Am Samstagmorgen erschien ich lächelnd und im Trainingsanzug. Wie ein Mantra sagte ich mir ständig die mittlerweile viel verwendete Insight-Lehre vor: »Nutze alles für deine Erfahrung, Erbauung und Entwicklung. Nutze alles ...«

Der Morgen verlief mit einigen wunderbaren Übungen gut. Das Übliche: Zuhören können, Ärger ausdrücken, nichts, was ich nicht schon mal gemacht hätte. Ich fühlte mich bereits wesentlich wohler. Ich wusste das alles und kam mir schon wieder angenehm überlegen vor. Es tut ja so gut, in einer Position zu sein, wo man weiß, dass man es besser weiß als alle um einen herum.

Beim Mittagessen stellte ich weitere Fragen nach dem Frausein. »Es geht um Zeitlosigkeit und absolute Empfänglichkeit. Eine Frau nimmt alles auf und lernt daraus.«

»Ja, aber das ist doch alles sehr theoretisch«, wandte ich auf maskuline Art ein. »Wie ändert man denn die Art, wie man ist?«

»Ich beobachte mich einfach jedes Mal, wenn ich Ausreden für ein Verhalten vorbringe, das gar nicht dem entspricht, was ich eigentlich tun will. Ich nehme jede Vermeidungstaktik unter die Lupe und frage mich: ›Was bleibt mir, wenn ich das Vermeiden bleiben lasse?‹«

Autsch. Also sollte ich diesen Mann wirklich nicht anrufen, von dem ich weiß, dass er nicht an mir interessiert ist – einfach um zu vermeiden, wieder vor Selbstmitleid zu zerfließen. Oder den, der zwar an mir interessiert ist, der aber mich nicht wirklich reizt, nur damit ich seine Aufmerksamkeit genießen kann. Diese verflixten Wochenendseminare. Und konnte die Chefgöttin nicht aufhören, derart mitfühlend dreinzusehen? Wenigstens beim Mittagessen?

Als wir in unseren Raum zurückkehrten, vernahmen wir, dass eine der Frauen »die Energie im Raum reinigen« wollte.

»Hier wurde Negativität zurückgelassen.« Sie war ein dünnes, dunkeläugiges Mädchen und todernst.

»Ich möchte etwas Salbei verbrennen.« Der Salbei wollte nicht geopfert werden und brannte nicht. Ich unterdrückte ein Kichern. Schließlich füllten wir den Raum mit Rauch und wedelten sämtliche schlechten Schwingungen weg. Es machte großen Spaß und hatte überhaupt nichts mit meinem Frausein zu tun. Ja, ich wünschte mir eher, es könnte den ganzen Tag so weitergehen.

Die Nachmittagssitzung begann mit einer Übung, die ich noch nie gemacht hatte. Wir tanzten zu zweit, als blickten wir in einen Spiegel. Es war ein seltsames Gefühl. Wenn ich in einen Spiegel schaue, denke ich normalerweise: »Guter Gott, was für ein Anblick. Zeit für einen Haarschnitt / eine Elektrolyse / einen Besuch beim Zahnarzt / Schönheitschirurgen.« Das hier war anders. In diesem alternativen Spiegel war die Miene, die mir entgegenblickte, erfüllt von völliger Akzeptanz ihrer selbst und betrachtete ihr Spiegelbild mit Stolz. Es war eine sehr angenehme Abwechslung. »Ein Jammer, dass es solche Spiegel nicht bei Peter Jones gibt«, sagte ich – in einem Moment, in dem wir nicht sprechen sollten.

Dann, als ich gerade begann, die Übung richtig zu genießen, sagte die Chefgöttin: »Was passiert, wenn Sie eine Schicht ihrer Kleidung ablegen?«

Nein, diesen Weg würde ich nicht einschlagen. Ich zog eine Socke aus. Wirbelte sie durch die Luft und warf sie mit heiterer Ausgelassenheit durch den Raum. Dazu grinste ich fröhlich. Wieder erklang die Stimme: »Und noch eine.« Das war okay – ich hatte ja zwei Socken. Doch die Frauen um mich herum tanzten zu zweit und zogen sich aus. Noch beunruhigender war, dass etwas Merkwürdiges mit meinem Spiegelbild passiert war. Es schien nicht mehr viel anzuhaben.

Was würden Sie in einem Raum voller tanzender Frauen tun, die ihre Unterwäsche ausziehen? Vermutlich hätte ich zur Tür rennen können. Aber damit hätte ich riskiert, schrecklich verklemmt zu wirken und später am Abend einen besorgten Anruf von der Chefgöttin verkraften zu müssen. Doch dann, als ich am wenigsten damit rechnete, kam ein hilfreicher Kommentar von Mr. Männlichkeit. »Es ist auch nicht viel anders als in der Sauna. Dort genierst du dich auch nicht. Das sind doch alles Frauen, weißt du. Wo liegt denn dein Problem?« Und so verschwanden die Kleider, die Unterwäsche, alles. Malen Sie sich die Szene aus. Siebzehn Frauen verschiedener Größe und Hautfarbe – und ich tollte splitternackt mit ihnen herum. Was ich nicht alles für die Erleuchtung tue.

Natürlich waren alle Körper schön. Das war offenbar die »Lehre«. Die uralte Mahnung, wie verrückt es ist, sich einzubilden, dass wir dünner, größer oder wer weiß was sein müssten. So, wie wir sind, sind wir perfekt. Das ist alles sehr beruhigend – bis einem der nächste Gedanke kommt. Wir waren nackt, und es war Samstag. Der Sonntag war nach wie vor der zweite Tag des Wochenendes, und es war mit keinem Wort erwähnt worden, dass er abgesagt worden wäre.

»Bringt morgen euer Göttinnenkleid und eure Musik mit«, sagte unsere Anführerin, als wir wieder komplett angezogen waren und uns auf die Kissen in unserem Feenkreis gesetzt hatten.

Am Sonntagmorgen stand statt der Kissen ein Kreis aus Stühlen da. Alle trugen schöne Kleider und sahen strahlend aus. Ich war in einem Zustand, den man als »ziemlich verängstigt« bezeichnen könnte. Was in aller Welt würde sie heute von uns verlangen? Das war der Augenblick der »Initiation«. Wir mussten alle nacheinander etwas tun. Ich rang darum, meine Fantasie nicht mit mir durchgehen zu lassen. Eines wusste ich: Wenn es nun darum ging, so frei zu sein, sich vor anderen »selbst Vergnügen zu bereiten«, dann konnten Sie mich gerne verklemmt nennen, aber dann würde ich gehen.

Der Prozess wurde nicht erklärt. Die Anführerin würde den Anfang machen. Sie reichte einer der Frauen ihre Musik und begann zu tanzen. Urplötzlich wachte ich auf und sah zu. Binnen zwanzig Sekunden wandelte sich meine Einstellung von superzynisch zu atemlos vor Staunen. Das war kein Tanz, und es ging Gott sei Dank auch nicht darum, es in aller Öffentlichkeit zu tun. Das war etwas, das ich noch nie gesehen hatte, und es ließ mich alles in Frage stellen, was ich bis zu diesem Zeitpunkt in meinem Leben getan hatte. Während sie sich bewegte, zog sie sich aus. Doch es ging nicht ums Ausziehen. Irgendwie brachte sie einen Teil von sich selbst zum Ausdruck, der ganz echt war – die Kleider waren lediglich im Weg.

Mir fiel es wie Schuppen von den Augen, während ich ihr zusah. »Das ist eine Frau«, dachte ich. »Sexualität beim Tanzen.« Dies waren die Zeitlosigkeit und Empfänglichkeit, die gestern noch wie Theorie geklungen hatten. Ich musterte sie. Ich fragte mich, wo ich mein ganzes Leben lang gesteckt hatte. Sie hörte auf zu tanzen. Sie hüllten sie in ein Laken. Sie reichten ihr Wasser.

Die nächste Frau stand auf. Eine Schwarze, die Trommelmusik mitgebracht hatte. Sie begann sich zu bewegen. Die Kleider behinderten sie, also zog sie sie ebenfalls aus. Auf einmal glaubte ich an Ahnen und daran, dass Kraft von einer Generation an die nächste weitergegeben wird. Wir wurden in eine andere Zeit befördert, an einen anderen Ort und auf einen entlegenen Kontinent. »Dies ist eine Frau.« Sie wurde zu Kraft und Energie. Ja, eine schöne Energie beim Tanzen. Unmöglich, sich vorzustellen, dass sie bei der Victoria Line arbeitete.

Dann stand eine dritte auf, und ich sah Schmerz tanzen. Können Sie sich vorstellen, Schmerz zu sehen? Sie schrie ihren Kummer mit der Verzweiflung aller Frauen unverfälscht heraus. Ich weiß weder, in welchem Jahrhundert wir uns in dieser Phase befanden, noch mit wem ich im Raum war. Und ich hatte mich daran gestört, dass diese Frau kurze Haare hatte?

Dann erhob sich die Freude. Sie tanzte nach dem alten Popsong »My Sweet Lord«. Sie tanzte nackt vor ihrem Herrn, und ich musste an meine Übung mit der Statue denken. Hier war eine Frau, die mit ihrem Tanz ihrem Gott dankte – sie dankte für ihre Brüste, für ihren Körper und dafür, am Leben zu sein. Wir alle lächelten ihr zu. Wir strahlten sie an. Sie verströmte ihre Freude über uns, indem sie völlige Freiheit und

Eigenliebe ausdrückte. Erntedank. Die Church of England hätte sich hier für ihren Erntedankgottesdienst eine Scheibe abschneiden können. Eingedoste Lebensmittel zu verschenken ist eine Art, Gott für das zu danken, was wir haben. Dies war eine andere.

Dann, als ich schon fest damit rechnete, vor Staunen und Intensität des Ganzen im Nichts aufzugehen, wurde das Mittagessen angekündigt. Und so schlenderte ich nun begleitet von Frauen durch Highbury, mit denen ich lieber eine Andacht abgehalten hätte als Pizza zu essen. Sie plauderten, als wäre diese Form, die eigene Persönlichkeit auszudrücken, ganz alltäglich für sie. Vielleicht ist dem ja so. Ich aß ein Salatblatt oder zwei und fragte mich, wie mir Johann Sebastian Bach in dieser Situation helfen konnte.

Nach dem Essen sah ich eine Kriegerin. Lachen Sie ruhig. Ich weiß, es klingt absurd, aber wenn Sie vor Ihren eigenen Augen einen Archetypus sehen und eine Frau brüllen hören, dann werden Geschichtsstunden über Kriegerinnen einleuchtend. Sie war wütend, sie tobte. Ich war froh, dass sie keine Waffen hatte. Ich hätte schwören können, dass sie ein Ziegenfell trug. Etwas aus einem prähistorischen Bilderbuch? Aber sie konnte nichts getragen haben. Sie hatte wie eine ganz normale Frau in einem ziemlich schicken, schwarzen Kleid ausgesehen, als sie aufstand. Kein Hinweis auf das, was darunter lag. Nehmt euch in Acht, Männer!

Schließlich war ich an der Reihe. Ich fühlte mich wie noch nicht geboren. Eine der Frauen hatte mir ein schlichtes weißes Kleid angeboten, und es erschien mir sehr passend. Ich war ein Mädchen unter diesen Frauen und vergaß, dass ich älter war als viele von ihnen. Bach erklang, und ich fing an zu weinen. Ich blickte im Kreis herum. Gesichter von weisen Frauen, die wussten, wer sie waren. Meine Aufgabe war es, das Mädchen hervortreten zu lassen und zu tanzen. Ein paar Schritte zu tun.

Kein Wunder, dass ich immer wieder zu hören bekam, ich solle nicht permanent so stark und klug tun. Kein Wunder, dass es mir meist gelang, anderen gegenüber meinen guten Studienabschluss zu erwähnen. Auf einmal war es leicht einzusehen, dass meine innere Männlichkeit so ausgeprägt war, weil dieses kleine Mädchen noch kaum zur Welt gekommen war. Ich glaubte jemand zu sein, der Aufmerksamkeit liebt, dabei war ich so lächerlich schüchtern. Ich lauschte auf Bach. Furchtsam trat ich einen Schritt vor, bewegte einen Arm, hob dann langsam zur Musik den anderen. Sachte wiegte ich mich hin und her. Ich zog mich aus, wie es die anderen getan hatten. Ich konnte nackt sein, emotional oder körperlich, und mich nicht schämen. So werden Adam und Eva im Garten Eden beschrieben, »nackt und ohne Scham«. Ich kann mich nicht erinnern, mich je so verletzlich, so jung oder so geliebt gefühlt zu haben.

Nie hatte ich auf dieses Mädchen in mir gehört. Ich hatte Sex mit Männern gehabt, mit denen ich eigentlich nicht zusammen sein wollte. Es war ein bisschen, als vergewaltigte ich mich selbst, weil ich nie auf meine eigene Zerbrechlichkeit geachtet hatte. Eigentlich hätte ich ja darin geübt sein sollen, mir Dinge bewusst zu machen, und doch hatte ich nicht einmal gelernt, auf mich selbst zu hören. Mein Gesicht glühte. Ich lächelte, als sie mich in ein Laken hüllten und mir Wasser zu trinken gaben.

Ich setzte mich mit albernem Wiedergeborenen-Blick auf meinen Stuhl. Wie hatte ich in drei Minuten so viel lernen können? Ich würde anfangen müssen, auf diesen Aspekt meiner selbst zu horchen. Zugeben, dass dieses Mädchen existierte. Und ich weiß zwar, dass ich das immer sage, aber am nächsten Wochenende wollte ich etwas richtig Banales tun. Etwas richtig Geistloses. Fernsehen vielleicht?

Die letzte Frau beendete ihre »Initiation«. Ich musterte sie alle. Unglaublich, wie überzeugt ich davon gewesen war, von diesen Frauen nichts lernen zu können. Ich hatte mir eingebildet, mehr über das Frausein zu wissen als sie. Und ich sage Ihnen noch etwas, was ich an diesem Wochenende gelernt habe: Das Aussehen sagt einem überhaupt nichts über jemanden. Rein gar nichts. Wir machen uns alle gern vor, viel zu wissen und anhand des äußeren Anscheins ein Urteil fällen zu können. Oder ich zumindest. Ich maße mir an, mehr über Sie zu wissen als Sie selbst, nachdem ich Sie zwei Minuten lang gesehen habe. Aber in Wirklichkeit kann der äußere Anschein täuschen. Sehr sogar.

Wenn Sie am Montagmorgen zur Arbeit gehen, werfen Sie einen zweiten Blick auf das Mädchen am Empfang, die gelangweilte Sekretärin ein paar Zimmer weiter, die lächelnde Krankenschwester oder die Erzieherin, bei der Sie ihr Söhnchen lassen. Frauen sind geheimnisvolle und mächtige Wesen. Jedes dieser lächelnden Gesichter könnte der wilden Frau gehören, die mir in meinem Göttinnenworkshop begegnet ist. Und sie brüllt.

Sechster Schritt:
Tantrischer Sex – Ja! Ja! Ja!

Das Spirituelle trifft das Sexuelle

Da finde ich in der Post ein Flugblatt, mit dem ich zu einem Tantra-Sex-Workshop eingeladen werde, und habe keine Beziehung. Ich Pechvogel. Wo waren denn diese Workshops, als ich das letzte Mal einen fantasielosen Liebhaber hatte? Und warum sollte ich Lust haben, allein zu einem Tantra-Workshop zu gehen?

»Ich meine, stell dir bloß vor, was für Männer mir dort begegnen werden. Die haben sicher alle eine ausgeprägte weibliche Seite. Und lange, dünne Körper.«

»Und lange, dünne Pimmel«, warf meine Freundin Anna ein, als ich mich bei ihr über meine Notlage beklagte.

»Bestimmt tragen sie wallende Kleidung, haben zerzauste Haare und lächeln warmherzig und verständnisvoll.«

»Sie schütteln einem mit beiden Händen die Hand und sehen einem dabei in die Augen«, meinte sie grinsend.

Ich fing an zu schreien.

Nicht, dass ich glaubte, man werde von mir erwarten, mit einem dieser Männer Sex zu haben, sei er nun tantrisch oder nicht. Aber es wäre einfach gut, es zu wollen. Vom Verlangen beseelt zu sein, meinen Körper dem Lernprozess eines anderen Teilnehmers zu verschreiben.

Vielleicht könnte ich eine verheiratete Freundin anrufen und sagen: »Hi, Julie, ich wollte nur fragen, ob ich mir deinen Mann übers Wochenende ausleihen kann. Ich gehe in einen Kurs über tantrischen Sex und brauche einen Partner, weißt du, und ... Julie? Bist du noch dran?«

Oder ich könnte eine allgemein gehaltene E-Mail an sämtliche Männer in meinem Leben auf der anderen Seite des Atlantiks schicken:

Einzigartige Gelegenheit. Flieg (auf eigene Kosten) nach London und mach (auf eigene Kosten) einen Workshop über, äh, Sex – nicht dass ich damit andeuten wollte, dass du es nötig hättest ... Ach herrje.

Oder wie wär's damit, einen Wildfremden aufzufordern? In dem neuen Starbucks in der King's Road gibt es einen ziemlich reizvollen, gut aussehenden Kellner. Ich könnte es so probieren:»Einen Mokka bitte und, ach ja, offen gestanden wollte ich noch etwas ... Ich wollte fragen, ob Sie Lust hätten, mit mir ein Wochenendseminar über tantrischen Sex zu besuchen.« Dann würde er wahrscheinlich ein nachsichtiges Lächeln aufsetzen und erwidern:»Tut mir Leid – ich bin schwul«, mir wäre es entsetzlich peinlich, und ich könnte danach nie wieder dort Kaffee trinken.

Einen schwachen Hoffnungsschimmer gibt es jedoch: Der Mensch, den mir die Veranstalter als Mitfahrgelegenheit zum Workshop vermittelt haben, ist zufälligerweise ein unabhängiger Fernseh- und Filmproduzent. Ich habe mich ein bisschen umgehört und in Erfahrung gebracht, welche Firma ihm gehört und was für Filme sie gemacht hat. Vielleicht könnte ich im Laufe nur eines Wochenendes den nächsten Job und die nächste Beziehung an Land ziehen?

Ich sollte die Mitfahrgelegenheit mit einer anderen Tantra-Elevin teilen. Wir trafen uns bei mir. Sie sah aus wie eines dieser indischen Bilder des Göttlichen. Ihre langen Beine waren durch eine fließende schwarze Musselinhose deutlich sichtbar, und direkt unterhalb ihres Nabels glitzerte verführerisch ein kleiner, weißer Brillant. Sie trug ein tiefrotes Top, dazu extravaganten Schmuck und eine herrliche Weste in einer raffinierten Mischung aus Rottönen, in die mit Goldfäden ein kompliziertes Muster gewoben war. Ihr taillenlanges, dunkles, glänzendes Haar sah aus wie aus einer Werbung für eine Seiden-Kurspülung. Sie war dezent und perfekt geschminkt und trug auf der Mitte der Stirn eine karmesinrote Träne. Die Gesamtwirkung war atemberaubend. Sie sprach mit einem exotischen Akzent, der auf der Stelle attraktiv und geheimnisvoll wirkt. Ich dagegen trug eine Jeans, alte Turnschuhe und ein zu großes, schwarzes Fleece-Shirt. Mein Akzent war unverkennbar Battersea, und ich war nicht mehr dazu gekommen, mir die Haare zu waschen, die nun aussahen wie die »stumpfen, glanzlosen Haare« aus der Werbung für Head & Shoulders. Ein großer BMW fuhr vor, und ein sehr dünner Mann mit Brille und breitem Lächeln stieg aus. »Du musst Stellianna sein«, sagte er und wandte sich zur Seite, um dem Inbegriff geheimnisvoller Lieblichkeit die Hand zu schütteln. »Und wie war noch dein Name, äh?« Warum tue ich mir das an? »Äh, Isabel«, murmelte ich. »Nein, es macht mir nichts aus, im Auto hinten zu sitzen.«

Es wurde eine dieser grauenhaften Fahrten mit Staus, leichter Übelkeit wegen des Hintensitzens und halb verstandenen Gesprächsfetzen von vorn. Außerdem bekam ich die Aufgabe, die Landkarte zu lesen. »Es ist die nächste Abzweigung, oder? (Kaum verhohlene Ungeduld) Bist du sicher?« Mittlerweile war unvermeidlich, dass ich es vermurksen, Fehler machen und mich blamieren würde. »Na ja, äh, ich dachte eben, die Nebenstraße wäre hübscher.« Ich versuchte blasiert dreinzusehen, als er erst die Karte und dann mich mit völlig verständnislosem Blick anstarrte.

Und natürlich klingelte andauernd sein Handy. Dann sagte er: »Washington D. C.? Am Dienstag? Sag, ausgeschlossen. Sie müssen einen anderen Termin vorschlagen.« Oder »Die Premiere? Ja, sag, wir kommen mit Vergnügen.« Oder einfach: »Ich kann jetzt nicht reden, ich bin auf der Autobahn.« Mein Handy klingelte nicht, obwohl ich meine Tochter instruiert und extra gebeten hatte, mich am Freitagnachmittag »oft« anzurufen. Sie rief einmal an und jammerte, dass sie versehentlich die Ansage auf dem Anrufbeantworter gelöscht habe. Und so hörte man mich sagen: »Also, spul das Band einfach ans Ende, dann kannst du sie neu aufzeichnen. Nein, es ist der

Knopf ganz links! Ach (genervter Tonfall), vergiss es.« Und das war das einzige Mal, dass mein Telefon klingelte. Dämliches Ding. Wer hat eigentlich Handys erfunden?

Eine halbe Ewigkeit später trafen wir bei einem großen, schönen Tagungshaus in Hereford ein, kamen aber noch rechtzeitig zum Abendessen. Ms. Innere Weiblichkeit schrie mich an: »Hallo? Bitte mal herhören!« Ich wusch mir die Haare und zog ein Kleid an. Alles, um ihr den Mund zu stopfen.

Als wir nach dem Essen dasaßen und darauf warteten, dass das erste tantrische Irgendwas anfing, geschah ein unerwartetes Wunder. Ich bekam einen Zettel von dem Fernsehproduzenten. Darauf stand: »Liebste Isabel, seit dem ersten Moment unserer Begegnung spüre ich eine ganz besondere, warme Schwingung. Spürst du sie auch? Dein tantrischer Sklave, Simon.« Ms. Weiblichkeit grinste selbstgefällig. »Siehst du, ich habe dir doch gesagt, dass es sich lohnt, ein Kleid anzuziehen.« Mr. Männlichkeit fand: »Der Typ spinnt.« Ich schrieb zurück: »Warme Schwingung? Bist du sicher, dass es nicht dein Handy ist, das du auf Vibrationsalarm gestellt hast?« Er las die Nachricht und griff erneut zum Stift. Nun schrieben sich zwei Kinder aus der Klasse Briefchen. Dieser Workshop machte jetzt schon Spaß. »Du bist es. Du bist die perfekte Frau. Eine Göttin.«

Der Göttinnen-Workshop war sein Geld offenbar wert gewesen. Meine Verwandlung musste umfassender gewesen sein, als mir selbst aufgefallen war. Aber sein Schreibstil war mir etwas suspekt. Ich kritzelte hastig vor mich hin ... »Du arbeitest wahrscheinlich mehr an Spielfilmen als an Dokumentationen, oder?« Ich hatte ihn bereits auf versteckte Kameras abgeklopft. Er fuhr einfach mit seiner Anbetung fort. »Du bist wunderschön. Dein Gesicht. Dein Körper. Deine Augen. Deine Augenbrauen.«

»Meine Augenbrauen?« Drehbuchautor war er keiner.

»Willst du mich abweisen, o du Herzlose?«

»Dich abweisen!? Es ist Freitagabend.«

»Darf ich dein tantrischer Sklave sein und dir den ganzen

Workshop über umfassende und bedingungslose Liebe schenken?«

Na, würden Sie zu einem tantrischen Sex-Sklaven, der bedingungslose Liebe anbietet, etwa nein sagen? Er war ziemlich dünn. Rasch sah ich mich im Raum um. Durchschnittsalter der männlichen Teilnehmer? Sechzig. Durchschnittsgröße der Bierbäuche? Gewaltig. Haare auf den Köpfen? Sehr wenig. Haare am Kinn? Jede Menge. Männer mit einer überentwickelten weiblichen Seite lassen sich immer Bärte wachsen. Das täuscht aber niemanden. Einer der sehr übergewichtigen Männer lächelte mich warmherzig an. Alles, nur um später dem beidhändigen Handschlag aus dem Weg zu gehen. Und dann gab es immer noch die Ausrede, dass ich »alles für meine Erfahrung, Erbauung und Entwicklung nutzen« musste. Am besten setzte ich diese Lehren praktisch um, wo immer es ging.

»Na gut, Simon. Nachdem du von meinen Augenbrauen so beeindruckt bist.«

Er setzte sich neben mich und grinste fröhlich. Das war eine angenehme Überraschung. Da war ich, eine Frau, die Männer jagt, und nun gab es einen Mann, der mir nachlief. Das war eine Erfahrung, die mir gefiel. Vielleicht war er ja einer der großen, dunklen, gut aussehenden Fremden, die mir der Astrologe versprochen hatte.

Der erste Prozess sollte mit verbundenen Augen vor sich gehen. Er nannte sich »das Erwachen«. Die Leiter hatten für jeden unserer Sinne ein Fest vorbereitet. Wir wurden in einen anderen Raum geführt und auf Kissen gesetzt, während die sinnlichsten Klänge unsere Ohren erfüllten: sanftes Trommeln, das Prasseln von Regenstöcken, Glocken in allen Größen, das tiefe Summen von Klangschalen. Ich versank tief in meinem Kissen, allein von der Schönheit der Klänge bereits geheilt. Dann sollte der Geruchssinn wieder entdeckt werden. Sie ließen sämtliche Wunder der Aromatherapie unter unseren hingerissenen Nasen vorbeiziehen: Zitrone, Erdbeer, Myrrhe, Lavendel, Sandelholz, Pfefferminz, frisch gebackenes Brot, gemähtes Gras, Vanille. Dann ging es ans Schmecken: frische

Mango, die zart an die Lippen gehalten wurde, Datteln, Ananas, Eis, Apfelauflauf (nicht ganz so köstlich wie der im Kloster, aber ein ziemlich guter zweiter Platz), Schokolade, blaue Weintrauben. Als Nächstes kam das Berühren dran: Muscheln, Fell, Steine, Teig, Kristall, Wachs, pelzige Blätter, Tannenzapfen. Als Nächstes wurden wir aufgefordert, uns umzudrehen und die Fingerspitzen nach der Person neben uns auszustrecken. Ich wandte mich um und berührte mit hauchzarter Behutsamkeit die vordersten Spitzen der Finger neben meinen. »Erforschen Sie die anderen Hände mit Ihrem Tastsinn«, psalmodierte eine samtige Stimme. Und so spielten wir, die anderen Hände und meine Hände, die Augenbinden nach wie vor an Ort und Stelle – Finger verschlangen sich ineinander, Handflächen berührten sich, Daumen streichelten Daumen. Eine süße Zärtlichkeit. Eine Unschuld. Mein weiß gekleidetes Kind freute sich daran, dieses Spiel zu spielen.

Schließlich forderte man uns auf, die Augenbinden abzunehmen. Ich öffnete die Augen. Es waren Simons Hände gewesen. Irgendwie hatte er es geschafft, den Platz neben mir zu ergattern. (Später fand ich heraus, dass er einem der Helfer gesagt hatte, wir seien ein Paar.) Seine Eroberung ließ sich gut an. Mittlerweile fühlte ich mich wohl mit ihm. Er lächelte mich an. Wir wandten uns um und betrachteten den Raum, in dem viele Kerzen und schöne Statuen des Gottes Schiwa beim Liebesakt mit der Göttin Schakti standen. Es gab auch vielarmige Symbole der Liebe und der Verherrlichung der Sexualität. Mein Blick wurde von einem großen, pinkfarbenen Ziergegenstand aus Kristallglas in der Form eines erigierten Penis angezogen. Ich malte mir aus, wie ich so einen in meinem Wohnzimmer auf den Couchtisch stellte, damit ihn die Nachbarn bewundern konnten. Dann würde ich sagen: »Das, Mrs. Jones? Ach, das ist nur ein kleines Souvenir, das ich in Hereford entdeckt habe. Gefällt es Ihnen?«

Aber hier, im Kerzenschein, sah alles herrlich aus. Ich glaube, der Penis kriegt massenhaft schlechte Presse. Frauen beschweren sich über seinen Missbrauch oder darüber, wie sehr sich

Männer von ihm leiten lassen, machen sich über ihn lustig, wenn er faltig wird, oder erzählen Witze über ihn. Männer jammern, dass er nicht groß genug ist oder nicht gut genug funktioniert, dass er ihnen Ärger macht und entweder zu aktiv oder nicht aktiv genug ist. Hier hieß der Penis »Vajra« (das bedeutet Donnerkeil) und sollte gefeiert werden.

Und so weideten wir unsere Augen an erigierten Glaspenes (Plural von Penis?) aus Kristallglas, dann kuschelten wir uns aneinander wie Kinder, lösten uns wieder und gingen schlafen. Und damit endete der erste Tag.

Beim Frühstück erkundigten sich die anderen Teilnehmer, ob wir ein Paar seien. »Wir wissen es nicht genau«, antwortete Simon. »Nein, dieses Wochenende ist ein Experiment«, sagte ich lächelnd. Die Täuschung war perfekt. Alle dachten, wir seien ein langjähriges Paar, das so tat, als wäre dem nicht so. Wir berührten uns wie ein Paar, wir gingen aufeinander ein wie ein Paar. Es machte Spaß. Ein Spiel, das leicht zu spielen war.

Der größte Teil des ersten Morgens war dem mittlerweile bekannten Prozess des »Sich-Einbringens« gewidmet. Diesmal waren wir zweiundzwanzig Teilnehmer und saßen in einem Kreis aus Kissen. Man hatte darauf geachtet, dass es ebenso viele Frauen wie Männer waren. Die Leiter des Workshops waren ein seltsames Paar, das natürlich kein Paar war. Der Mann hätte mit Abstand den Preis als unattraktivster Mann im Raum gewonnen. Er war zwischen fünfzig und sechzig, übergewichtig, mit längeren, widerspenstigen Haaren, die eine Wäsche nötig gehabt hätten, einer ulkigen Brille und einer großen, unglücklichen Lücke zwischen den beiden Schneidezähnen. Ich würde mich nicht zu irgendwelchen Privatstunden anmelden.

In ihrer Einführung berichtete uns die Frau: »Ich habe sechs Kinder von sechs verschiedenen Männern.« Eine unbestreitbar erstaunliche Leistung. Sie fuhr fort: »Ich habe mich schon immer für Sexualität interessiert.« Darauf wäre ich auch von allein gekommen. Sie war ebenfalls zu dick, doch sie schaffte es, ihr Gewicht wie einen Ausdruck ihrer Sexualität zu tragen, und das machte sie irgendwie noch sinnlicher. Beide hätten in einem Fitness-Wettbewerb keinen Blumentopf gewonnen. Aber, so sinnierte ich schließlich, wenn sie ausgesehen hätten wie Barbie und Ken und die Frau uns als Erstes von ihrem letzten Face-Lifting erzählt hätte, wären sie wohl kaum in der Lage gewesen, uns Selbstbejahung zu lehren. Sie waren so offen und ehrlich, wie man nur sein kann; sie kannten sich mit ihrem Thema aus, und wie all diese New-Age-Trainer verströmten sie Liebe.

Das Sich-Einbringen war bewegend wie immer. Glückliche Paare, die sich sexuell irgendwie festgefahren hatten. Alte Paare, die ihre Sexualität völlig verloren hatten. Frisch Verheiratete, die das mit dem Sex richtig gut machen wollten. Junge Paare, die nur gekommen waren, um sich zu amüsieren. Und dann die Singles, tapfere Menschen, die dieses Zeug lernen und nicht darauf warten wollten, dass ihnen der Traummann oder die Traumfrau über den Weg lief. Leute, die mit großem Mut bekannten, dass sie sich sexuell ungeschickt vorkamen oder ihnen einfach das Selbstvertrauen fehle. Simon und ich sagten, wir seien gekommen, um so viel wie möglich zu lernen und es in die Praxis umzusetzen. Wir wirkten so überzeugend, dass es schon lachhaft war.

Den Rest des Vormittags verbrachten wir vor allem mit Lockerungsübungen und Spielen. Diskotanz – mal fetzig, mal langsam, mal geil –, dann die Aufforderung, einander Grimassen zu schneiden, sich gegenseitig an den Po zu grabschen oder in nicht existierenden Sprachen miteinander zu streiten. Es erging sogar die Aufforderung, zu jedem »Leck mich« zu sagen. Tantrische Eisbrecher.

Es war leicht und lustig. Dann das Mittagessen. Selbstverständlich vegetarisch. Simon sauste los, um einen wichtigen Anruf nach New York zu erledigen. Ich setzte mich und aß mit einem jungen chinesischen Professor aus Oxford Tofu. Er war von Jesuiten erzogen worden und so voller Groll darüber, was diese ihm in Sachen Sexualerziehung vorenthalten hatten, dass er gar nicht zu merken schien, wie sehr er es ihrer guten akademischen Ausbildung verdankte, heute auf seinem Gebiet führend zu sein. Ich schlug ihm vor, seine nächste Doktorarbeit über Tantra-Sex zu schreiben. Da begannen seine Augen auf einmal zu leuchten, und das Akademikerdasein versprach offenbar doch keine so trockene Zukunft, wie er gefürchtet hatte. Simon und ich ignorierten einander. Schließlich waren wir ein Paar.

Als die ersten Übungen des Nachmittags begannen, lautete die Anweisung:»Feste Paare arbeiten zusammen – alle anderen suchen sich für diese Übung einen Partner.« Simon kam schnurstracks zu mir herüber. Natürlich hätte ich nein sagen können. Doch ich bekam bedingungslose Liebe und Unterstützung angeboten, und nachdem ich seine Finger berührt hatte, wollte ich ihn eigentlich nicht abweisen.

Am Nachmittag ging es darum, die männliche und die weibliche Energie zu ergründen.

»Geht durch den Raum und zelebriert euer Geschlecht. Wenn ihr Blickkontakt zu jemandem aufnehmt, sagt:›Ich bin eine Frau‹, wenn ihr eine Frau seid, und ›Ich bin ein Mann‹, wenn ihr ein Mann seid – und zwar zu jedem, der euch begegnet. Das kann spielerisch sein, verletzlich, stark, sexy, verführerisch oder wie immer ihr wollt. Sagt es sowohl zu den Männern als auch zu den Frauen.«

In diesen Workshops erfüllt mich meist das Gefühl, jeden bedingungslos zu akzeptieren. Ich verwende die Insight-Übung mit der »inneren Schönheit, die ich in dir sehe«. Aber nicht immer. Manchmal kommt mir die alte, verbitterte, krankhafte Zynikerin in die Quere. Und so dachte ich, als einer der Männer auf mich zukam und »Ich bin ein Mann« sagte:»Nein, da kann ich dir leider nicht zustimmen – ich habe eine gewisse Ahnung davon, was ein Mann ist, und ich kann dir sagen, du bist keiner. Du hast das Gesicht einer Frau, die Energie einer Frau und die Stimme einer Frau. Bist du je Motorrad gefahren? Hast einen Stein ins Rollen gebracht? Jemandem einen Fausthieb verpasst? Bier getrunken? Sex gehabt? Es sieht jedenfalls nicht danach aus!« Aber natürlich sagte ich nichts davon. Ich lächelte nur und gab die verlangte Antwort: »Und ich bin eine Frau.«

Dann erklärten die Trainer: »Das ist jedoch nur die halbe Wahrheit,‘ weil in jedem Mann eine Frau steckt und in jeder Frau ein Mann.« Also mussten wir die Übung wiederholen. Mein innerer Mann freute sich sehr darüber, dass er sprechen durfte. Im Raum umherzugehen und zu sagen »Ich bin ein Mann« kam mir wie eine Binsenweisheit vor. Die femininen und sensiblen Männer dachten vermutlich: »Ja, so wahr uns Gott helfe.« Doch da ich, seit meine Tochter auf der Welt ist, sowohl ein allein erziehender Vater als auch eine allein erziehende Mutter bin, wusste ich mittlerweile, dass es mir nicht schwer fällt, Zugang zu meiner inneren Männlichkeit zu finden. Das hatte mir ja sogar der Astrologe schon gesagt.

Manche dieser Männer, von denen keiner schwul war, schienen nun der Wahrheit näher gekommen zu sein. »Ich bin eine Frau«, sagten sie. Ich dachte: »Das wusste ich bereits.« Andere Männer hatten Angst, das zu sagen, und alberten herum, machten auf »Tunte«, sprachen mit affiger Fistelstimme und gaben sich wie kleine Mädchen. Nicht so mein dünner »fester Partner«. Er ging ohne Umschweife auf mich zu, jeder Zoll männliche Energie, und sagte laut und deutlich: »Ich bin eine Frau.« Es gelang ihm so leicht. Er fühlte sich mit seiner männlichen Energie ebenso wie mit seiner weiblichen Energie rundum wohl. Er brauchte sie nicht zu verbergen, zu verhüllen oder sich dafür zu entschuldigen. Er konstatierte sie einfach. Und er freute sich daran, dass ich »Ich bin ein Mann« als schlichte Tatsache aussprach. Er schien mich nicht danach zu beurteilen, wie wohl ich mich mit dieser Aussage fühlte. Er hatte mir ja bereits gesagt, dass ich eine Göttin sei. Vielleicht akzeptierte er mich tatsächlich so, wie ich war.

Vor der nächsten Übung war das gut zu wissen. Die Anweisung begann so: »Kniet eurem Partner gegenüber. Die Frau gibt ihre Energie gern durch ihr Herz. Der Mann muss sie durch sein Herz empfangen. Er gibt seine Energie gern durch sein Geschlecht. Sie muss ihn durch ihr Geschlecht empfangen. Wenn das funktioniert, entsteht ein Kreis.«

Klingt so einfach, nicht wahr?

Dies sollten wir mithilfe unserer Atmung erfahren. Ich atmete aus und machte mit der Hand eine Bewegung von meinem Herzen zu seinem. Er atmete ein, um mich zu empfangen, dann atmete er aus, machte mit der Hand eine Bewegung von seinen Genitalien zu meinen, und ich atmete ein und führte meine Hand an mein »Geschlecht«.

Aber bevor jetzt die Fantasie mit Ihnen durchgeht, sollte ich hinzufügen, dass es zu keiner Berührung kam und dies nur eine Übung zur Energieübertragung darstellte. Da jedoch die ganze Zeit der Augenkontakt aufrechterhalten wurde, können Sie sich vorstellen, dass es trotzdem ziemlich intim war. Ja, »ziemlich intim« ist sogar noch etwas untertrieben. Es war eine der intimsten Übungen, die ich je in einem Seminar gemacht habe.

Dann sollten wir es umkehren, um die Energie anders herum erleben zu können. Die Frau muss ebenfalls Energie durch ihre Sexualität abgeben und durch ihr Herz empfangen, und es ist wichtig für beide Partner, beide Rollen zu erleben. Ein wenig Empathie führt zu einer Menge Verständnis.

Als ich schon fast völlig darin aufging, wurde zum Abendessen gerufen. Ich hörte einer Frau zu, die alleine da war. »Früher war ich bisexuell«, erzählte sie, »aber ich habe das Gefühl, dass ich jetzt eine ernsthafte Beziehung zu einem Mann haben will.« Ja, sie und eine Million meiner anderen allein stehenden Freundinnen. »Ich würde gern den einjährigen Trainingskurs mit einem Partner machen. Aber bei dem einjährigen Singles-Kurs bin ich mir nicht so sicher.« Mir blieb die Linsensuppe im Hals stecken.

»Den was? Den einjährigen Paar-Trainingskurs? Du meinst, sie halten über das hier einen einjährigen Kurs ab?«

»Der Paarkurs beginnt nächstes Jahr im Juni. Es sind fünf viertägige Seminare und dazwischen jede Menge Hausaufgaben.«

»Was unterrichten sie denn, dass es ein Jahr dauert?«

»Im Tantra geht es darum, die sexuelle Energie, die wir beim Orgasmus freisetzen, zurückzuhalten zu lernen, damit die Lust implosiv wird statt explosiv oder man so lang in der Lust verharren kann, wie man will. Wenn man diese Energie bewusst zurückhalten kann, gelangt man auf höhere Bewusstseinsebenen, wo sich Sexualität und Spiritualität treffen. Es wäre aussichtslos, das in zwei Tagen lehren zu wollen. Das hier ist nur ein Schnupperwochenende.«

»Klingt herrlich.«

»Wollt du und Simon es machen? Den Kurs, meine ich.« Ich fand, ich müsste ihr reinen Wein einschenken.

»Ehrlich gesagt«, gestand ich, »haben wir uns erst gestern kennen gelernt.« Ihr fiel der Unterkiefer runter.

»Aber ihr seid beide so ...«

»Ja, ich weiß«, sagte ich hastig, damit sie nicht dazu kam, ihren Satz zu beenden. »Es ist ziemlich erstaunlich, was? Aber ob wir den Kurs für Paare machen? Das weiß ich wirklich nicht.« Sie begann zu lachen. Wir tranken Kaffee. Ich mochte sie sehr. Wenn ich nur meine sexuelle Neigung ändern könnte, würde das Leben um so vieles einfacher.

»Aber was soll's.« Sie senkte die Stimme. »Wir dürfen nie vergessen, dass wir hier sind, um an unserer eigenen sexuellen Entwicklung und Erkenntnis zu arbeiten. Es geht wirklich nicht darum, mit wem wir zusammen sind. Die wahre Reise findet mit uns selbst statt.« Auf einmal sah ich Schwester Alison aus dem Kloster vor mir sitzen. »Die wahre Reise, Isabel, ist die mit Ihnen selbst.« Guter Gott, jetzt bekomme ich das auch noch an einem Tantra-Sex-Wochenende zu hören? Zum Teufel mit diesen Lebensweisheiten.

Ein Abend dieses Kurses fiel zufällig mit Halloween zusammen. Eine solche Gelegenheit wollte man sich natürlich nicht entgehen lassen. Wir wurden aufgefordert, uns einen anderen Partner zu suchen. Nur die »festen Paare« arbeiteten natürlich zusammen. Simon, mein lebenslanger Geliebter, trat an meine Seite. Die nächste Übung war nicht leicht. Sie sollte die »Nacht der dunklen Mächte« ausnützen, koste es, was es wolle. Die Trainer sprachen von Dunkelheit, dem Unbewussten, davon, was verboten und was tabu war. Dann folgten die Anweisungen: »Der Mann soll die Frau in den Armen halten, während sie in Gedanken auf eine Fantasiereise geht, in die tiefe Finsternis hinter dem Tod, um zu sehen, was dort ist.« Er hielt mich in den Armen. Ich wollte eigentlich nicht mit ihm an einen Ort jenseits des Todes gehen. Doch er war so liebevoll und unterstützend, dass es gemein gewesen wäre, nicht mitzuspielen.

Ich lauschte der samtigen Stimme des Dicken mit der Lücke zwischen den Zähnen und stieg in die Tiefen meines Geistes hinab, wo ich zu meinem Erstaunen einen wilden, tanzenden Gott vorfand. Oder vielleicht war es auch ein indischer Sexdämon. Verblüfft sah ich zu, wie er herumsprang. Er war harmlos, solange er nur vor meinem geistigen Auge sichtbar war. Doch dann sagte die Stimme: »Und jetzt nimm diese Energie in dich auf und bring die Bilder zum Leben. Steh auf, tanz.« Also stand ich auf und tanzte. Ich warf mich hin und her. Ich empfand eine gewisse Freiheit dabei, doch als ich in Simons Augen sah, die Unterstützung des männlichen Schiwa, erfüllt von seiner versprochenen bedingungslosen Liebe, wusste ich, dass ich etwas vortäuschte. Ich fühlte mich von meinem Erlebnis abgespalten und befangen. Es erinnerte mich daran, wie ich als Schauspielerin manchmal auf der Bühne gestanden und gewusst hatte, dass ich schlecht spielte. Ich war nicht zu dem indischen Dämon geworden, den ich sah. Ich beobachtete mich selbst beim Heucheln und tanzte trotzdem. Ich machte die Übung, doch es war nicht echt.

Dann war er an der Reihe. Ich musste ihn halten, während er seine innere Reise antrat. Ich weiß nicht, wohin er reiste, aber auf jeden Fall täuschte er nichts vor. Er weinte in meinen Armen. Ich streichelte ihm übers Haar und war die bedingungslos liebende Mutter, die zu verkörpern man mich angewiesen hatte. Doch als er aufstand, um seinen Tanz zu beginnen, ließ ich die Mutterrolle sofort hinter mir. Wo, so fragte ich mich, hatte dieser Mann gelernt, sich zu bewegen? Ich hatte mich für eine ausgebildete Tänzerin gehalten – doch der Ballettunterricht an der Royal Academy of Dancing war damit in keiner Weise vergleichbar.

Als er zu tanzen anfing, spielte er mit seiner sexuellen Energie. Ich beobachtete ihn und konnte sehen, wie er wartete, bis er die Funken der Erregung spürte. Zuerst bewegte er sich langsam und freute sich an seinen Sinnen. Das war zu viel. Inzwischen war ich richtig froh, dass Kerzenlicht herrschte, da mein Gesicht röter gewesen sein muss als das Satinkissen, auf dem ich saß. Er war ganz einfach einer der erotischsten Tänzer, die ich je gesehen hatte. Gut, er war unangenehm dünn, aber die Art, wie er seine Sexualität ausdrückte, bedeutete, dass ich das ohne weiteres tolerieren konnte. Haben Sie je jemanden in seiner sexuellen Energie tanzen sehen? Ich erschauerte allein vom Zusehen. Dann war die Übung beendet. Wir wurden aufgefordert, so lange im Raum zu bleiben, wie wir wollten, sollten aber »bitte die heilige Umgebung respektieren«. Was vermutlich »Bumsen verboten« hieß – für den Fall, dass jemand die Übung zu intensiv betrieben hatte.

Und so lagen die Paare da, kuschelten, plauderten und lachten. Wir lagen nur da und hielten uns umarmt. Es war so leicht, sich umarmen zu lassen. Ich hätte mir diese Übung mit einigen meiner früheren Partner vorstellen können. Sie hätten beispielsweise gesagt: »Also, du hast die Übung ja überhaupt nicht kapiert, was, Isabel? Ich wusste, dass du etwas vortäuschst. Und was mich an deinem Tanz wirklich gestört hat, war …« Mein Exmann hätte gesagt: »Na ja, du hast's versucht.« Dieser Mann hier hielt mich nur fest. Sie können sich also vorstellen, dass es eine große Herausforderung war, mit ihm zusammen zu sein. Dann gingen wir, einer nach dem anderen und Paar für Paar, unserer Wege und legten uns getrennt schlafen. Und damit endete der zweite Tag.

Die Sonntagsübungen waren noch schwerer. In der Church of England hatten wir Allerheiligen nie so gefeiert. »Und heute Morgen, liebe Brüder und Schwestern, werden wir den

Tag des Herrn durch unsere Übung in sexueller Atmung feiern. Dann lesen wir das Hohelied Salomos und singen Choral Nummer 317: »Glad that I Live am I«.

Und da war ich nun und lobte Gott auf meine ganz persönliche Art. Wir sollten lernen, wie man sexuell atmet und mithilfe von Beckenbewegungen Energie im Becken aufbaut. Außerdem sollten wir lernen, wie man die sexuelle Energie mithilfe der Beckenmuskulatur zurückhält. Das klingt verrucht, doch nach dem Göttinnen-Workshop empfand ich es als erstaunlich zart. Schließlich musste man dabei nicht nackt sein, und es stand jedem frei, ganz nach Belieben teilzunehmen.

Die sexuelle Atmung war eine weitere Übung, die gemacht werden sollte, während man Blickkontakt mit dem Partner hielt. Es gefiel mir, dass die Frau ihren eigenen Rhythmus der Beckenbewegungen finden und der Mann dann seinen Rhythmus auf sie abstimmen sollte. Im Grunde war es ein bisschen wie tanzen. Kaum hatte ich einen Rhythmus gefunden – Beckenmuskulatur zusammenpressen, atmen, sich vorwärts wiegen, Beckenmuskulatur entspannen, ausatmen –, hatte ich ihn schon wieder verloren. Die Schakti-Inkarnation der Trainerin ermunterte mich. »Hab Geduld – es ist schließlich das erste Mal, dass ihr diese Übung zusammen macht.« Sie hatte ja so Recht.

Dann war es auf einmal Zeit für das sonntägliche Mittagessen, und wir kamen zum »abschließenden Sich-Einbringen«. Es war ja so anrührend. Die Paare sagten, sie hätten eine Verbindung wieder entdeckt. Ein Mann von etwa sechzig, der mit seiner Frau da war, weinte, als er sie ansah. Die frisch Verheirateten erklärten, sie hätten einen Weg nach vorne gefunden. Die festgefahrenen Paare sagten, sie seien wieder in Bewegung gekommen. Die Singles berichteten, was sie gelernt hätten und wie bewegt sie von der Unterstützung durch die Gruppe seien. Eine Frau, die allein gekommen war, hatte noch nie ein Seminar in dieser Art besucht und im Lauf des Wochenendes immer mehr von ihrer Angst verloren – am Schluss war sie endlich imstande zu sprechen.

Und was mich anging – ich fühlte mich wie ein ganz neuer Mensch. Man hatte mir beigebracht, mich nicht dafür zu entschuldigen, dass ich eine »ausgeprägte männliche Seite« habe. Schließlich bin ich eine Frau, und eine schöne Frau mit positiven maskulinen Eigenschaften wie Kraft und Vitalität zu sein ist oft von Vorteil. Meine Fähigkeit, den männlichen Standpunkt zu sehen, ist manchmal so präzise, dass ich mich über mich selbst wundere. Aber ich will trotzdem einen echten Gott Schiwa um mich haben, der sich um mich kümmert, und außerdem kann ich auch verletzlich sein. Es stimmt, ich muss immer noch lernen, auf meine weibliche Seite zu hören, aber sie lebt und gedeiht, und ihr Selbstvertrauen wird immer größer. Entwickle ich mich also vielleicht wirklich weiter?

Aber das ist noch nicht das Ende der Geschichte. »Was war mit Simon?«, höre ich Sie fragen. »Wie ging es weiter?« Der Workshop war nach dem Mittagessen beendet, damit die Leute noch die idyllische Landschaft genießen konnten. Die Sonne schien von einem blauen Himmel. Es war ein herrlicher Herbstnachmittag. Die indische Göttin, mit der wir angereist waren, fuhr mit einem der Paare zurück. Es wirkte alles zu schön, um wahr zu sein. Und so war es dann auch.

Nach dem Mittagessen erschien Simon in einem Anzug anstelle seines Outfits für einen Spaziergang auf dem Land. »Wenn du mit mir zurückfahren willst, müssen wir leider in zehn Minuten aufbrechen.« Ich konnte es nicht fassen – sein Handy klingelte tatsächlich. »Es tut mir Leid, aber ich habe um sechs eine Besprechung in London, und …«

»Schon gut«, seufzte ich und betrachtete die Blätter, die auf den Obstgarten fielen. »Ich hole meine Tasche.«

Ich wusste, es würde ihm Kopfzerbrechen bereiten, dass ich ihn womöglich ein bisschen zu lieb gewonnen hatte. Schließlich war er ein Mann. »Du hast Angst, dass ich dich anrufe oder so, stimmt's?«, fragte ich ihn. Wir hatten noch eine halbe Stunde bis London. Die ersten drei Stunden hatte er mich nach meinem Leben ausgefragt und mir immer wieder gesagt, wie wunderbar ich gewesen sei.

»Es ist nur so, dass ich … dass ich eine Art … Beziehung habe«, sagte er.

»Äh, ›eine Art‹?« Ich bat um eine Definition dieser interessanten Umschreibung.

»Ja, also gut, dann eben eine langfristige Beziehung.«

»Wie lange kennst du sie schon?«, fragte ich, nachdem ich im Lauf des Wochenendes gelernt hatte, diesem Mann gegenüber vollkommen offen und ehrlich zu sein.

»Etwa zehn Jahre.« Er nahm einen Anruf entgegen. »Heute Abend um sieben? Nein, das passt schon. Bis dann.«

»Und wie lang hast du vor, sie noch zu kennen?«, fragte ich in beiläufigem Tonfall.

Er lächelte. »Bis ans Ende meines Lebens, nehme ich an.«

Ich war immer noch nicht sprachlos. »Und lebst du mit dieser Frau zusammen?« Er wand sich unbehaglich unter meinen inquisitorischen Fragen.

»Manchmal.«

»Manchmal? Wie kannst du ›manchmal‹ mit einer Frau zusammenleben? Lebst du nun mit ihr zusammen oder nicht?«

»Äh, ja.«

»Simon, bei diesem Wochenende wurden wir in Personen mit Partner und Personen ohne Partner aufgeteilt. Wenn du eine Sexualpartnerin hast, die lediglich nicht anwesend war, warum in aller Welt hast du es dann nicht gesagt? Warum hast du sie nicht aufgefordert mitzukommen? Warum hast du der Gruppe nichts davon gesagt? Warum hast du es nicht wenigstens mir gesagt? Warum hast du nicht …«

»Ach herrje. Ich hoffe, du hast nicht gedacht, es könnte eine gemeinsame Zukunft für uns geben. Ich habe dir meine Liebe für dieses Wochenende angeboten.«

»Ja, aber nachdem wir eine derartige Intimität miteinander erlebt haben, dachte ich zumindest, dass ich dich mal anrufen könnte. Dass wir vielleicht essen oder ins Kino gehen oder uns sonstwie treffen könnten.« Eine weitere Lektion in Nicht-Festhalten. Ich sackte in mich zusammen und begann auf die Fußmatte seines BMW zu weinen.

»Hör mal«, sagte er, als ich meinen Koffer aus seinem Wagen hob und davonging. (Und ich gebe jedes Wort haargenau wider.) »Ich hoffe, ich habe dich nicht in irgendeiner Weise getäuscht?«

Siebter Schritt:
Bin ich etwa ko-abhängig?

Unverlangte Ratschläge geben und Unrecht haben

Das Abenteuer mit Simon stürzte mich in den Abgrund der Verzweiflung. Übers Nicht-Festhalten Bescheid zu wissen ist eine Sache, aber sich nicht irrtümlich am Falschen festzuhalten eine ganz andere. Da sitze ich nun, voller Wissen über tantrischen Sex, und habe niemanden, mit dem ich üben könnte. Dabei geht es erst mal nur darum, jemandem in die Augen zu sehen. Das Leben ist ungerecht.

Ist es überhaupt denkbar, dass ich eines Tages eine Beziehung zu einem Mann habe, mit dem ich wirklich zusammen sein will? Oder vielleicht werde ich, wenn ich mich rundum zu einer richtig selbstverwirklichten Person entwickelt habe, nicht mehr darüber jammern, dass es keinen Mann in meinem Leben gibt? Ich meine, Buddha sitzt auch nicht herum und jammert: »Schon wieder Samstagabend, und alle anderen haben jemanden, mit dem sie voller Begeisterung ihre Freizeit verbringen«, oder? Leute, die in Beziehungen leben, geben ihren allein stehenden Freunden anscheinend immer den gleichen Rat: »Wenn du aufhörst, dir jemanden herbeizuwünschen, taucht er von selbst auf.«

Das führt zu einem interessanten Gedankenspiel, dessen einzige Lösung – soweit ich es überblicke – eine Gehirnoperation wäre. Ich muss also aufhören, etwas zu wollen, damit ich es bekomme. Aber wenn ich aufhöre, mir einen »Lebensabschnittspartner« zu wünschen, nur um einen zu bekommen, sind meine Motive dann nicht ein bisschen fragwürdig? Und außerdem ist das doch sicher alles relativ. Schließlich sitze ich ja an Samstagabenden nicht schmachtend zu Hause und lese *Die Kunst, den Mann fürs Leben zu finden*. Jedenfalls nicht oft. Nein, meine perfekt ausgewogene innere Männlichkeit, meine innere Weiblichkeit und ich gehen mit meinen Freundinnen, meinen schwulen und meinen verheirateten Freunden aus und erkundigen uns, ob irgendeiner von ihnen irgendwo auf den britischen Inseln interessante allein stehende Männer kennt, und sie schütteln alle den Kopf. Dann fügen sie hinzu:»Und in Amerika und Australien gibt es auch keine.« Eine meiner Freundinnen war kürzlich in Südafrika. Auf ihrer Postkarte war ein Kreis aus leeren Stühlen zu sehen, darunter die Bildunterschrift:»Jahreshauptversammlung der männlichen Singles Südafrikas«. Es scheint ein weltweites Problem zu sein.

Die vorübergehende Lösung besteht darin, es Buddha nachzutun und das mit dem»Nicht-Festhalten« zu üben. Aber ich spreche jetzt nicht davon, einen Menschen festzuhalten. Ich spreche davon, an der Vorstellung festzuhalten, einen Menschen festzuhalten. Und was mir wirklich gegen den Strich geht, ist, dass ich eine Menge Leute kenne, die ich als noch dysfunktionaler bezeichnen würde als mich selbst und die es trotzdem schaffen, nette ko-abhängige Beziehungen zu anderen dysfunktionalen Menschen aufzubauen. Also warum ich nicht? Warum kann ich nicht glücklich unglücklich sein wie alle anderen? Warum kann ich nicht diesen Entwicklungsprozess in Gang setzen und einen dysfunktionalen Mann in mein Bett bekommen? Einen mit einem schönen Körper und einer überentwickelten männlichen Seite. Ich muss zugeben, dass ich sehr an dieser Idee festhalte. Wie man sieht.

Das heißt also – um wieder zu dem Punkt zurückzukommen, an dem ich diese sich in den Schwanz beißende Meditation über die Ungerechtigkeit des Lebens begonnen habe –, dass ich loslassen muss. Das Thema wurde kürzlich von einem Wildfremden aufgegriffen. Ich saß in einem Café, nippte unschuldig an meinem Caffè latte, wie es meine Gewohnheit ist, als der Mann am Nebentisch mich höflich ansprach und fragte, ob ich Lust hätte, die nächste Versammlung zu leiten. Ich sagte, ja, mit Vergnügen, aber was für eine Versammlung? »Ach, sind Sie denn keine Alkoholikerin?«, erwiderte der erstaunte Herr.

»Nein, kann ich nicht behaupten. Tut mir Leid.«

»Wonach sind Sie dann süchtig?«

»Äh, nach nichts, soweit mir bewusst ist.«

»Mmm«, machte er ungläubig. »Erzählen Sie mir etwas über Ihren Vater.«

Ich war guter Laune, also wollte ich mir eine Gratisstunde Psychoanalyse nicht entgehen lassen. »Es würde mir schwer fallen, über ihn zu sprechen, da er nie da war. Er ist mir nie begegnet.«

»Aha«, sagte der bärtige Mann, der von Moment zu Moment mehr wie Dr. Freud aussah. »Und wie gestalten Sie dann nach diesem Vorbild Ihre Beziehungen?«

Ich überlegte. »Ganz einfach. Ich habe Beziehungen zu Männern, die nicht da sind. Und mein Partner ist mir ganz eindeutig noch nie begegnet.«

»Da haben wir's. Sie sind ko-abhängig. CODA, das steht für Anonyme Ko-Abhängige.«

»Moment mal, ich dachte, ko-abhängig zu sein hieße, von jemand anderem abhängig zu sein, der seinerseits abhängig von einem selbst ist. Wenn ich allein bin, kann ich doch nicht ko-abhängig sein, oder?«

»Sind sie allein glücklich?«

Langsam wünschte ich, das Gespräch würde ein bisschen oberflächlicher verlaufen. Vielleicht über die momentane politische Situation oder die Weltwirtschaft? »Eigentlich nicht.«

»Wünschen Sie sich, mit jemandem zusammen zu sein? Haben Sie das Gefühl, dass Ihr Leben ohne einen Partner nicht vollständig ist? Empfinden Sie einen Mangel in Ihrem Leben, der daher rührt, dass dieser ›andere‹ nicht vorhanden ist? Seien Sie jetzt ehrlich.«

Missmutig bestellte ich mir einen Muffin. »Wohl schon.«

»Da haben wir's.« Er grinste schadenfroh. »Ich hab's Ihnen doch gesagt. Jeder braucht das Zwölf-Schritte-Programm.«

Ich hatte das Zwölf-Schritte-Programm immer als altehrwürdige Methode zur Heilung von Alkoholikern und Leuten mit gravierenden Problemen betrachtet. Es hatte das Leben eines Freundes von mir, der Alkoholiker war, vollkommen verändert, und ich bewunderte dieses Verfahren sehr. Ich hätte mir nie träumen lassen, dass es für eine so gereifte Persönlichkeit wie mich irgendwie von Belang sein könnte. War ich denn nicht fast vollkommen? War ich nicht allein beinahe glücklich und daher bereit, jemanden kennen zu lernen? Seufz. Vielleicht hatte er Recht.

»Ich wusste bis jetzt nicht, dass ich süchtig bin.« Musste ich mich dafür jetzt bei ihm bedanken?

»Keine Sorge. Sie können am Programm teilnehmen. Probieren Sie es sechs Wochen lang aus. Es ist gratis.«

Sie konnten mich also binnen sechs Wochen von meinem Verlangen kurieren, mein Leben mit einem Mann zu teilen. Und ich musste nicht einmal dafür bezahlen?

»Notieren Sie einfach hier Ihren Namen, dann veranlasse ich, dass Sie nähere Informationen zugeschickt bekommen.«

Und so trafen die näheren Informationen ein. Eine erstaunlich große Anzahl von Leuten überall in Großbritannien besucht Versammlungen, bei denen man zugibt, ko-abhängig zu sein. Ich hatte eine Freundin, die dort hinging. Genau dieselbe liebe Freundin, die mich seinerzeit dazu überredet hatte, ein Insight-Seminar zu besuchen. Fiona arbeitete immer auf die eine oder andere Weise an sich. Ich glaube, sie ist inzwischen einer der ausgeglichensten Menschen, die ich kenne. Sie behauptet, sie sei ko-abhängig. Natürlich glaube ich immer noch nicht, dass ich es bin. »Aber schließlich glauben ja Alkoholiker auch nicht, dass sie Alkoholiker sind, oder?«, sagte sie munter. Fiona fand meine Einwände, dass ich dergleichen nicht nötig hätte, höchst erheiternd. »Du musst zu sechs Versammlungen gehen, um festzustellen, ob du etwas lernen kannst.« O nein, nicht schon wieder »Nutze alles für deine Erfahrung, Erbauung und Entwicklung«.

Und so ging ich zu einer Versammlung. Mit meiner Freundin. Nicht dass ich ko-abhängig wäre oder so. Mir fiel auf, dass viele Leute zu zweit kamen, und zwar mit jemandem, der ihnen ähnlich sah. Zwei sehr magere Frauen. Zwei Punkrocker mit Piercings und pinkfarbenen Haaren. Zwei ziemlich beleibte Herren, die deprimiert aussahen. Ich kam mit Fiona hereingerauscht. Wir haben beide lange Haare, und man hat uns schon öfter gesagt, dass wir ähnliche Gesichter haben. Das war kein guter Anfang.

Die Zwölf-Schritte-Versammlungen sind einfach strukturiert: Es werden ein paar Texte verlesen, einige der Teilnehmer sprechen je fünf Minuten lang, die anderen hören zu und bedanken sich anschließend bei ihnen, und dann gehen alle nach Hause. Oberflächlich betrachtet passiert weiter nichts. Doch das Programm ist so raffiniert angelegt, dass die Teilnehmer, wenn sie die zwölf Schritte ernsthaft und engagiert durcharbeiten, ihr verzweifeltes in ein hoffnungsvolles Leben umwandeln können. Vielleicht würde ich mich am Ende doch noch richtig anmelden, vielleicht auch nicht. Ich forschte wieder vor mich hin, rechtfertigte mich vor mir selbst. Das durfte ich. Trotzdem fühlte ich mich irgendwie wie eine Schwindlerin. Ich hatte nie mit dem Gedanken an Selbstmord gespielt. Ich hatte einen Job und war von Freunden umgeben. Es war erstaunlich, wie beschämt man sich fühlte, wenn man den Leuten zuhörte. Ich sagte nichts, sondern saß nur da und lauschte.

War ich also ko-abhängig? Auf einem Merkblatt stand ein Fragenkatalog, der mir helfen sollte, meine Defizite ausfindig zu machen. Antworten Sie mit »immer«, »meistens«, »manchmal« oder »nie«. In dem Abschnitt über »Fügsamkeit« schlug ich mich gut. Viele »Nies«. Ich übernehme nie die Verantwortung für das Benehmen anderer. Es fällt mir nie schwer, meine Gefühle auszudrücken. Ich habe nie Angst vor Wut. Ich habe nie Angst davor, abweichende Meinungen zu äußern. Ich bin keine Perfektionistin. Ich mache keine Abstriche bei meinen eigenen Werten, um Ablehnung zu vermeiden. Ich verharre nicht zu lange in gefährlichen Situationen. Das war also in Ordnung.

Doch dann kamen die Fragen über »Kontrollverhalten«. Oh. »Geben Sie anderen Ratschläge und Hinweise, ohne gefragt worden zu sein?« Immer. »Sind sie gut darin, zu erspüren, wie sich andere fühlen?« Ja. »Agieren Sie in Krisensituationen anderer gelassen und ruhig?« Ja, immer. »Glauben Sie, dass die meisten Leute nicht in der Lage sind, sich richtig um sich selbst zu kümmern?« Ja, schon, aber mich selbst eingeschlossen. »Können Sie es ertragen, andere leiden zu sehen?« Definitiv nein – und meistens platze ich dann ungefragt mit Ratschlägen heraus.

Also könnte ich womöglich einen kleinen Kontrolltick haben? Ich erinnere mich, wie ein früherer Freund von mir sagte: »Es ist sehr einfach, mit dir zusammen zu sein … solange du deinen Willen bekommst … aber dein Wille ist meist ausgesprochen durchdacht … also kann man ihn dir getrost lassen.« Doch dann habe ich ihn verlassen. Vermutlich weil er mir meinen Willen gelassen hat. Mmm. Na, egal, das war vor drei Jahren, und ich bin mir sicher, dass ich mich seither gebessert habe. Jedenfalls glaube ich, dass ich mir sicher bin. Na ja, vielleicht bin ich mir doch nicht allzu sicher. Vielleicht gehe ich zu sechs Versammlungen, einfach nur um mir die Sache mal anzusehen.

Als die zweite Versammlung in einem anderen Stadtteil bevorstand, war ich erneut der festen Überzeugung, dass ich das nicht nötig hätte. Fiona hatte lautstark gefordert, mich begleiten zu dürfen. Sehen Sie? – sie ist ko-abhängig. Doch ich war entschlossen, allein hinzugehen, nur um zu beweisen, wie unabhängig ich war. Im Grunde ein Jammer, ich habe nämlich gern jemanden um mich.

Die Versammlung war aus einem höchst sonderbaren Grund schwierig. Die Struktur ist so angelegt, dass man nichts tun darf, um jemandem zu helfen. Eine amüsante Herausforderung für mich. Zum Beispiel steht ein Mann auf und sagt: »Ich bin ja so wütend. Ich weiß einfach nicht, wohin mit meiner Wut.« Er bebt. Ich habe einen Handzettel in der Tasche, auf dem steht: »Tag der Abreaktion – lerne, deine Wut abzureagieren und dich gut zu fühlen.« Na, denken Sie jetzt: »Super, gib ihm den Zettel.« Wenn ja, sind Sie wahrscheinlich auch ko-abhängig. Tut mir Leid. Denn sehen Sie, er ist nach der Versammlung ja nicht zu mir hergekommen und hat gefragt:»Isabel, haben Sie vielleicht eine Idee, wie ich die Wut in mir wenigstens teilweise loswerden kann?«Wenn ich ihm also den Zettel gebe – wenn ich ihn»zufällig«auf seinem Stuhl liegen lasse oder ihn»anonym«in seine Tasche werfe –, erteile ich unverlangt einen Ratschlag, oder? Unverlangter Ratschlag: zehn Punkte Abzug und zurück auf»Start«.

Nach der Versammlung sprach mich eine Frau an.»Ich finde dieses ganze Lernen und Sichentwickeln ja so schmerzhaft«, sagte sie. Richtige Antwort:»Mmm, kann ich verstehen.« Falsche Antwort (wie ich sie mit breitem Lächeln gab):»Das muss nicht zwangsläufig so sein, wissen Sie. Es kann auch Spaß machen. Haben Sie schon von den Insight-Seminaren gehört?« Offenbar bin ich ein schwerer Fall.

Glücklicherweise habe ich eine Meisterlehrerin zu Hause. Meine Tochter. Ich kann Tag für Tag üben, ihr keine Ratschläge zu erteilen. Vielleicht fängt sie ja dann an, um welche zu bitten.»Mum, findest du, ich sollte den Fernseher jetzt ausschalten und meine Hausaufgaben machen?«»Findest du es richtig, wenn Kinder rauchen? Deine Meinung würde mich interessieren.«»Ist es besser, wenn ich meine Zeit damit verbringe, XFM-Radio zu hören statt Klavier zu üben?« Ich kann nicht behaupten, dass es mir an täglichen Gelegenheiten zur Weiterentwicklung mangeln würde.

Und an Fiona ist mir etwas Komisches aufgefallen. Sie gibt mir andauernd ungefragt Ratschläge. Es ist ausgesprochen ärgerlich. Wir haben ein Abkommen getroffen: Sie soll mir keine Ratschläge mehr geben und ich ihr keine. Unsere Gespräche sind seither ziemlich eingeschränkt. Wir müssen in unseren Versuchen, das Verhalten der anderen zu beeinflussen, immer kreativer werden.»Ich merke, dass es mir richtig gut tut, manchmal alles ganz locker zu sehen«, verkündet sie dann zum Beispiel, indem sie vorgibt, etwas über ihr eigenes Leben zu sagen, wenn sie findet, dass ich zu viel arbeite. Aber ich komme ihr immer schnell auf die Schliche.»In meinen Ohren klingt das wie ein Ratschlag«, entgegne ich dann.

Oder wenn sie deprimiert ist, sage ich ganz unschuldig: »Als ich heute Morgen im Fitnessstudio war, habe ich gelesen, dass achtzig Prozent aller Depressionen allein durch sportliche Aktivität heilbar sind.«

»Danke für den Rat.«

Auf der dritten Versammlung ging es um Folgendes: »Machen Sie eine moralische Bestandsaufnahme und geben Sie sich selbst und anderen gegenüber demütig zu, wann Sie im Unrecht waren.« Im Unrecht? Ich? Nein. Ich bin durchaus bereit zuzugeben, dass ich vielleicht Fehler habe (in dieser Hinsicht bin ich schon gereift, wissen Sie), aber im Unrecht zu sein hat nie dazugehört. Wenn das hier eine Organisation für Leute ist, die im Unrecht sind, dann ist es mit Sicherheit nicht die richtige für mich. Ich rief mir in Erinnerung, wann mir das letzte Mal eine Freundin vorgeworfen hatte, im Unrecht zu sein … Na gut, es war am Tag zuvor gewesen. »Du kannst dermaßen starrsinnig sein«, hatte sie gesagt. Habe ich etwa demütig geantwortet: »Das war falsch von mir – ich hätte meine Meinung anders ausdrücken sollen«? Nö. Ich dachte vielmehr: »Blödes, starrsinniges Weib.« Menschenskind. Wenn ich anfangen soll, über meine Worte und Taten nachzudenken und anderen gegenüber zuzugeben, dass ich im Unrecht war, dann besteht wirklich die leise Gefahr, dass ich ein netterer Mensch werden könnte. Langsam entwickle ich einen Widerwillen gegen diese CODA-Leute.

Bei der vierten Versammlung war ich entschlossen, wieder alleine hinzugehen, um zu gewährleisten, dass ich auch Fortschritte machte. Früh an einem Sonntagmorgen schlich ich mich heimlich davon, ohne Fiona etwas zu sagen, falls sie anbieten wollte, mich zu begleiten. Ich geriet in eine »Thematische Versammlung«. Sie stimmten ab, welches Thema sie behandeln wollten, und einigten sich auf »Vergebung«. Ich saß auf meinem Stuhl und war ungewohnt still. Über dieses Thema wollte ich nun wirklich nicht nachdenken. Nicht, dass ich nicht jedem in meinem Leben vergeben hätte (höchst großherzig mich selbst eingeschlossen – dafür, dass ich nicht perfekt bin), aber vielleicht gibt es ja einen oder zwei … Der einzige Grund, der mir dafür einfiel, nett zu meinem Exmann zu sein, war, mir Oscar Wildes Rat zu eigen zu machen: »Vergib deinen Feinden immer – nichts ärgert sie so sehr.«

Unterdessen kam eine ernsthafte Versammlung in Gang. Die gereifteren Ko-Abhängigen waren wieder einmal bewegend und tiefgründig. Einer nach dem anderen berichteten sie ihre wahren Erlebnisse. Sie sprachen von Vergebung angesichts von Wut. Vergebung echter Grausamkeiten, die ihnen als Kinder angetan worden waren. Erneut fühlte ich mich sehr beschämt. Ich war eine Schwindlerin unter diesen Leuten. »Vergebung«. Es war ein so schöner Morgen, und alles wirkte so passend für einen Sonntag. Dies war wirklich ein Versuch, die Balken aus unseren eigenen Augen zu entfernen anstatt die Splitter aus denen der anderen. Und die Fragen, die aufgeworfen wurden, waren ungemein tief schürfend. »Wie vergibt man jemandem, dem nichts Leid tut?«

Sie konzentrierten sich aber nicht nur auf ihr Thema, sondern auch auf einen der berühmten Zwölf Schritte. Ich werde Ihnen jetzt aber nicht von allen Zwölf Schritten erzählen, weil ich es nicht fertig brächte, mir dabei unverlangte Ratschläge zu verkneifen. Wie eine wahrhaft gereifte Persönlichkeit werde ich mich strikt an meine Geschichte halten. Auf dieser Versammlung war ich in eine Debatte über den elften Schritt geraten. Denjenigen unter Ihnen, die nie ergründet haben, wonach sie süchtig sind, sei der erste Teil des elften Schrittes zitiert: »Wir suchten durch Gebet und Besinnung die bewusste Verbindung zu Gott – wie wir ihn verstanden – zu vertiefen …«

Ich fand das überaus unfair. Schließlich ist CODA keine religiöse Organisation, dies war kein Wochenende unter Nonnen oder ein Besuch in der Kirche, und trotzdem bekam ich hier zu hören, dass Gebet und Besinnung eine gute Idee seien. Wie konnte ich denn nun weiterhin griesgrämig sein und mich über das Fehlen eines »Lebensabschnittspartners« beklagen, wenn sie mich dazu ermuntern wollten, das Gebet wieder zu entdecken? Wenn ich das tat, lief ich ja Gefahr, genau das Ziel zu erreichen, dessentwegen ich überhaupt zu CODA gekommen war.

Verdrossen stapfte ich nach Hause und blies den Staub von einem Buch mit dem Titel *Selbsthilfe durch Meditation*. Vielleicht konnte ich ja auf ganz unspirituelle Weise meditieren? Schließlich wollte ich mein Ziel, allein glücklich zu sein, ja eigentlich gar nicht erreichen. Ich schlug mein Meditationsbuch auf und versuchte mich an einer Fünfzehn-Minuten-Meditation. Ich sage fünfzehn Minuten, aber ich schlafe immer ein, bevor die Zeit abgelaufen ist. Auf diese mühelose Weise kann ich stets vermeiden, dass das Meditieren irgendeine positive Wirkung entfaltet.

Meine fünfte Versammlung fand an einem düsteren, regnerischen Abend am anderen Ende von London statt. Wir waren zu zehnt und arbeiteten an unseren »Charakterfehlern«. Der Vortrag stand unter dem Motto »Heute werde ich mich einmal so verhalten, wie ich es an jemand anderem bewundern würde«. Was für eine alberne Lehre. Soll das heißen, dass ich meinen eigenen Maßstäben gerecht werden muss? Aua. Wenn du nicht arbeiten musst, steh zu einer vernünftigen Uhrzeit auf, geh ins Fitnessstudio, zieh dich ordentlich an, häng nicht faul im Haus rum, setz dich einen ganzen Arbeitstag lang an den Computer, iss nicht von früh bis spät Kekse, schreib Dankesbriefe für Essenseinladungen, sei stets guter Laune, lies gute Bücher und koch ein richtiges Essen. Ich kann diese Maßstäbe nicht einmal zehn Minuten lang aufrechterhalten, geschweige denn einen ganzen Tag lang. Ich fürchte, ich bin außerstande, einer Lebensweise, die ich bewundere, auch nur ansatzweise nahe zu kommen. Ich arbeite immer noch auf eine Lebensweise hin, die ich ertragen kann.

Ich sehe allerdings ein, dass diese Lehre absolut effektiv wäre, wenn ich in einer ko-abhängigen Beziehung leben würde. Der Versuch, meinen eigenen überaus anspruchsvollen Maßstäben zu genügen, würde mich garantiert viel zu sehr erschöpfen, als dass ich noch eventuelle »Charakterfehler« an meinem Partner erkennen könnte. Und selbst wenn ich welche erkennen würde, hätte ich mittlerweile bestimmt begriffen, dass es nicht meine Aufgabe ist, etwas daran zu ändern. Es ist wirklich ziemlich erstaunlich, dass jemand irgendjemand anderen wegen irgendetwas kritisiert. Ich meine, wie viele perfekte Menschen gibt es schon auf dieser Welt? Ich habe erst fünf Versammlungen dieses Vereins besucht und kann mir ehrlich nicht mehr vorstellen, jemanden wegen irgendwas zu kritisieren. Und was das Erteilen von Ratschlägen angeht: Meine Freunde werden schriftliche Anträge stellen müssen.

Aber jetzt sollte ich mich lieber anziehen ... schließlich geht es schon auf Mittag zu.

Ich muss zugeben, dass ich meine sechste und letzte Versammlung weidlich genossen habe. Sie fand früh an einem Samstagmorgen statt, und ich stieg auf mein Fahrrad und radelte fröhlich los, um mich in den Stuhlkreis zu setzen. Auf der Versammlung gab es einen Sprecher, der überaus anregend war. Er berichtete davon, wie sein Leben ausgesehen hatte, bevor er mit dem Programm begonnen hatte, und wie er es langsam, aber sicher verändert, seinen Kontrolltick abgelegt und gelernt habe, nett zu anderen zu sein, sowie eine eigene Firma gegründet habe, in der er sich stets mit allen sehr gut stellen musste. Außerdem war er witzig. Er beendete seine »Aussage« mit den Worten: »Und jetzt könnte ich eine Tasse Tee und ein Schinkensandwich vertragen.« Ich musste lachen. Was auch immer er für »Charakterfehler« hatte, sie schienen ihn nicht allzu sehr zu belasten.

Als wir hinterher die Stühle aufstapelten, lud er mich zum Mittagessen ein. Wir setzten uns ins Café, und ich erzählte ihm, dass dies die letzte der sechs empfohlenen Versammlungen war, aufgrund deren ich entscheiden sollte, ob ich das Programm mitmachen wollte oder nicht. »Mir kommen Sie nicht ko-abhängig vor«, meinte er. »Sie wirken viel zu ausgeglichen.« Der äußere Eindruck kann täuschen, nicht wahr? »In mancher Hinsicht ja, in anderer nein«, erwiderte ich und biss herzhaft in mein Bagel mit Räucherlachs und Frischkäse.

»Aber Sie wissen, wo Ihre Schwachpunkte liegen, stimmt's?«, fragte er.

»Ja. Und ich glaube, dass jeder in gewissem Ausmaß ko-abhängig ist.«

»Wohl schon. Haben Sie heute Abend schon etwas vor? Ich wollte fragen, ob Sie vielleicht Lust hätten, einen Film anzusehen oder so?«

Ich verschluckte mich an meinem Lachs. »Wie bitte?«

»Kann ich Sie heute Abend ausführen? Oder morgen?«

Ich war zu CODA gekommen, weil ich jemanden kennen lernen wollte – auf einmal fiel mir alles wieder ein. Nein, nein! Das stimmte nicht. Ich wollte keine Beziehung zu diesem Mann. Selbst wenn er weniger ko-abhängig war als ich. Ich fand ihn nicht attraktiv. Panik überkam mich. »Wie unbedingt will ich an einem Samstagabend ausgehen?«, überlegte ich. Immerhin war ich noch weit genug von dem Stadium entfernt, in dem ich mit jemandem ausgegangen wäre, den ich wenig anziehend fand, nur um nicht allein zu sein. Puh, war ich erleichtert.

»Das ist sehr nett von Ihnen«, meinte ich lächelnd. »Aber ich glaube, ich bin im Moment nicht bereit, eine neue Beziehung einzugehen.«

»Da haben wir's«, sagte er. »Das beweist, dass Sie nicht ko-abhängig sind. Sie können nein sagen. Sie schieben mir nicht den schwarzen Peter zu. Sie übernehmen nicht die Verantwortung für meine Gefühle. Sie gehen verantwortungsvoll mit sich selbst um. Eine Antwort wie aus dem Lehrbuch.«

»Sie meinen, Sie haben mich nur auf die Probe gestellt?«

»Mag sein. Aber ich glaube nicht, dass Sie noch mal kommen müssen.«

Ich radelte nach Hause. Die Welt ist komisch. Ich hatte mir sechs Versammlungen zugestanden. Ich hatte bekommen, was ich mir gewünscht hatte, und festgestellt, dass ich es nicht mehr wollte. Aber ich hatte gelernt, mich nicht um die Angelegenheiten anderer Leute zu kümmern und keine Ratschläge mehr zu erteilen. Ich hatte gelernt, mich darauf zu konzentrieren, meinen eigenen Maßstäben zu entsprechen. Ich hatte gelernt, mir zu überlegen, was ich sage und tue, und in Betracht zu ziehen, dass ich manchmal Unrecht haben könnte. (Tja, wir wollen mal nicht zu weit gehen.) Ich hatte es sogar in die Tat umgesetzt, indem ich einer Kollegin gegenüber zugab, an welchem Punkt ich bei einer Auseinandersetzung mit ihr im Unrecht gewesen war. Am nächsten Tag fehlte sie – vermutlich hatte sie einen Schock erlitten. Mein Buch über Gebet und Meditation war nicht mehr staubbedeckt. Und Fiona und ich gingen jetzt essen und sprachen über Kunst und Literatur.

Vielleicht gibt es wirklich noch Hoffnung für mich? Vielleicht mache ich Fortschritte? Vielleicht bin ich weniger koabhängig und dysfunktional als noch vor sechs Wochen? Vielleicht lerne ich eines Tages einen Mann kennen, zu dem ich mich wirklich hingezogen fühle – einen Mann, zu dem ich sagen will: »Ja, ja, ich gehe mit dir überallhin und tue alles für dich.« Vielleicht habe ich eines Tages eine Beziehung zu einem Mann, mit dem ich wirklich zusammen sein will. Halt, Moment. Habe ich das nicht schon mal geschrieben?

Achter Schritt:
Unter der Gürtellinie

Körperlicher geht es nicht: Darmspülungen

Habe ich Ihnen schon erzählt, dass ich wieder zu arbeiten anfing? Ich arbeite gern, weil ich mich dabei nicht weiterentwickeln muss. Und die Arbeit beim Fernsehen hat noch einen zweiten Vorteil – vor allem, wenn man Recherchen macht. Es kümmert keinen, wie wenig fit man ist, solange man den ganzen Tag telefonieren und dabei klingen kann, als sei man ein Energiebündel. Aber tatsächlich ein Energiebündel zu sein – das kommt ganz schlecht an.

Die richtige Antwort auf die Frage: »Wie geht's dir heute?« lautet entweder: »Schrecklich, bin total verkatert« oder »Grauenhaft, ich habe nur drei Stunden geschlafen«. Nur wenn Sie sich richtig gut fühlen, dann ist in einer wirklich erfolgreichen Firma hin und wieder ein genuscheltes und einsilbiges »gut« akzeptabel. Wenn ich je an einem Montagmorgen ins Büro käme und erklären würde: »Ich fühle mich fantastisch, voller Leben und Vitalität, und freue mich unheimlich auf alle Herausforderungen, die diese Serie mit sich bringt«, bekäme ich nie wieder einen Job.

Warum ich Ihnen das sage? Weil ich Ihnen hier, in der Vertraulichkeit dieser Seiten, die schreckliche Wahrheit gestehen kann. Ich möchte das Gefühl haben, gut in Form zu sein und einen Körper zu haben, den ich kontrolliere, anstatt mich von ihm herumkommandieren zu lassen. Nachdem mein Energievorrat von sehr niedrig auf Null zu sinken schien, war ich zu dem Schluss gekommen, dass der Tai-Chi-Meister Recht gehabt hatte: »Der Körper ist särr wischtisch.« Vielleicht könnte ich, anstatt ständig darüber nachzudenken, welche Seiten ich weiterentwickeln muss, meine komplette Taktik verändern? Kürzlich habe ich ein Geheimnis entdeckt, das nichts damit

122

zu tun hat, dass man meditieren oder zu allen nett sein muss. In dem berühmten Dreiklang aus Körper/Geist/Seele bildet er offenbar die einfache Ebene: der Körper. Solange es nicht bedeutet, dass man joggen oder ins Fitnessstudio gehen muss. Es ist gut für den Körper, verbraucht aber weniger Energie als Tai Chi. Ich muss keinen Mittelfußknochen oder Gesäßmuskel krumm machen. Es hat überhaupt nichts mit Bewegung zu tun. Was ist es also? Haben Sie's erraten? (Kunstpause.) Darmspülungen.

In New York sehen die Leute Sie angeekelt an, wenn Sie sich noch nicht den Darm haben spülen lassen. Das ist so, als würden Sie zugeben, sich noch nie gewaschen zu haben. Und da mir ein Geburtstag ins Haus stand, beschloss ich, mir die ultimative Sanierungsbehandlung angedeihen und mir mithilfe eines Schlauchs den gesamten Dickdarm spülen zu lassen. Im Ernst. Außerdem hatte ich gehört, dass derjenige, der die Dickdarmspülung vornimmt, den Inhalt untersucht, der aus dem Schlauch kommt, und einem mitteilt, woraus er genau besteht und wie lang alles da drin gewesen ist. Na, ist Ihnen schon schlecht?

Offenbar gibt es da ein paar grauenhafte Geschichten. Dinge bleiben in uns hängen und faulen unbemerkt vor sich hin wie Gift. Man hat Stücke von Würstchen in Leuten gefunden, die seit zehn Jahren vegetarisch leben. Das ist die reine Wahrheit. Und bei Leuten, die massenhaft Vitaminpräparate in Plastikkapseln nehmen, werden manchmal wirklich Hunderte von Plastikstückchen aus dem Darm gespült. Verderbe ich Ihnen den Appetit auf Ihre nächste Mahlzeit?

Also rief ich eine Expertin für Kolon-Hydrotherapie an, die zehn Jahre Erfahrung vorzuweisen hatte. Offenbar hielt sie nichts von einem Spülungs-Vorspiel. »Wie regelmäßig ist es bei Ihnen?«, fragte sie mit einer Direktheit, die sie vermutlich gewohnt war. »Ich meine, wie oft haben Sie Stuhl? Wie oft gehen Sie?« Ich schwieg und amüsierte mich über ihre Euphemismen. »Als meine Tochter noch klein war, nannten wir es ›Aa machen‹«, erwiderte ich wenig hilfsbereit. »Ich weiß noch, dass das erste Mal, als sie ins Töpfchen machte, ein großes Ereignis war.«

»Also dann, wie oft machen Sie Aa?«, hakte sie nach. Das war etwas, worüber ich noch nie nachgedacht hatte.

»Äh, ehrlich gesagt, weiß ich das gar nicht.«

»Einmal am Tag? Einmal die Woche?«

»Sie meinen, es gibt Leute, die nur einmal die Woche gehen?«

»Aber ja.«

»Mit Sicherheit einmal am Tag – oder häufiger, vor allem wenn ich jogge.« Jetzt war ich verlegen. Doch sie machte weiter mit ihren Fragen, als spräche sie über Frühlingsblumen.

»Und wenn Sie gewesen sind, fühlen Sie sich dann ganz?« Ah, Ganzheit! War es nicht das, worum es auf dem Weg zur Erleuchtung ging? Ich war mir allerdings nicht ganz sicher, ob sie über Metaphysik sprach.

»Ja, äh, meistens schon, glaube ich.«

»Es erstaunt mich immer wieder, wie wenig sich die Leute ihres eigenen Körpers bewusst sind«, seufzte sie mit einem Anflug melancholischer Verzweiflung. Wie alles andere an mir ist offenbar auch mein Dickdarm unterentwickelt.

»Sie wissen nicht, wie oft Sie Stuhlgang haben, und Sie wissen nicht, ob Sie sich danach ganz fühlen oder nicht? Das erstaunt mich. Aber ich wollte nicht unhöflich sein.«

»Nein, das ist mir schon klar«, beruhigte ich sie. »Ich verspreche, ich werde von jetzt an bis zu unserem ersten Termin besser aufpassen.«

Die nächsten Tage waren nicht leicht. Ich spürte, dass mich der Wunsch überkam, zu fasten, kein einziges Stück feste Nahrung meine Lippen passieren zu lassen und mich selbst so massiv auszuhungern, dass ich erleben könnte, wie sie bewundernd zu mir sagte: »Mein Gott, das ist der sauberste Dickdarm, den ich je gespült habe.« Doch ich nahm an, dass es zwecklos war. Wahrscheinlich klemmte irgendwo in mir ein angebranntes Cocktailwürstchen, das von der Party an meinem einundzwanzigsten Geburtstag übrig geblieben war.

Warum sollte ich also meine gewohnte Ernährung mit frisch im Backofen zubereiteter Tiefkühlkost nicht fortsetzen? Und natürlich hatte auch Mr. Innere Männlichkeit eine Meinung zum Thema, wie immer. »Das ist doch alles der reine Schwachsinn. Normale Menschen gehen seit Jahren auf die Toilette. Jetzt spinnst du wirklich.« Ms. Weiblichkeit wählte einen häuslicheren Ansatz. »Wenn wir das Haus putzen, bleiben auch Dinge in den Ecken hängen, und man muss besondere Mühe aufwenden, um allen Schmutz wegzuwischen. Warum sollte man sich nicht mit der gleichen Sorgfalt um den Körper kümmern? Wenn man es alle zehn Jahre einmal macht, ist das schließlich nicht übertrieben. Warum nicht abwarten und die Ergebnisse begutachten, bevor man behauptet, das sei eine totale Irrlehre?«

»Weil ich es bezahle.« Das ewig gleiche Gerede. »Und außerdem habe ich von ihren albernen egozentrischen Ideen die Nase voll.«

Komisch, dass die beiden mich für alles verantwortlich machen. Muss jetzt Schluss machen, die Natur ruft.

Erstaunlich, welche Wirkung dieses Telefongespräch auf mein Verdauungs-Bewusstsein hatte. Auf einmal bekam ich das Gefühl, dass mein Körper, den ich normalerweise komplett ignorierte, von Belang für mein Wohlbefinden war. Ich erschien mehr als nur ein bisschen nervös zu meinem Termin. Und zwar hatte ich weniger Angst vor dem tatsächlichen Eingriff als vor dem Gestapo-Verhör. Habe ich in angemessenen Abständen Stuhlgang? Wie krank bin ich überhaupt?

Ich betrat die Praxis und stellte zu meiner großen Verlegenheit fest, dass ein alter Bekannter von mir am Empfang arbeitete. Er grinste, als er sah, dass ich einen Termin für eine Darmspülung hatte. »Verdammt«, dachte ich, »jetzt erzählt er überall herum, dass ich Verdauungsprobleme habe.« Am liebsten hätte ich gesagt: »Hör mal, ich habe keine Probleme, klar? Ich versuche nur, mich in Sachen Körper/Geist/Seele zu verbessern und finde, es ist an der Zeit, etwas für meinen Körper zu tun.

Ich habe weder Verstopfung noch einen Reizdarm noch Divertikulitis oder sonst irgendeine Krankheit. Also kannst du dir dein belustigtes Grinsen gleich sparen.« Doch ich sah ein, dass es aussichtslos war. Ich wusste, wenn ich all das gesagt hätte, hätte er noch breiter gegrinst. Also freundete ich mich mit dem Gedanken an, dass mich meine Freunde in der Woche darauf folgendermaßen im Pub begrüßen würden: »Was macht dein kleines Problem? Es hat mir ja so Leid für dich getan, als ich gehört habe, dass du gewisse Schwierigkeiten ... äh ... da unten hast.« Man hätte doch annehmen sollen, dass ich mir den Darm spülen lassen kann, ohne dabei erkannt zu werden.

Gott sei Dank war ich nicht Lady Di. Als sie es machen ließ, wurde es auf den Titelseiten sämtlicher britischer Tageszeitungen breitgetreten. Ich stellte fest, dass sie sogar auf einem Merkblatt erwähnt wurde, auf das ich im Warteraum stieß: »Die Kolon-Hydrotherapie wurde durch Diana, Princess of Wales, bekannt gemacht.« Vielleicht würden sie später hinzufügen: »... und kam schlagartig aus der Mode, als Isabel sie ausprobierte.«

Ihr kleiner Raum sah aus wie das Sprechzimmer eines Arztes. Normalerweise mag ich Ärzte, weil sie bei mir ein solches Überlegenheitsgefühl auslösen. Das Wunderbare an den Kassenärzten in meiner Umgebung ist, dass sie alle erfreulich untrainiert aussehen. Als ich letztes Mal einen aufsuchte, um mich wegen eines Muskels behandeln zu lassen, den ich mir im Fitnessstudio gezerrt hatte, schien der Arzt eine Erklärung zu benötigen, was ein »Fitnessstudio« wohl sein könnte. Auf jeden Fall war er mit dem Begriff »Training« offenbar nicht besonders vertraut und sah aus, als bekäme er gleich einen schweren Herzinfarkt.

Und dann ist da noch die Anamnese. Jede Anamnese beim praktischen Arzt ist für mich ein weiterer Anlass zur Selbstgerechtigkeit. »Hatten Sie schwerere Unfälle?« Nein. »Irgendwelche Krankenhausaufenthalte?« Nein. »Nehmen Sie rezeptpflichtige Medikamente?« Nein. »Leiden Sie an Depressionen?« Nein. »Irgendwelche Krankheiten, abgesehen von Erkältungen und Grippe?« Nein. »Wann waren Sie das letzte Mal beim Arzt?« Keine Ahnung. Ja, ich bin immer regelrecht glücklich, nachdem mir mein guter, alter Kassenarzt etwas vorgekeucht hat.

Doch heute lief es anders. Meine Hydrotherapeutin wirkte wie aus einer Anzeige für Vitamintabletten. Außerdem war ihre Untersuchung wesentlich gründlicher.

»Haben Sie Blähungen?«

»Hat die nicht jeder?«

»Schon, aber manche mehr als andere.«

Mein Gesicht lief knallrosa an. »Meine Tochter hat sich schon öfter beschwert.«

»Fühlen Sie sich manchmal aufgebläht?«

»Ja, aber im Fitnessstudio behaupten sie, ich mache nicht genug Sit-ups.«

Sie ließ sich von meinen ausweichenden Antworten nicht beirren.

»Wenn Ihnen jemand den Bauch massiert, bemerken Sie dann empfindliche Stellen?«

»Wenn er sich Mühe gibt, schon.«

»In der Magengegend?«

»Ich glaube schon.« Ich schlug mich nicht allzu gut auf ihrer kleinen Checkliste.

»Wie fühlen Sie sich, wenn Sie morgens aufwachen?«

»Meistens wie tot.«

»Wie lange hält diese Lethargie an?«

»Bis ich Kaffee getrunken habe.«

»Ah ja. Sie sind also abhängig von Kaffee, um morgens auf Trab zu kommen? Fühlen Sie sich manchmal auch gleich nach dem Aufwachen ganz von selbst voller Energie?«

»Nein.«

»Und sinkt Ihr Energiepegel nachmittags ab?«

»Ja.«

»Und wie ist es abends? Würden Sie sagen, dass Sie da am meisten Energie haben?«

»Kann ich Ihnen nicht sagen.«

»Wann ist Ihr Energiepegel am höchsten?«

»Äh, kann ich Ihnen nicht sagen.«

»Wann hatten Sie Ihre letzte Periode?«

»Ich verliere leider immer den Überblick über meinen Zyklus.«

»Sie können es also nicht sagen. Sie wissen nicht, wann Sie Ihre letzte Periode hatten. Aha. Haben Sie eine gesunde Verdauung?«

»Im Vergleich wozu?«

»Ja«, bemühte sie sich um Verständnis, »manchmal fällt es uns schwer zu beurteilen, wie gesund unser Darm ist. Aber Sie müssen doch irgendeine Vorstellung haben. Ich meine, haben Sie harten Stuhl? Weichen? Ganz normalen?«

»Hängt das nicht davon ab, was ich gegessen habe?« Schamhaft blickte ich zu Boden. Das war ein Thema, über das ich wirklich noch nicht nachgedacht hatte. »Wenn mir nichts dergleichen bewusst ist, muss das doch wohl heißen, dass mein Verdauungstrakt gesund ist, oder?«

»Schauen wir mal«, sagte sie Unheil verheißend und gab mir einen Kittel. »Ziehen Sie sich bis zur Taille aus und legen Sie sich hierher, auf die Seite bitte.«

Es war eindeutig schlimmer als beim Astrologen.

Sie sprach beruhigende Worte, während sie mir einen Schlauch in den Po schob. »Und jetzt bitte langsam auf den Rücken drehen.«

»Warum tun Leute das?«, stieß ich mühsam hervor, »ich meine, es ist einfach nicht natürlich, oder? Das Essen wandert doch sicher ganz munter von selbst durch den Dickdarm.«

»O nein. Deshalb ist Darmkrebs ja die dritthäufigste Todesursache in unserem Land. Wenn wir uns alle ganz natürlich von biologisch angebautem Obst und Gemüse ernähren und ein stressfreies Leben führen würden, sähe das anders aus.«

Sie begann warmes Wasser den Schlauch hinauffließen zu lassen.

»Es kann sein, dass Sie das Gefühl anfangs seltsam finden.« Ich war froh, dass sie das gesagt hatte.

»Sagen sie Bescheid, wenn es Ihnen reicht.«

»Es reicht.« Ich lächelte sie matt an, als machte ich das jeden Tag mit. Was für eine seltsame Art, sein Geld zu verdienen. Was antwortet sie denn auf Partys, wenn jemand fragt:»Und was sind Sie von Beruf?« Sie musterte den Schlauch mit professioneller Objektivität.»Hier haben wir zwei Stücke ziemlich harten Stuhls. Haben Sie gesagt, dass Sie sich ganz entleeren?« Hatte Freud nicht viel Interessantes zu diesem Thema zu sagen gewusst? Ich war froh, dass mir nicht mehr einfiel, was. Sie ließ mehr Wasser einströmen.»Ist das denn wirklich nötig?« In diesem Moment war ich der festen Überzeugung, dass dies nicht der Fall war.»Der Dickdarm reinigt sich doch bestimmt selbst?«

»Sehen Sie diese Tafel hier?« Sie zeigte auf ein großes Schaubild an der Wand. Ich verrenkte mir den Hals, um einen Blick darauf zu werfen.»Das ist die Form, die der Dickdarm eigentlich haben sollte. Und das sind die Formen, die viele Dickdärme annehmen – sehen Sie, wenn sich Ausbuchtungen bilden, alles Mögliche hängen bleibt und dann ständig Giftstoffe an den Körper abgibt.«

»Es reicht«, bat ich lächelnd. Mein Darm fühlte sich an, als würde er gleich explodieren.

»Ihr Organismus scheint ganz schön blockiert zu sein.«

»Ich bin diese Woche mit einer Erkältung im Bett gelegen. Vielleicht ist es das.«

»Nein, ich nehme an, dass Sie sich seit geraumer Zeit nicht mehr vollständig entleert haben. Sie waren sich dessen nur nicht bewusst.« Sie begann mir den Bauch zu massieren.

»Au.« Ich hatte gedacht, ich sei gut in Form. Weil ich ins Fitnessstudio gehe. Wasser trinke. Ich wette, mein Dickdarm ist in besserem Zustand als der meines Arztes.

Sie betrachtete den Schlauch.»Kriegen Sie keinen Schreck, wenn ich jetzt etwas sage.«

Auf einmal bekam ich einen Schreck.

»Wissen Sie, dass Parasiten im Darm sehr verbreitet sind?«

»Wirklich?«

»Ich fürchte, Sie haben Fadenwürmer.«

Das war der Gipfel. »Würmer, die in meinen Eingeweiden herumkriechen? Sind sie lebendig oder tot?«

»Die hier sind tot. Aber wahrscheinlich sitzen noch weitere in irgendwelchen Ecken und Winkeln, wo sie es gemütlich haben. Sind Sie oft müde?«

»Ich dachte, jeder sei müde.« Ich verspürte den seltsamen Drang zu weinen. Ich war bei meiner Darm-Gesundheitsprüfung mit Pauken und Trompeten durchgefallen.

»Es ist sehr verbreitet«, erwiderte sie. »Wir töten sie mit Kräutern ab, die sie nicht vertragen. Dann haben Sie gleich wesentlich mehr Energie. Noch ein bisschen Wasser?«

Einen Augenblick lang dachte ich, sie böte mir etwas zu trinken an. »Ach ja, okay.« Sie musterte den Schlauch. Ich wartete auf die nächste Eröffnung. »Haben Sie irgendwelche alten Löffel gefunden? Schmuckstücke? Es ist wahrscheinlich ein bisschen so, wie wenn man die Staubsaugertüte aufmacht, nehme ich an.«

»Offen gestanden ist da noch etwas anderes.«

»Ehrlich?«

»Candida.«

»Was in aller Welt ist das denn?«

»Ein Pilz. Der erzeugt die Umgebung, in der sich die Fadenwürmer wohl fühlen.« Musste sie die Fadenwürmer unbedingt noch einmal erwähnen?

»Mir wachsen Pilze im Darm? Reizend.«

»Ich habe auch dagegen Kräuter. Sie werden sich selbst nicht mehr wieder erkennen, wenn wir erst fertig sind.«

Zumindest bekam ich bei der ganzen Sache etwas für mein Geld. Vermutlich bekäme ich umso mehr, je mehr nicht in Ordnung war. Diese Insight-Kurse, bei denen man lernt, sich auf das Positive zu konzentrieren, lohnen sich wirklich.

»Das reicht für heute«, erklärte sie fröhlich. »Jetzt müssen Sie schnell aufs Klo gehen. Dann ziehen Sie sich bitte an. Die Kräuter, die ich Ihnen gebe, erfordern, dass Sie auf Alkohol und Milch verzichten.«

»Sie meinen, keinen Kaffee?«

»Das habe ich nicht gesagt.«

»Aber ich trinke meinen Kaffee mit Milch.«

»Dann nicht.«

»Ich wusste es.« Das Leben ist ein Tal des Jammers, der Entbehrungen und Tränen. Jeder, der Ihnen etwas anderes erzählen will, hat eindeutig zu viele seltsame Seminare besucht.

»Wie lange muss ich abstinent bleiben?«, fragte ich voller Verzweiflung.

»Zehn Tage. Von morgen an.« An diesem Morgen hatte ein Freund mit einem exquisiten Rotweingeschmack angerufen und mich für den folgenden Montag zum Abendessen eingeladen. Erst am selben Morgen. Warum fordert das Leben so viele Opfer? Buddha hatte nie erwähnt, dass ich Rotwein und Kaffee aufgeben müsse.

»Wie fühlen Sie sich?«, fragte die Spülungsexpertin mit strahlendem Lächeln.

»Oh, bestens.« Ich hätte sie umbringen können.

»Es ist normal, wenn Sie nach einer Behandlung ein oder zwei Tage keinen Stuhlgang haben. Sagen Sie mir Bescheid, wenn Sie irgendwelche Probleme bekommen. Dann bis nächste Woche.« Die Behandlung umfasste drei Besuche.

Am Morgen nach dieser ersten bewegenden Erfahrung wachte ich eine Stunde früher auf als sonst. Das könnte zwar auch ein außergewöhnlicher Zufall gewesen sein, doch das letzte Mal, dass ich vor dem Wecker aufwachte, ist in den mir zugänglichen Gedächtnisdateien nicht gespeichert. Noch sonderbarer war das unerklärliche Gefühl von Heiterkeit und Wohlbefinden. Dabei hatten gar keine Männer aus Amerika angerufen. Es war höchst merkwürdig. Normalerweise wache ich mit ausgesprochen schlechter Laune auf. Zum Beispiel: Wo steckt Robert Redford, und warum liegt er nicht in meinem Bett? Ich stapfe zur Dusche, überzeugt davon, dass ich das unglücklichste Wesen auf der ganzen Welt bin, und nur der erste Kaffee des Tages kann mir vermitteln, dass Gott im

Himmel wohnt und mit der Erde alles in Ordnung ist. Doch ich wachte auf und war fröhlich, blieb noch eine Stunde im Bett, las ein Buch und marschierte dann munter unter die Dusche. Vielleicht hat der Körper ja doch etwas mit dem Geist zu tun?

An diesem Tag hatte ich keine Lust, irgendetwas zu essen. Die Kräuter, die die Würmer abtöten sollten, waren noch nicht eingetroffen, und der Gedanke, die Tierchen zu füttern, widerte mich an. Nein. Ha! Ich würde sie aushungern, sie schwächen und dann abschlachten. Meine allwöchentliche Rechnung für biologisch angebautes Obst und Gemüse bei Waitrose war ohnehin schon grotesk – auch ohne dass ich noch für Gemütlichkeit und Wohlergehen der Tierchen sorgte. Allein der Gedanke, dass ich monatelang Naturkost gegessen hatte! Ich musste die gesündesten Fadenwürmer von ganz Südlondon haben. Jetzt war Fasten angesagt.

Doch als die Tropfen kamen, wurde das Leben unerfreulicher. Der kurze Moment meines unerklärlichen Wohlbefindens war vorbei. Ich sollte nicht nur auf Milchprodukte verzichten, sondern auch auf Weizen. Doch wie jeder weiß, der jemals in irgendeinem Büro gearbeitet hat, ist der beste Teil des Tages die Frühstückspause mit Kaffee und warmen Brezeln. Gezwungen zu sein, meinen Tag mit schwarzem Tee anzufangen, versetzte mich nicht gerade in Euphorie. Sämtliche Essenspausen gerieten zur Tortur. »Möchte jemand Schokolade?« Ich konnte keine Schokolade essen, da sie Milch enthielt. »Pizza oder Pasta zum Mittagessen?« Ich durfte keines von beiden haben, da beides Weizen enthält. Und das Allerschlimmste war die fröhliche Stimme meiner Kollegin, die fragte: »Ich gehe schnell auf einen Sprung zu Starbucks runter. Einen Caffè latte, Isabel?«

»Nein danke. Ich mach mir einen Kräutertee.« Brüllendes Hohngelächter bricht über die eingefleischte Kaffeetrinkerin herein, die plötzlich Aufgüsse aus Kamillenblüten trinkt. Ich setzte mich in die Ecke und arbeitete. I-ah ohne seinen Schwanz.

»Wie kommt es, dass du keinen Kaffee mehr trinkst?«, fragte
eine besorgte Kollegin mit gedämpfter Stimme, als spräche sie
mir ihr Beileid zu einem kürzlich erlittenen Verlust aus.
»Ach, ich fand nur, ich müsste mal kürzer treten.« Eine feige
Lüge. Aber unter keinen Umständen würde ich irgendjemandem etwas von den Fadenwürmern verraten. »Kommst du
nachher mit ins Pub?«, fragte der reizende neue Regisseur der
nächsten Sendung. Es war hoffnungslos – Alkohol war ja auch
verboten. »Nein, ich glaube, ich gehe nach Hause und lege
mich zeitig schlafen.«
Ungläubig starrten sie mich an. Wo war die unermüdliche
Partylöwin, die sie von früher kannten? Was war mit meinem
Ideal geschehen, am Montagmorgen voller Leben und Energie
hereingehüpft zu kommen wie Tigger? Ich war ein Bild des
Jammers. Wenn die Sache noch gesünder würde, wollte ich
nichts mehr damit zu tun haben.

Die zweite Sitzung meiner Kolon-Hydrotherapie begann
reichlich unangenehm. Ich hatte im Wartezimmer gesessen
und war in einer Gesundheitszeitschrift zufällig auf einen Artikel über Candida gestoßen. Dort hieß es:

Neben dem Verzicht auf Alkohol, Tee und Kaffee ist es auch
ratsam, Obst und Zucker zu meiden, wenn man die Krankheit ausmerzen will. Trinken Sie keine Fruchtsäfte, da deren
Zuckergehalt dem Pilz förderlich ist.

Stattdessen soll man, und das gefällt mir nun wirklich,

frisch gepressten Zitronensaft in viel Wasser trinken – zwei
bis vier Liter pro Tag.

Als die lächelnde, vor Gesundheit strotzende Hydrotherapeutin kam, war ich gar nicht froh gestimmt. »Wie fühlen Sie sich
heute?« Verbarg sich da eine leise Drohung hinter ihrem Lächeln, als sie mich in den kleinen Raum mit den frischen

Blumen führte? »Fuchsteufelswild«, antwortete ich. »Sie verbieten mir, Kaffee oder Tee zu trinken und Brot, Pasta oder Pizza zu essen. Ich darf keinen Alkohol trinken und weder Schokolade noch Käse noch Joghurt, Brezeln, Brötchen oder Zitronen-Mohn-Muffins bei Starbucks essen. Und zu allem Überfluss steht in diesem Artikel, dass ich auch kein Obst essen soll.«

Sie nickte besänftigend. Ich tobte weiter. »Lieber habe ich Fadenwürmer als zu verhungern. Was darf ich denn überhaupt noch essen? Kartoffeln, Karotten und Pilze wahrscheinlich.«

»Offen gestanden – würden Sie bitte diesen Kittel anziehen? – sind das die einzigen drei Gemüsesorten, die nicht günstig sind. Von Kartoffeln gedeiht die Candida prächtig, Karotten haben einen sehr hohen Zuckergehalt, und Pilze sind natürlich Pilze, also sollte man sie meiden.«

In heller Verzweiflung ließ ich mich auf ihre Liege sinken. »Kann ich eine Liste der Sachen bekommen, die ich essen darf?«, bat ich, als sie mit meiner zweiten Behandlung begann.

»Ja, natürlich. Ah, diese Woche sieht alles schon viel besser aus.«

»Ehrlich? Inwiefern denn?«

»Viel mehr Bewegung. Sie haben die Kräuter genommen, das sehe ich. Aber hier sind noch Altlasten.«

Irgendwie nahm ich nicht an, dass sie damit ihre ausstehende Bezahlung meinte. »Äh, wie alt genau?« Ich versuchte so zu klingen, als interessierte ich mich für Naturwissenschaft. »Meinen Sie Tage? Wochen? Monate? Jahre?«

»Schwer zu sagen, aber aufgrund von Struktur und Farbe würde ich sagen, ziemlich alt.«

»Aha.« Ich kam zu dem Schluss, dass mir die Farbe ihres Lippenstifts nicht gefiel. »Also. Was darf ich denn nun essen?«

»Sie können Nudeln aus Reis oder Mais essen, aber keine aus Weizen.«

»Ich glaube, in der Filiale von Pizza Hut, wo wir in der Mittagspause hingehen, gibt es so was nicht.«

»Nein. Aber wenn Sie sich von Fastfood ernähren wollen …« Angeekelt verstummte sie.

»Was noch? Was kann ich in unbegrenzten Mengen essen?«
Ich versuchte mir Begeisterung über meine neue Ernährungs-
form abzuringen.

»Es ist gut, so viel Wasser wie möglich zu trinken. Aber bei
allem anderen heißt das Motto Mäßigung und Gleichgewicht.«

Auf einmal erinnerte sie mich an eine Mischung aus Shaker-
Schwester und puritanischer Pilgerfrau. »Mäßigung in allen
Dingen, meine Brüder.«

»Ich bin nicht einer Meinung mit dem, was in diesem
Artikel über Obst steht, aber essen Sie nicht zu viele Bananen
und Orangen.«

Sie hatte die gespenstische Gabe, immer meine Lieblings-
sachen herauszugreifen. Dann erregte etwas im Schlauch ihre
Aufmerksamkeit. »Noch mehr Candida?«, fragte ich geknickt.

»Nein, einige Parasiten haben gerade den Geist aufgege-
ben.« Ich konnte es ihnen nicht verdenken. Mir war selbst ganz
flau.

Auf einmal setzte sie eine ziemlich strenge Miene auf.
»Kauen Sie Ihr Essen überhaupt?«

»Ich gebe zu, dass ich wohl sehr schnell esse. Das können
Sie also erkennen?«

»Offensichtlich. Wenn Essen in vollkommen unverdauter
Form ausgeschieden wird, sagt mir das, dass Sie sich vorher
gar nicht erst die Mühe gemacht haben, es zu kauen. Wenn
Sie nicht vorhaben, Ihr Essen zu kauen, können Sie sich das
Essen gleich ganz sparen. Nach der Masse von unverdautem
Gemüse zu urteilen, die ich hier vor mir sehe.«

»Ich werde einen Zettel in meiner Küche aufhängen und
›Langsam essen‹ draufschreiben«, versprach ich. »Mit rotem
Filzstift.«

»Sie können weizenfreies Ryvita essen.« Ryvita-Knäckebrot habe ich schon immer gehasst. Ich bin mir sicher, dass es
nur deswegen in den Läden liegt, damit man es kaufen kann,
wenn man sich nach einem Essen, das man allzu sehr genossen hat, selbst bestrafen will.

»Außerdem können Sie Pumpernickel und Dinkelbrot essen.«

»Dinkelbrot?«

»Genau, Dinkelbrot. Und dann können Sie natürlich Gerstenkaffee mit Sojamilch oder Rooibuschtee trinken.«

»Gibt es das alles bei Waitrose?«

»Das weiß ich nicht genau. Ich kaufe die Sachen immer bei mir im Naturkostladen.«

Das war ja alles gut und schön, aber der Naturkostladen in der Battersea Park Road hatte zugemacht und war durch ein Haushaltswarengeschäft ersetzt worden.

Meine Zeit ging zur Neige. »Sie haben sich heute sehr gut geschlagen«, sagte sie mit einem Lächeln zum Schlauch hin. »Eine große Verbesserung gegenüber dem letzten Mal.«

Ich rang mir ein Lächeln ab.

»Möchten Sie noch ein paar auf Kräutern basierende Nahrungsergänzungsmittel, um es Ihrem Körper leichter zu machen, die von der Candida erzeugten Giftstoffe auszuscheiden?«

»Na ja, schon.«

»Okay, dann kriegen Sie welche. Und versuchen Sie in den nächsten Wochen mehr auf Ihren Körper zu achten. Machen Sie sich bewusst, wie es sich auswirkt, wenn Sie sehr spät abends essen – meist fühlen Sie sich dann nach dem Aufwachen schlapp. Nehmen Sie wahr, wie Sie sich nach verschiedenen Arten von Speisen fühlen, wann Sie sich energiegeladen und zufrieden fühlen und wann aufgebläht und voll. Wenn ich Ihnen dann beim nächsten Mal Fragen stelle, werden Sie mehr Bewusstsein dafür entwickelt haben, wie Ihr Körper funktioniert. Das ist der erste Schritt, um zu lernen, sich um sich selbst zu kümmern.«

»Äh, ja.« Ich schlüpfte in meine leuchtend gelbe Radlerjacke und strampelte in heller Vorfreude auf eine Scheibe schwarzen deutschen Pumpernickel nach Hause.

Es waren zwei Wochen bis zu meinem dritten und letzten Darmspülungstermin. Die Kräuter hatten Zeit gehabt, ihre

Wirkung zu entfalten und Übles anzurichten. Ich hatte Grippe bekommen und gut drei Kilo abgenommen. Der Schock, zum ersten Mal seit Jahren ohne Fadenwürmer zu leben, war zu viel für meinen armen Darm gewesen.

»Wie fühlen Sie sich diese Woche?« Am liebsten wäre mir gewesen, wenn sie auch Grippe gehabt hätte, aber ärgerlicherweise sah sie so gesund aus wie eh und je. Ich hustete in mein Taschentuch. »Ihr Körper hat sich komplett entgiftet«, erklärte sie fröhlich.

»Nein – ich hatte Grippe«, keuchte ich.

»Ja, das ist das Gleiche. Der Körper hat zuerst den Dickdarm saniert, und jetzt saniert er die Lungen. Und wie sind Sie mit der Diät zurechtgekommen?«

»Ganz grauenhaft.«

»Wir müssen einige der Dinge, die Sie essen dürfen, genauer unter die Lupe nehmen. Könnten Sie sich bitte ausziehen? Ist Ihnen irgendwas an Ihrem Körper aufgefallen?«

»Meine Brüste sind überhaupt nicht gewachsen.« Schweigen. Offenbar sollte ich über meinen Dickdarm sprechen.

»Wenn ich mehrere Tage lang keinen Weizen zu mir nehme und dann Brot esse, bläht sich mein Magen auf, und ich fühle mich einen Tag lang wie hochschwanger«, schimpfte ich.

»Dann hat sich Ihr Körperbewusstsein also gesteigert?« Sie strahlte siegesgewiss.

»Und ich achte inzwischen sogar darauf, wie oft ich gehe.«

»Wunderbar. Haben Sie die Kräuter genommen?«

»Ja, jeden Tag.« Ich fand, ich hätte einen Anstecker verdient – ICH HABE MEINE KRÄUTER GENOMMEN.

Mittlerweile hatte ich mich in heikler Position auf ihrer Liege ausgestreckt, während sie ein weiteres Mal den Inhalt eines an mein Hinterteil angeschlossenen Schlauches betrachtete.

»Diese Woche kann ich wesentlich mehr freigesetzte Stoffe erkennen. Das ist sehr gut. Da sind einige alte Parasiten, und außerdem wird jede Menge Candida ausgespült.«

Ich lauschte den dahinplätschernden Erläuterungen und

fing gerade an, mich darüber zu freuen, dass die Fadenwürmer endlich tot waren, als sie sagte: »Wollen Sie das mal sehen?«

»Äh, na ja, ich glaube schon.« Wollte ich? Sicher war ich mir nicht.

»Dann setzen Sie sich mal langsam auf.«

Ich bin froh, dass dieses Buch keine Illustrationen hat. »Also, wenn Sie jetzt in den Schlauch schauen ...« Sie sprach wie eine Biologielehrerin, die ein wissenschaftliches Projekt erläutert. »Anfangs kann Candida weiß und flockig aussehen wie Schleim, aber Ihre besteht aus winzigen schwarzen Fetzchen wie Teeblätter, was heißt, dass sie älter ist. Sehen Sie, sie ist auf den Grund hinabgesunken.«

»Ja, ich sehe es.« Das Wasser war klar mit einer Schicht aus klebrigen Flecken.

»Das ist ein alter Candidapilz.« Ich fragte mich, ob ich das eigentlich wissen wollte. »Der ist in rauen Mengen vorhanden. So einen schlimmen Fall habe ich selten gesehen ...« Ich zuckte zusammen. »Und er fängt heute erst an, sich freizusetzen. Das kommt von den Kräutern, wissen Sie. Die haben eine Umgebung geschaffen, die der Candida nicht förderlich ist, und so hat sie sich teilweise zu lösen begonnen. Sehen Sie, wie viel davon da ist?«

»Mmm.«

»So, und jetzt möchte ich Ihnen beibringen, wie man sich selbst den Bauch massiert. Sagen Sie mit dem Wasser ›wann‹.« Streckenweise fühlte ich mich immer noch wie ein aufgeblasener Ballon.

»Ja, ›wann‹.« Ich versuchte zu lächeln.

»So, jetzt geben Sie mir Ihre Hand ... Massieren Sie den Bauch im Uhrzeigersinn mit kreisförmigen Bewegungen, indem Sie an der Innenseite der rechten Hüfte anfangen, sich unter dem Nabel vorbei und dann abwärts zur linken Hüfte vorarbeiten. So, und was passiert, wenn ich hier drücke?«

»Autsch.«

»Das sind festsitzende Blähungen. Sie können sie selbst lösen, indem Sie sich so massieren.« Sie nahm meine Hand und drückte sie mit Kreisbewegungen auf verschiedene schmerzempfindliche Stellen. »Der Sinn der Sache ist, dass Sie es selbst spüren können. Was spüren Sie hier?«

»Fühlt sich an, als würde sich darunter etwas bewegen.« Blasen wanderten in den Schlauch.

»Schon besser, das haben Sie jetzt beseitigt. Heute ist eine größere Menge dabei.«

»So, machen wir heute Mengenlehre?«

»Äh, ja.« Sie starrte mich verständnislos an. Mein Humor prallte an ihr ab.

»Hier sind wieder Altlasten.«

»Ah ja, die guten Altlasten.« Irgendwie war es doch ein schönes Gefühl zu wissen, dass alle möglichen alten Teilchen, die in meinem Dickdarm hängen geblieben waren, jetzt ausgespült wurden.

»Das war's. Sie können sich jetzt anziehen. Sie müssen Bifidus acidophilus zu sich nehmen, um weiterhin die richtige Art von Bakterien in den Dickdarm einzubringen. Außerdem müssen Sie Candtox einnehmen, um die von der Candida erzeugten Giftstoffe auszuleiten, und Hebacolenz P, um den Dünndarm zu sanieren und zu entgiften. Es reicht nicht, nur die Diät zu machen.«

Kaum zu glauben, dass ich ursprünglich hierher gekommen war, weil ich supergesund hatte werden wollen. Es würde ein ganzes Jahr dauern, bis ich auch nur die Grundstufe der Darmfitness erreicht hätte.

Mit meinen drei Packungen Kräuter radelte ich davon. Ich wusste, ich würde zwei Tage lang nicht von Abbauprodukten behelligt werden. Ich kam mir seltsam tugendhaft vor. Okay, ich war nicht supergesund. Aber mein Bauch war erfreulich flach. Meine Fadenwürmer hatten sich ins Jenseits verflüchtigt. (Kommen Fadenwürmer in den Himmel?) Und mein Darm war zumindest auf dem Weg der Gesundung.

Ja, ich empfand eine angenehme Selbstgerechtigkeit. Ich »kümmerte mich um mich selbst«, wie es in Büchern immer geraten wird. Ich praktizierte »Gesundheitsvorsorge«, genau wie die Regierung es wünschte. Und ich sorgte für Umsatz bei den deutschen Pumpernickelherstellern. Trotzdem war ich froh, dass es vorbei war.

Ich wendete mein Fahrrad in Richtung Starbucks.

Neunter Schritt:
Die eigene Geburt noch mal erleben

Rebirthing – mehr als wundersam

»Sie müssen die Kontrolle an den Atem abgeben. Rebirthing ist genau das Richtige für Sie, wenn Sie einen Kontrolltick haben.« Sechs Wochen bei CODA, und mir dann anhören zu müssen, dass ich mich nicht »vollständig entleere«, ließen bei mir keinen Zweifel darüber aufkommen, dass meine Kontrollprobleme ungelöst waren. »Ich dachte, Rebirthing sei für Leute, die eine schreckliche Geburt hatten?«, fragte ich eine alternative Hebamme, die Besorgnis erregend nahe wohnte.

Es lief nicht gut. Mein letzter Fernsehvertrag war ausgelaufen. Nach meiner Weigerung, im Kollegenkreis mittags weizenhaltige Speisen zu verzehren und abends beim gemütlichen Beisammensein Alkohol zu trinken, war ich mir auch nicht sicher, ob mich diese Firma je wieder einstellen würde. Die unmittelbare Zukunft stand in meinem Tagebuch unter der Überschrift »Depressionen wegen der Job-Situation«. Dauerhafte Arbeitslosigkeit drohte. Nach wie vor keine Beziehung. Am Horizont lauerten zwei verheiratete Männer, die ihren Frauen gern untreu geworden wären, und ein paar Ausgehbekanntschaften, die in mir ein unbezwingbares Verlangen nach Schlaf auslösten. Zu Hause hatte ich mittlerweile einen Teenager, dem meine radikale Forderung missfiel, dass man vor zwölf Uhr mittags aufzustehen habe. Außerdem war die Katze gestorben. Also schien das Mittel der Wahl zu sein, meine eigene Geburt noch einmal neu zu erleben.

»Beim Rebirthing geht es darum, Erinnerungen, Gefühle oder Schmerzen freizusetzen, die auf zellulärer Ebene in der Körpererinnerung gespeichert sind.«

»Ich habe also traumatisierte Zellen? Aha. Und was umfasst diese Behandlung alles?«

»Es gibt zwei Methoden. Eine findet in der Gruppe statt, und bei der anderen sind Sie mit dem Rebirther allein.«

Ich fühle mich in Gruppen immer wohl. Die Vorstellung, allein mit einer Therapeutin zu arbeiten, finde ich wesentlich beängstigender. Da müsste ich ja womöglich meine Schutzwälle teilweise abbauen und sie ein paar Risse in meiner mühsam erworbenen männlichen Schale sehen lassen. Am Ende würde sie mir gar eine persönliche Frage stellen oder dergleichen. »Ich habe das Gefühl, eine Einzelperson wäre für mich eine größere Herausforderung, deshalb wäre mir das lieber.« Diese verflixten Insight-Leute mit ihrem Konzept von der »Behaglichkeitszone«.

»Ehrlich? Die meisten Menschen finden Gruppen beängstigend.«

»Ich werde langsam zur Expertin in Sachen Gruppentherapie, aber ich habe erst ganz selten mit einer Einzelperson gearbeitet. Wie viele Sitzungen bräuchte ich denn?«

»Üblich sind zehn. Aber machen Sie erst mal drei und schauen Sie, wie Sie zurechtkommen.«

Ich dachte: »Zehn? Bei 30 Pfund pro Sitzung?« Einmal frisch in die Welt entbunden zu werden müsste doch eigentlich reichen? Ich erwartete mir recht wenig von dem, was da auf mich zukam. Die einzige Person aus meinem Bekanntenkreis, die Erfahrung mit Rebirthing hatte, meinte: »Also, es hat mein ganzes Leben verändert.« Um dann hinzuzufügen: »Genau wie alles andere, was ich gemacht habe.« Der Gedanke, ins Haus einer fremden New-Age-Frau zu gehen und mich auf ein Bett zu legen, war beängstigend genug. Doch ich kam zu dem Schluss, dass ich mich als Alternativprogramm dazu, Bewerbungen zu schreiben und auf höfliche Absagen zu warten, ebenso gut am Montagmorgen neu gebären lassen konnte.

Eine Woche später erklomm ich meinen zuverlässigen Drahtesel und radelte über die Chelsea Bridge nach Pimlico. Zehn Minuten später trank ich bereits belebenden Tee. Meine Gastgeberin war etwa fünfzig, sehr warmherzig, mütterlich und ausgesprochen kultiviert, mit einer intelligenten Version des New-Age-Lächelns. Sie hatte das lange, wallende Haar und die langen, wallenden Röcke, die man von einer weisen Erdmuttergestalt erwartet, doch sie strahlte auch eine beruhigende Professionalität aus. Ihr Kunstgeschmack war ein bisschen spirituell. Die Wände sahen aus wie ein *Who's Who des Himmels.*

»Wer sind denn diese ganzen Gurus?«, erkundigte ich mich nach den verschiedenen gerahmten Gesichtern an der Wand.

»Alle spirituellen Meister sind hier«, sagte sie lächelnd. »Für jeden ist einer dabei.«

»Das da ist meiner«, sagte ich, als ich ein Jesusbild entdeckt hatte. »Aber wer ist die Figur, die über seinem Kopf schwebt?«

»Das ist eine indonesische Göttin.«

»Sie ist sehr sexy.« Ich malte mir aus, wie gern Jesus wohl eine indonesische Göttin um sich gehabt hätte anstelle all dieser Fischer und Steuereintreiber, die nie ein Wort von dem kapierten, was er sagte.

»Wissen Sie irgendetwas über Ihre Geburt?«, fragte sie, ließ sich dekorativ auf einem Kissen nieder und griff nach Stift und Papier.

»Das Einzige, was ich über meine Geburt weiß, ist, dass ich ›unheimlich niedliche Füßchen‹ gehabt haben soll. Und meine Mutter ist schon tot – also weiß ich nichts.«

»Was ist mit der Geburt Ihrer Tochter? Wie war die?«

»Ich war vierundzwanzig und bestens in Form, daher lief es ziemlich gut. Aber vom ersten leichten Stechen bis zum neugeborenen Baby hat es achtzehn Stunden gedauert. Sie hat sich im Mutterleib sehr wohl gefühlt. Kein Verlangen danach, rauszukommen.«

»Das ist gut. Oft spiegelt die erste Niederkunft unsere eigene Geburt wider. Gibt es einen bestimmten Grund, der Sie zum Rebirthing geführt hat? Wie sind Sie hierher gekommen?«

»Ich bin mit dem Fahrrad die Battersea Park Road entlang gefahren.«

Sie lächelte höflich. Es entstand eine lange Pause. Ich wusste nicht, wo ich anfangen sollte. »Ich weiß es nicht.«

»Das macht nichts. Es läuft so ab, dass Sie sich auf dieses Bett legen und auf spezielle Weise atmen. Es ist ein Atmen, das ganz hoch oben im Brustkorb stattfindet, wie beim ersten Atemzug, den ein Baby macht, nachdem die Nabelschnur durchtrennt wurde. Sie pressen den Atem nicht heraus, sondern lassen ihn einfach ausströmen, und dann holen Sie sofort wieder Atem, ohne eine Pause zu machen. Es ist eine Kreisatmung. Das Ganze dauert etwa anderthalb Stunden. Sie werden feststellen, dass dabei bestimmte Gefühle und Erinnerungen hochkommen und Ihr Körper gewisse Empfindungen durchlebt. Die Atmung ermöglicht es Ihrem Körper, schmerzhafte Ereignisse, die auf zellulärer Ebene gespeichert sind, freizusetzen.«

Entsetzt starrte ich sie an. Ich sollte *was* tun? Und warum war der Gedanke daran derart beängstigend? Vielleicht war es dieser Kontrolltick. War ich bereit, die Kontrolle über meine Atmung und meinen Körper dieser Frau zu überlassen? Ich spürte, wie mir mein Fahrrad auf zellulärer Ebene zurief, dass ich wieder nach Hause radeln solle. Wenn doch jetzt nur Robert Redford da wäre … Ich war sicher, dann könnte ich mich hinlegen und schwer atmen. Ich hatte die Behaglichkeitszone mal wieder verlassen.

»Also, möchten Sie sich auf das Sofa legen?« Auf einmal sah das Möbelstück aus wie eine mit edlen Überwürfen bedeckte Arztcouch. Aber die erste Anforderung konnte ich erfüllen. Ich konnte mich hinlegen.

»Atmen Sie so ein.« Sie demonstrierte die Atmung, und ich sah ihr zu. Dann schloss ich die Augen und ahmte ihren Rhythmus nach. Während ich atmete, gab sie mir weitere Anweisungen. »Gut. Nicht mit Kraftaufwand ausatmen. Lassen Sie den Atem einfach ausströmen.« Ich konzentrierte mich, atmete in den oberen Brustkorb und machte keine Pause zwischen den einzelnen Atemzügen. »Das füllt Sie mit Sauerstoff«, sagte eine Stimme, die im Hintergrund zu verklingen schien.

Mein Körper begann alle möglichen seltsamen Empfindungen zu entwickeln. Meine Hände, Füße und Schläfen kribbelten. Meine Waden schienen bleischwer zu sein. Ich konnte nur noch undeutlich sprechen und vom Hals bis zum Beinansatz überhaupt nichts mehr spüren. Sie massierte mir die Füße und traf auf eine schmerzempfindliche Stelle. »Das ist Angst«, sagte sie. »Woran erinnern Sie sich?«

Auf einmal befand ich mich als ganz kleines Kind in meinem Zimmer. Die Ecken des Zimmers waren schwarz und voller Augen, die mich anblickten. Geister und Ungeheuer verbargen sich hinter den Vorhängen. Sie warteten nur darauf, auf mich loszugehen, wenn ich einschlief. Ich wusste, dass sie da waren. Ich konnte sie spüren. Mami und Oma waren unten und sahen fern. Ich konnte nicht um Hilfe schreien. Ich konnte mich nicht bewegen. Ich konnte nicht atmen. Irgendetwas versetzte den Vorhang in Bewegung.

Dann ein Laufstall mit Spielzeug. Oma war weggegangen und hatte mich dagelassen. Ich konnte nicht raus. Ich hasste die ganzen Spielsachen. Ich wollte nur, dass sie zurückkäme. Ich schrie und weinte, bis ich nicht mehr konnte und auf dem Kissen einschlief.

»Meine Großmutter ließ mich jeden Tag dort drinnen«, sagte ich. Sie antwortete leise. »Ja, damals hielt man es für vertretbar, Kleinkinder einfach schreien zu lassen.«

Wow. Das war ja seltsam. Woher kamen diese Erinnerungen? Was war das für ein Voodoo-Zauber?

Meine Arme und Beine vibrierten. Es war ein merkwürdiges Gefühl.

»Was fühlen Sie in Ihrem Körper?«

»Kribbeln und Taubheit.« Ich versuchte mit ihr zu sprechen, aber interessanterweise schien mich das Sprechvermögen zu verlassen. Freunde würden mich ermuntern, diese Dame regelmäßig aufzusuchen. »Meine Dschunge funxionierd irngwie nich«, lallte ich.

»Behalten Sie die Atmung bei. Nicht mit Kraftaufwand ausatmen.«

Ein Schmerz begann sich unten in meinem Kreuz auszubreiten. »Au ... Schmerzen«, stöhnte ich.

»Drehen Sie sich einfach auf die Seite – und immer weiteratmen. Etwa hier?«, fragte sie und legte die Hände genau auf die richtige Stelle.

»Mmm.«

»Das ist mangelnde Unterstützung. Wenig verwunderlich bei einem Einzelkind ohne Vater. Haben Sie je eine Anästhesie bekommen?«

»Mmm.«

»Durch eine Injektion in die Lendenwirbelsäule?«

»Ja.« Ich kämpfte hart, um meine Sprechwerkzeuge zum Funktionieren zu bewegen.

Sie massierte mir die Lendenwirbelsäule. Der Schmerz wurde heftig. »Es tut echt weh.«

»Keine Sorge, das wirkt befreiend. Atmen Sie einfach weiter.«

Ich atmete. Sie massierte. Langsam begann der Schmerz nachzulassen. Meine Waden waren immer noch bleischwer. Mein ganzer Unterkörper fühlte sich überaus sonderbar an. Dann ein stumpfer Schmerz. Meine Hände, Beine, Füße und Schläfen vibrierten immer noch. Ich hatte jedes Zeitgefühl verloren. Ich weiß nicht, wie lange ich mit diesem Kribbeln dalag.

»Jetzt ganz locker lassen.« Sie sprach leise. »Es wäre gut, wenn Sie Ihre Blase entleeren würden. Bewegen Sie sich nicht zu hastig. Setzen Sie sich ganz langsam auf.«

»Mir fehlt nichts«, sagte ich. Eine Gewohnheitsantwort.

»Ich weiß.« Sie lächelte. »Aber ich werde Sie trotzdem stützen.«

Sie nahm mich beim Arm. Ich fühlte mich wackelig und war mir nicht ganz sicher, wo ich war. Die Treppe zu bewältigen war ein witziges Erlebnis, als wäre ich betrunken. Doch als ich eine Minute später wieder ins Zimmer kam, fröstelte ich.

»Zurück unter die Decke«, wies sie mich an.

»Warum fröstelt mich?«, wollte ich wissen. »Ich friere nicht. Es ist nicht kalt hier drinnen.«

»Das ist die Angst, die Ihr Körper abschüttelt. Was haben Ihre Vorfahren für Angsterfahrungen gemacht?«

Sie war entweder schlau oder hatte Glück. »Komisch, dass Sie das fragen. Meine Mutter kam aus einer sehr alten englischen Familie. Sie hatten ihr eigenes Wappen und so. Das Motto unter dem Wappen lautet ›Sans Crainte‹ – ›Ohne Angst‹. Also vermute ich, dass ich nicht zur Angst ermuntert wurde.«

»Das ist in Ihrem Fall gut und schlecht zugleich, denn was für eine Angst Sie auch hatten, sie wurde unterdrückt und von Ihrem Körper gespeichert. Das Frösteln setzt sie frei.«

Dann hörte das Zittern langsam auf, und ich begann stattdessen zu glühen. Das Kribbeln wurde von intensivem Surren abgelöst. Ein schneller vibrierendes Kribbeln. Die Stelle, wo der Schmerz gewesen war, fühlte sich ganz warm und angenehm an. Sie zog die Decke um mich herum. Es war herrlich. Ich konnte gar nicht fassen, wie mein Körper sich anfühlte.

»Wahnsinn«, sagte ich. »Das ist ja ein herrliches Gefühl. Wie kommt das?«

»Der Atem zeigt einfach, was geheilt werden muss. Die Schwere in den Waden beruht auf nicht zum Ausdruck gebrachter Traurigkeit. Die Taubheit im ganzen Körper – nun ja, Sie müssen sich überlegen, was Sie betäubt haben und warum. Der gehemmte Redefluss zeigt, dass Sie sich nicht vollständig zum Ausdruck bringen. Der Schmerz, der freigesetzt wurde, könnte Ihr Körper sein, der die Erinnerung an die Anästhesie herauslässt, er kann aber auch mit Ihrem Mangel an Unterstützung zu tun haben. Auf jeden Fall hat es sich sehr gut aus dem zellulären Gedächtnis herausgearbeitet. Möchten Sie eine Tasse Tee?«

»Mmm.« Mir war sehr gesprächig zumute.

»Wir sind noch nicht fertig. Ich möchte Ihnen ein paar Affirmationen mitgeben.«

Sie servierte Erdbeertee mit Schokoladen-Ingwer-Plätzchen und schrieb dann etwas auf ein Blatt.

Ich bin jetzt bereit, meine überkommenen Verhaltensmuster loszulassen.

Ich bin jetzt bereit, mir meine Bedürfnisse erfüllen zu lassen.

Ich bin jetzt bereit, Liebe und Unterstützung von Männern anzunehmen.

»Das nennt man verinnerlichte Überzeugungen ablegen«, erklärte sie. »Sie müssen jeden Tag mit den Affirmationen arbeiten. Sprechen Sie sie sich so oft vor, wie Sie sonst das Gegenteil wiederholt haben – zum Beispiel ›Nie habe ich einen Mann in meinem Leben‹.«

»Mmm, sehr gut. Könnten wir den letzten Satz durch das Wort ›verfügbar‹ ergänzen?« Nennen Sie mich ruhig maßlos.

»Sprechen Sie sie so, wie es Ihnen behagt.« Sie war flexibel, was das Umwerten meiner verinnerlichten Überzeugungen anging. Stets ein gutes Zeichen.

»Wann kann ich wiederkommen?« Ich hatte eigentlich vorgehabt, ihre Empfehlung von drei Sitzungen zu ignorieren und nur einmal hinzugehen. Jetzt wäre die Ko-Abhängige in mir am liebsten auf eine CODA-Versammlung gerannt, um dort zu verkünden: »Geht zum Rebirthing. Das ist viel vergnüglicher als euch mit euren Charakterfehlern zu beschäftigen.« Wenn wir schon in einer hedonistischen Gesellschaft leben, können wir doch ebenso gut aufs Ganze gehen und uns dabei noch amüsieren. Warum soll man sich eine Therapie aussuchen, die einen unglücklich macht?

»Sie müssen jetzt leider gehen«, weckte sie mich aus meinem von Seligkeit beflügelten Tagtraum. »Die nächste Klientin kommt gleich.«

»Mmm.« Es war schwer, diese neue Mutter so kurz nach der Geburt zu verlassen.

Ich stieg auf mein Fahrrad. Ja, ich war noch einmal neu geboren worden, und ich entwickelte sogar aufs Neue missionarischen Eifer. Ich wollte jedem davon berichten. Ich brauchte eine Fahne, eine Trommel und ein Megafon. Schon immer hatte ich der Heilsarmee beitreten wollen. Wenn doch nur schon nächste Woche wäre!

Doch die zweite Sitzung war anders. Ich konnte mich hinterher an keinerlei Einzelheiten mehr erinnern. Ich wusste nur noch, dass meine Hände sich anfühlten wie ein Paar Gummihandschuhe zum Geschirrspülen, die man aufgeblasen hatte wie einen Ballon. Sie meinte, Hände hätten etwas mit Bitten zu tun. Ich müsse um das bitten, was ich wolle. Doch ich hatte ihr nicht ins Gesicht schreien wollen: »Ich bitte ja. Ich habe gebeten. Ich habe den letzten Mann, den ich geliebt habe, auf alle Arten, die mir zu Gebote stehen, gebeten, bei mir zu bleiben.« Das war übrigens nicht Simon, sondern ... Also, *alle* meine Geheimnisse erzähle ich Ihnen auch nicht. Ihr habe ich auch nichts erzählt. Ich habe gar nichts gesagt.

Ich habe eine neue Affirmation bekommen, die mich zum Lachen brachte.

Ich bin jetzt bereit, mit einem Mann zusammen zu sein, den ich will – und der mich will.

Haben Sie je etwas so Absurdes gehört? Gegenseitige Anziehung? Das passiert vielleicht auf dem Planeten Zog, aber es ist doch allgemein bekannt, dass es in zwischenmenschlichen Beziehungen ausgeschlossen ist. Peter mag Jane. Jane mag Tom, und Tom ist schwul. Stimmt's?

Ich gebe ja zu, dass mitunter Jane glaubt, Peter zu mögen, und die beiden heiraten. Aber dann stellt Peter fest, dass er eigentlich mit Susan, Toms Schwester, glücklicher wäre. Dann verlässt Peter Jane und zieht bei Susan ein (muss aber seinen gesamten Verdienst an Jane abgeben), und Jane verbringt schließlich alle ihre Abende mit Tom und seinen Liebhabern. Dann kommt einer von Toms Liebhabern durcheinander und fängt eine Affäre mit Susan an, die sich mit Peter schon gelangweilt und sich außerdem über die Aufmerksamkeiten von Liz gewundert hat. Schließlich gehen Susan und Jane mit den

Kindern aus und jammern, dass es weit und breit keine interessanten Männer gibt. Schreiben Sie Ihre eigenen Varianten, basierend auf beliebigen Gruppen Ihrer Freunde.

Das Einzige, was wir alle wissen, ist, dass sich niemals, unter gar keinen Umständen, zwei Menschen gleichzeitig und im gleichen Maße zueinander hingezogen fühlen. Aber da war diese Verrückte, die wollte, dass ich diese unwahrscheinliche Erfindung wiederholte, während ich unter einer seidenen Decke Tiefenatmung praktizierte. Sie stellte mir Fragen, doch ich gab keine Antwort. Jede Frage, die irgendwie in die Nähe eines Gefühls geführt hätte, wurde ignoriert. Meine Hände explodierten und machten eine Riesensauerei auf ihrem schönen Teppich. Und damit hatte sich's.

Hören Sie den aufstampfenden Fuß? Ich wollte durch diese Frau von gar nichts geheilt werden. Ich wollte keines meiner Probleme hinter mir lassen. Mein Widerstand war so enorm, dass ich es sogar selbst bemerkte. Ich habe Bewusstheitsseminare gemacht, wissen Sie. Ich kam von dieser Sitzung nach Hause und kritzelte wütend auf einen Notizblock: »Ich will nicht bei einer Frau im Zimmer weinen. Ich will lieber verstockt bleiben. Ich will diese Arbeit nicht auf tieferer Ebene fortsetzen. Es ist mir egal, wie verständnisvoll sie ist. Ich lasse meine Abwehr ihr gegenüber nicht fallen. Ich will nicht. Ich muss nicht.«

Das war echter Widerstand. Vorher hatte ich Witze über meine Kontrollprobleme gemacht. Und jetzt erlebte ich sie in Stereo, Technicolor und komplettem »Sensurround«, dass der Sitz wackelte.

Dann sagte eine Stimme in meinem Kopf: »Isabel, was würdest du zu jemandem sagen, der schreit: ›Ich will nicht zum Arzt. Ich will nicht zum Arzt‹? Es liegt doch wohl auf der Hand. Derjenige muss zum Arzt. Und zwar nicht zu irgendeinem Arzt, sondern genau zu dem, über den er so keift.« »Ich will aber nicht mit einer Frau arbeiten«, tobte es in mir weiter.

»Dann arbeite mit einer Frau.«

»Ich werde die Kontrolle behalten. Ihr zeigen, wie hart ich bin. Ich will vor ihr nicht verletzlich sein.«

»Warum nicht?«

»Weil ich nicht will, dass sie den dahinter liegenden Schmerz sieht.«

Ich hielt mich nicht damit auf zu fragen, wo diese Stimme der Weisheit herkam. Ich lauschte nur schmollend.

Es hatte nichts damit zu tun, dass diese Frau ihre Arbeit schlecht gemacht oder ich sie nicht gemocht hätte. Ich mochte sie, und ihre Arbeitsweise war hervorragend. Das war ja gerade das Problem. Sie arbeitete mit solchem Feingefühl, dass es schwer war, sich vor ihr zu verstecken.

Ich konnte bei einem Mann weinen, aber nicht bei einer Frau. Es war offenbar eine ungelöste Geschichte im Zusammenhang mit meiner Mutter, die mir die »starke allein erziehende Frau« als Vorbild mitgegeben hatte. Doch das Wissen darum, woher meine Angst kam, machte es nicht leichter. Es gab nur eine Möglichkeit. Verflucht und verwünscht sei der Weg zur Erleuchtung. Ich würde wieder hingehen müssen.

Es gibt etwas, das ich Ihnen erklären muss. Diese Geschichte mit den »verinnerlichten Überzeugungen«. Dahinter steckt der Gedanke, dass ich zwar sagen kann »Ich bin bereit, mit einem Mann zusammen zu sein, den ich will und der mich will«, aber ausgehend von der momentanen Realität (und trotz CODA) bin ich mit keinem zusammen. Können Sie mir folgen?

Sie können die nachstehende, ärgerliche kleine Theorie auf alles in Ihrem eigenen Leben anwenden, was Sie haben wollen, aber nicht haben. Dahinter steckt der Gedanke, dass Sie einen unbewussten Widerstand dagegen haben und die Welt das irgendwie weiß. Wenn ich also eine Beziehung zu einem Mann eingehe, mit dem ich mein Leben verbringen möchte, und ich – wenn auch nur auf unbewusster Ebene – denke »Du willst mich doch sowieso nicht«, dann nimmt er das wahr und verzieht sich.

Oder wenn Sie glauben, dass Sie nie reich sein werden. Raten Sie mal, was dann passiert? Sie werden nicht reich. Viele dieser Gedanken sind so klug, dass es einen wahnsinnig macht. Bei Insight gibt es sie alle kurz und bündig.

Es gibt Leute, die sagen, sie können, und es gibt Leute, die sagen, sie können nicht, und sie haben beide Recht.

Sie müssen also Ihre Überzeugung ändern. Leichter gesagt als getan.

Meine Rebirtherin schlug folgende Methode vor: Schreiben Sie die neue Überzeugung hin und daneben dann den Einwand, der Ihnen in den Sinn kommt. Dann schreiben Sie die neue Überzeugung wieder hin. Es ist wie zur Strafe etwas x-mal schreiben müssen, nur wesentlich interessanter, weil man mit eigenen Augen mit ansehen kann, wie sich nach und nach das Denken verändert.

So, um Sie weiterhin an meinem »Prozess« teilhaben zu lassen – er sieht folgendermaßen aus:

1. Ich bin jetzt bereit, mit einem Mann zusammen zu sein, der mich will und den ich will.

Das ist eine bescheuerte Hausaufgabe, und diese Frau spinnt.

2. Ich bin jetzt bereit, mit einem Mann zusammen zu sein, den ich will und der mich will.

Auf der Battersea Park Road sieht man oft fliegende Schweine.

3. Ich bin jetzt bereit, mit einem Mann zusammen zu sein, den ich will und der mich will.

Die Wolken sind aus Zuckerwatte, und der Mond ist aus Käse.

Vierundfünfzig Absätze später hatte ich aufgehört herumzualbern und begonnen, nach dem tieferen Sinn zu suchen. Ich schrieb:

57. Ich bin jetzt bereit, mit einem Mann zusammen zu sein, den ich will und der mich will.

Mit einem zusammen sein? Ich kann mir nicht mal vorstellen, einen kennen zu lernen.

58. Ich bin jetzt bereit, mit einem Mann zusammen zu sein, den ich will und der mich will.

Aber alle, die mich mögen, sind langweilig, und der Einzige, von dem ich glaube, dass ich ihn will, will mich nicht.

Beim 198. Versuch hatte ich das Schema begriffen …

Aber mein Vater wollte meine Mutter auch nicht. Wenn meine Mutter das nie bekam, warum soll ich es dann bekommen?

Und:

Meine Großmutter hat ihren Mann verloren, und meine Mutter hat mich allein aufgezogen. Warum soll ich dann in meinem Leben einen Mann haben, den ich liebe?

Das war es also, was sie mit einem »überkommenen Verhaltensmuster« meinte. Könnte das, so fragte ich mich, die Grundlage für die Warnung sein, dass die Sünden der Väter auf die Söhne übergehen? Schließlich ist es ja nicht so, dass uns Gott mit diesen Dingen schlägt, sondern wir schnappen sie auf – genauso wie wir die Fähigkeit erben, schnell zu laufen oder tief zu singen.

Ich will nicht, dass meine Tochter diese Überzeugung erbt, also muss ich mich ändern. Ich schreibe die »neue Überzeugung« weitere Hundert Mal hin … mit allen meinen Einwänden. Schließlich komme ich zu: »Ja, das stimmt.« Zumindest für heute … Es ist eine erschöpfende Aufgabe, sein Gehirn neu zu programmieren.

Ich machte mir den Spaß, mir auszumalen, was für einen Mann ich gern hätte. Einen Mann mit dem Geist von Louis de Bernières, der *Corellis Mandoline* geschrieben hat, und dem Aussehen von Robert Redford. Aber wenn er wirklich den Esprit und das Mitgefühl von Bernières hätte, weiß ich gar nicht, ob es mich stören würde, wenn er aussähe wie Quasimodo. Ich fühlte mich einen Moment lang mutig und vereinbarte den nächsten Termin.

Als ich in der Woche darauf mein Fahrrad bestieg, fühlte ich mich extrem verletzlich. Es ist ja schön und gut zu behaupten, dass man sicherer ist, wenn man beim Radfahren einen Helm trägt, aber vor einer Expertin für Rebirthing gibt es keinen Schutz. Ich spielte kurz mit dem Gedanken, unter einen großen Lastwagen zu fahren und so den Weg zur Erleuchtung abzukürzen. Die Schlagzeilen wären gut: »ISABEL ERLANGT ERLEUCHTUNG AUF BATTERSEA PARK ROAD«. Doch dann fielen mir die Schokoladen-Ingwer-Plätzchen wieder ein, die sie mir am Ende der letzten Sitzung angeboten hatte. Gibt es im Nirwana Schokoladen-Ingwer-Plätzchen? Sicher konnte ich mir da nicht sein. Es war das Risiko nicht wert, sie zu missen. Also blieb ich lieber doch noch ein bisschen länger auf der irdischen Ebene.

Eine Freundin hatte mich am selben Morgen gefragt: »Aber wenn du es so schrecklich findest, warum gehst du dann wieder hin?« Ich musste ihr unbedingt alles über die Behaglichkeitszone erläutern sowie den Nutzen davon, Dinge zu tun, gegen die man Widerstände hat. Beim Versuch, sie zu überzeugen, hätte ich mich beinahe selbst überzeugt. Aber nicht ganz.

Während ich vor mich hin radelte, war ich fest entschlossen, mich auf die tiefste Ebene einzulassen, die nötig war – trotz meiner Angst. Doch Mr. Innere Männlichkeit sperrte sich: »Mir widerstrebt dieses ganze Gerede von Unterstützung und Verständnis ... dieser ganze Gefühlsmatsch«, sagte er. »Können wir nicht einfach ins Fitnessstudio gehen?« Auf einmal verstand ich, warum so viele Männer Angst vor Frauen haben. Wir wollen über »Gefühle« sprechen, die wir »verstehen« – es ist sehr einschüchternd.

Ich brauche nur zu hören, wie mich eine Freundin fragt: »Wie fühlst du dich?«, und schon ist meine männliche Seite drauf und dran, loszuziehen und Kricket zu lernen. Es kann so bedrängend wirken und anstelle der Bereitschaft, sich zu öffnen, sogar eine Abschottungsreaktion in mir auslösen. Schon seit Jahren jammern Frauen (ich natürlich nicht), dass die Männer nicht mit ihnen reden. Also verkneift euch einfach die Frage, Mädels! Und überhaupt habe ich festgestellt, dass die meisten Männer auf einen ordentlichen Blowjob besser ansprechen. Wenn er reden will, redet er schon.

Meine innere Männlichkeit und ich ketteten mein zuverlässiges Stahlross (na ja, Fahrrad) an, ich schnallte meine Rüstung um und betrat ihr Haus. Eine Pflanze schrie mir entgegen: »Wasser!«, und ich blieb stehen und ließ mir nicht nehmen, sie an ihrer Stelle zu gießen. Sie lächelte gutmütig und durchschaute meine matten Bemühungen, die Arbeit noch dreißig Sekunden aufzuschieben. Ich setzte mich und sagte: »Ich mag Sie nicht, weil Sie verständnisvoll und hilfsbereit sind. Und Ihre albernen Hausaufgaben mag ich auch nicht.«

»Wie stehen Sie zu der Aussage: ›Männer, die ich will, bleiben bei mir‹?«, fragte sie. Ich versuchte den Satz zu wiederholen, konnte mir aber ein zynisches Grinsen nicht verkneifen. »Daran gibt es noch ein bisschen mehr zu arbeiten«, sagte sie. Erstklassig ausgebildet, sehen Sie.

»Möchten Sie sich auf die Couch legen und mit dem Atmen beginnen?«

»Nein, nein, nein. Ich möchte nicht.«

Ich spekulierte darauf, die Sitzung mit demonstrativem Widerstand umzufunktionieren. Es war hoffnungslos.

»Legen Sie sich hin, atmen Sie und schreien Sie heraus, wie zuwider Ihnen das Schreien ist«, verlangte sie sanft.

Mein ganzer Körper begann zu kribbeln. Es war ein sehr

angenehmes Gefühl, das es mir schwer machte, so richtig böse zu ihr zu sein. »Was empfinden Sie in Ihrem Körper?« Ich gab ihr keine Antwort. »Was geschieht in Ihrem Gesicht?«, fragte sie. Erneut würdigte ich sie keiner Antwort. Es lag nicht daran, dass ich nicht antworten wollte; ich fühlte mich nur nicht sicher. Doch da war ich nun und lag auf der Couch einer erfahrenen und einfühlsamen Frau, die mich lediglich unterstützen wollte. Dummerweise war sie mir einen Schritt voraus.

»Sie fühlen sich nicht sicher?«

»Nein.« So viel konnte ich sagen.

»Haben Sie sich bei Ihrer Mutter sicher gefühlt?«

»Nein.«

»Sie haben also als vaterloses Baby die Rolle des tapferen Kindes angenommen und sind zur Beschützerin Ihrer Mutter geworden?«

Ich atmete weiter und ignorierte sie. Ich dachte daran, was Ryvita-Knäckebrot bei Waitrose kostet.

»Haben Sie sich je bei irgendjemandem sicher gefühlt?« Das war es. Zum Teufel mit ihr. Sie hatte einen wunden Punkt getroffen. Ich musste an den einzigen Mann denken, bei dem ich mich sicher gefühlt hatte. Auch er hatte mich verlassen. Wie mein Vater. Bevor er mich überhaupt kannte.

Indem sie mich in das Kind verwandelte, das seinen Vater verloren hatte, war sie irgendwie zu all dem Schmerz durchgedrungen, den ich irgendwo in mir vergraben wusste und der dem Mann galt, den ich gewollt und verloren hatte. Tränen begannen mir übers Gesicht zu strömen. Ich wollte laut rufen: »Nein. Bitte geh nicht, bitte gib mir eine Chance.« Ich hatte mir schon so lange gewünscht, sicher und beschützt zu sein. So weit ich mich zurückerinnern konnte, hatte ich mich gezwungen, stark zu sein. Und schließlich, ein ganzes Leben später, war ich einem Mann begegnet, der gelernt hatte, noch stärker zu sein als ich, und auch er hatte mich »im Stich gelassen«.

»Woran denken Sie?«, fragte Ms. Mitgefühl-und-Verständnis.

156

Das würde ich ihr sicher nicht auf die Nase binden. Doch dann kam mir auf einmal ein Bild zu Hilfe. Ich sah mich selbst als Kind, wie ich barfuß über die Kieselsteine am Strand von Brighton lief. Die Steine taten mir weh, aber ich wollte stark sein. Ich wollte keinen Schmerz fühlen. Jeden Tag ging ich zum Strand und lehnte es ab, Schuhe anzuziehen, die meine zarten Füße geschützt hätten. Es war qualvoll. Vermutlich war ich nicht besonders raffiniert in der Wahl der Mittel, die ich zum Betäuben meiner Gefühle einsetzte. Doch es hatte funktioniert.

»Was empfinden Sie in Ihrem Körper?«

Meine Hände prickelten immer noch. Und meine Waden. Doch davon abgesehen spürte ich kaum etwas. Ich fühlte mich betäubt. »Nicht viel«, jammerte ich.

»Das ist schon in Ordnung. Entspannen Sie sich jetzt einfach«, flüsterte sie. Ich begann erneut zu weinen.

»Als ich jemanden kennen lernte, den ich wirklich hätte lieben können, warum wollte der mich nicht?« Ich greinte wie die verlassene Zweijährige, zu der sie mich gemacht hatte. Verdammte Voodoo-Atmung.

»Vielleicht haben Sie ihm vermittelt, dass er gehen soll. Sie haben behauptet, Männer, die Sie wollen, würden Sie verlassen, stimmt's? Vielleicht waren es aber auch seine Probleme. Wer weiß? Aber das werden Sie in Zukunft nicht mehr tun, oder? Weil Männer, die Sie wollen, bei Ihnen bleiben werden, nicht wahr?«

Trotz allem hielt mich diese Frau bei Laune. »Männer, die ich will, bleiben bei mir.« Ich sah mich selbst, wie ich diesen Satz in einem Woody-Allen-Film sagte.

Die Sitzung war beendet. »Gut gemacht.« Sie sah schon wieder wohlwollend drein.

»Warum sind Sie nett zu mir? Ich habe Ihnen doch nichts getan«, maulte ich.

»Sagenhafte Leistung heute. Sie haben trotz Ihres Widerstandes dagegen, mit einer ›Mutterfigur‹ zu arbeiten, Ihre Verletzlichkeit zugelassen. Und wir haben herausgefunden, dass

Sie sich noch nie sicher oder beschützt gefühlt haben und dass Sie dazu neigen, Ihre Gefühle zu betäuben. Es geht lediglich darum, sich diese Dinge bewusst zu machen, damit Sie sie überwinden können, wie Sie es ja tun. Phänomenale Leistung.« Ich fühlte mich absolut jämmerlich.

Doch dann brachte sie den Erdbeertee und die Schokolade-Ingwer-Plätzchen, und ich fand, dass die Welt ein herrlicher Ort voller Freuden und Genüsse war. Regentropfen auf Rosen und Schnurrhaare an Kätzchen. Ich verspürte sogar eine vorübergehende Sympathie für Julie Andrews.

Dann sagte sie: »Ich gebe Ihnen die Telefonnummer von Roger Woolger, einem Freund von mir, der sich mit Reinkarnation beschäftigt. Ich glaube, es wäre von Nutzen für Sie, wenn Sie ihn aufsuchen würden.« Sie drückte mir einen Zettel in die Hand.

»Ich glaube nicht daran, dass wir mehrere Leben haben.«

»Ja, das hatte ich auch nicht angenommen. Rufen Sie ihn trotzdem an. Vielleicht werden Sie noch staunen.«

Ich radelte nach Hause und fühlte mich, als sei ich emotional durchgespült worden. Vielleicht war es die Erleichterung darüber, dass die drei Sitzungen, zu denen ich mich verpflichtet hatte, vorüber waren, doch ich trug ein Lächeln für die ganze Welt im Gesicht. Ich hielt sogar im Park mein Fahrrad an, um einen netten Hund zu streicheln. Ich hatte die Affirmationen täglich angewandt, und obwohl es leichter ist, Kräuter einzunehmen, gelangte ich langsam zu der Überzeugung, dass das Umprogrammieren erledigt war. Männer, die ich will, bleiben bei mir? Sie wären ja verrückt, wenn nicht.

Aber Reinkarnation? Das sollte wohl ein Witz sein ...

Zehnter Schritt:
Frühere Existenzen mit Holztüren

Verdursten an einem Samstagnachmittag

Ein Zettel ging mir nicht mehr aus dem Sinn. Ich wusste, dass irgendwo auf dem Grund einer riesigen, unordentlichen Umhängetasche etwas lag, das »Reinkarnation« und eine Telefonnummer flüsterte. Ich hielt es zwei Wochen lang aus, und dann gewann meine Neugier ein weiteres Mal die Oberhand. Ich wählte die Nummer. Eine tüchtige Sekretärinnenstimme teilte mir mit, dass es nicht möglich sei, einen privaten Termin zu bekommen, da »Dr. Woolger in Amerika lebt und sich nur selten in diesem Land aufhält. Ich kann Ihnen nähere Angaben zu seinen Workshops zusenden, aber Sie müssen sein Buch lesen, bevor Sie teilnehmen«. Hausaufgaben vor einem Workshop? Das war etwas Neues. Offenbar wollten sie mich unbedingt davon abhalten, ungebildete oder naive Zweifel an meinen früheren Inkarnationen anzumelden. Diese Amerikaner sind einfach unglaublich.

Die vielen Leben der Seele plumpste mit bedrohlichem Poltern in meinen Briefkasten. Es war so schwer, dass es mich aus meinem selig ahnungslosen Schlaf weckte. Brummig trottete ich die Treppe hinauf, um noch vor meinem ersten Kaffee mit Klebeband zu kämpfen. Auf dem Einband war die Silhouette eines gesichtslosen Mannes abgebildet, der durch flaumige weiße Wolken trat. Wenigstens sind diese amerikanischen New-Age-Bücher immer leicht zu lesen.

Um mich nicht restlos lächerlich zu machen, würde ich es durchlesen müssen. In zwei Tagen. Auf jeden Fall war es ein guter Vorwand, um mich – mit der heutzutage obligatorischen Schutzfaktor-50-Creme versehen, die jede Chance auf Sonnenbräune zunichte macht – in die Sonne zu legen. Irgendjemand muss ja wohl so leben, um die Wirtschaft im Gleichgewicht zu halten, oder? Irgendjemand muss doch einfach nur Geld ausgeben, anstatt welches zu verdienen, oder? Ich muss mich mal mit Wirtschaft beschäftigen. Irgendwann. Ich füllte meinen großen Picknick-Kaffeebecher, schnappte mir eine Decke und machte es mir im Garten bequem. Natürlich hatte ich mein Handy mitgenommen, um keinen der vielen wichtigen Anrufe von Fernsehsendern, allein stehenden Männern, die mich wollen, etc. zu verpassen.

Bevor ich das Buch aufschlug, stach mir der Untertitel ins Auge: *Ein Jung'scher Psychotherapeut entdeckt frühere Existenzen.* Schon jetzt spürte ich die Bürde meiner Ignoranz. Warum hatte ich mich nie mit Jung auseinander gesetzt? Das hier würde offensichtlich genauso schlimm werden wie meine Phase bei den höllisch gebildeten Christen. Wenn ich irgendwelche Zweifel an der Grundthese, dass ich schon mal gelebt habe, vorbrächte, würde ich ausgelacht werden. Oder, schlimmer noch, auf liebevolle Weise an die Hand genommen und behandelt werden wie ein seltsam exzentrisches Wesen, das die Erde immer noch für eine Scheibe hält.

Dann las ich den ersten Satz.

Als ich Mitte der sechziger Jahre an der Universität Oxford das Grundstudium der Verhaltenstherapie und analytischen Philosophie abschloss, steckte ich gleichsam in einer kunstvoll geschneiderten intellektuellen Zwangsjacke, obwohl mir das zu jener Zeit kaum bewusst war.

Die Vorstellung, meine früheren Existenzen bei einem Engländer zu erforschen, war für mich schwer nachvollziehbar. Mir auch nur auszumalen, dass ein Oxford-Absolvent »sich einbringen« könnte, überstieg mein Vorstellungsvermögen. Und schon bald wünschte ich, ich wäre selbst in Oxford gewesen, anstatt meine Kindheit mit Singen zu verbringen. Ich machte mir mehr und mehr Notizen an den Seitenrändern: »Über Theosophie informieren«, »Welcher Zweig der Psychologie ist die Parapsychologie?«, »Was zum Kuckuck ist Kryptomnesie?« Es wimmelte von literarischen Bezügen – Dr. Woolger ging offensichtlich davon aus, dass ich *Ödipus, Die Brüder Karamasow* und *König Lear* gelesen hatte. Schon immer hatte ich *Erinnerungen, Träume, Gedanken* von Jung lesen wollen, es aber nie geschafft. Nicht dass ich das in geselliger Runde zugeben würde. Und selbstverständlich ist man auch vertraut mit den Texten der Yogis, chinesischer Alchemie, dem *I Ging* und der *Kabbala* und hat bereits verschiedene Meditationsformen praktiziert sowie das *Tibetische Totenbuch* eingehend studiert. Na, logisch.

Dr. Woolger legte eindeutig Wert darauf, unnötigen Fragen in seinem Workshop vorzubeugen, und so fuhr er damit fort, sämtliche bedeutenderen Theorien über das Leben vor der Empfängnis abzuhandeln. Ich gebe Ihnen einen extrakurzen Überblick.

Die erste Gruppe von Personen, die behaupten, etwas über – wie mein Ex es nennen würde –»diesen ganzen Schwachsinn« zu wissen, sind Medien. Soweit ich es begriffen habe, sind das jene interessanten Zeitgenossen, die gern mit dem Geist ihrer toten Großmutter Kontakt aufnehmen oder sich durch »Channelling« von der »anderen Seite« ganze Bücher diktieren lassen, damit sie sich selbst nicht mehr den Kopf über die Zeichensetzung zerbrechen müssen. Medien sind wahnsinnig nützlich, um Skeptiker davon zu überzeugen, dass es eine andere Seite gibt, weil sie die Großmutter meist dazu bringen, ihnen eine Menge Dinge zu erzählen, die sie aus keiner anderen Quelle wissen können. Das führt dazu, dass die verdutzten Ungläubigen Sätze äußern wie:»Das war ja verblüffend« und dann keinen weiteren Gedanken an die Sache verschwenden.

Die zweite Personengruppe trägt weiße Kittel und lebt in Universitäten. Ihre Mitglieder haben Kassettenrekorder und interessant aussehende Geräte und verbringen viele lange Jahre damit, die Stichhaltigkeit von Reinkarnationserfahrungen mithilfe von Statistik zu beweisen oder zu widerlegen. Diese traurigen Gestalten werden vom Rest der akademischen

Welt meist geschnitten, ernähren sich von Fertigmahlzeiten und haben bleiche Haut, weil sie kaum je an die Sonne kommen. Ausgelaugt von zu vielen Daten sterben sie schließlich einen frühen Tod, und man sagt ihnen oft nach, dass sie mit schadenfroher »Ich-hab's-euch-doch-gleich-gesagt«-Begeisterung in Universitäten spuken.

Die Angehörigen der dritten Gruppe werden enorm verehrt. Sie haben allen Ernstes das *Bhagavadgita* gelesen, sind meist Buddhisten, Hindus oder Taoisten und lachen jeden aus, der zu glauben wagt, dass Reinkarnation keine Grundvoraussetzung des Lebens ist. Offenbar werden sie von fast jedem unterstützt, der zwischen dem sechsten Jahrhundert vor Christus und dem Jahr 529 gelebt hat, als Kaiser Justinian eines Morgens mit Kopfschmerzen aufwachte und, weil er keinen Kaffee auftreiben konnte, die Universität von Athen schloss. In jüngerer Zeit gesellten sich zu den auf dieser Liste Genannten die Namen einiger Personen, die man kaum als leichtgläubig abtun kann: Goethe, Benjamin Franklin, David Hume, Schopenhauer, T. H. Huxley und Tolstoi. Anscheinend aber nicht Roger Woolger.

Gerade als ich zu glauben begann, ich könnte den alten Oxford-Absolventen durchschauen, stellte ich fest, dass er zu einer vierten Gruppe gehörte. Reinkarnationstherapeuten benutzen die Rückführung in frühere Leben auf dieselbe Weise, wie konventionellere Psychotherapeuten Kindheitserinnerungen einsetzen. Er erklärt:

Es ist ganz egal, ob Sie an Reinkarnation glauben oder nicht.

Sein Anliegen ist es, den Menschen zu helfen (vor allem jenen, die zu viele Seminare besuchen), und zwar nicht indem er eine Doktrin verkündet oder eine Theorie beweist. Er bittet uns nur, an die »Heilkraft des Unterbewusstseins« zu glauben. Ach, dieser alte Hut? Das Unterbewusstsein. Können Sie sich vorstellen, dass ich mir trotz aller Workshops, die ich besucht habe, seiner immer noch nicht bewusst bin? Aber bin ich imstande zu glauben, dass es mich heilen kann? Gut möglich.

Ich kann allerdings nicht behaupten, dass ich mein Unterbewusstsein gern hätte. Das ist der Teil, der meine Träume entwirft – so viel weiß ich zumindest. Nur selten erlebe ich des Nachts virtuelle sexuelle Leidenschaft mit Robert Redford oder eine herrlich surreale Fantasie voller Flugerlebnisse und Schokolade. Meistens wache ich morgens mitten in einer Auseinandersetzung mit meiner Tochter auf, die ein exakter Abklatsch des Streits vom Vortag ist:

»So, schon wieder ein Brief von der Direktorin, in dem sie sich darüber beklagt, dass du ›unpassende Schuhe‹ getragen hättest.«

»Und, was soll ich deiner Meinung nach machen?«

»Die Schuhe nicht mehr anziehen.«

»Sie gefallen mir aber.«

»Schon, aber sie sind unpassend.«

»Nein, sind sie nicht.«

Mein Unbewusstes muss Überstunden machen und schafft es doch nicht, aus der Logik eines Teenagers schlau zu werden.

Trotzdem war es mir eine Erleichterung, dass ich nicht mein ganzes Glaubenssystem umkrempeln müsste. Er fuhr fort:

Selbst dieses kurze Beispiel zeigt schon ganz deutlich, dass die Präexistenztherapie das Hauptgewicht auf die subjektive Erfahrung des Klienten legt und die Frage der historischen Authentizität oder der Bedeutung solcher Erlebnisse völlig außer Acht lässt.

»Ja, Dr. Woolger. Völlig klar, Dr. Woolger.« Dann kam eine dicke Wolke und hockte sich auf die Sonne. Es war Mittagszeit, und mein Handy hatte immer noch nicht geklingelt. Mittagessen ist ein Problem für mich, seit ich die Darmspülungen absolviert habe. Mein Kühlschrank präsentiert mir stets eine Auswahl von Nahrungsmitteln, die ich nicht essen soll. Oder einen Blattsalat. Ich zog einen verschreckten Salatkopf aus dem Kühlschrank und aß ihn. Dazu opferte ich ein paar Scheiben verbotenes Brot und ein völlig verpöntes Stück Käse. Dann zwang ich mich dazu, einen Brief an einen Fernsehsender zu schreiben, in dem ich mich um einen Job bewarb, den ich nicht wollte, und beschloss, den Nachmittag mit Dr. Woolger im Garten zu verbringen. Dass er langweilig gewesen wäre, konnte ich ihm nicht anlasten. Verrückt vielleicht, aber nicht langweilig.

Er fuhr damit fort, mich zu bilden. Offenbar haben viele Leute »präexistenzielle Erinnerungen«, die ihnen in Träumen, Visionen oder beim Meditieren erscheinen. Viele Kinder erinnern sich ohne weiteres daran, wer sie in einer früheren Inkarnation waren. Fälle von Kindern, die sich an detaillierte Einzelheiten aus den Leben Verstorbener erinnern, die sie behaupten, einmal gewesen zu sein, wurden von einem Professor namens Ian Stevenson »mit peinlicher Genauigkeit untersucht«. Was soll eine intelligente Leserin wie ich (und Sie natürlich) von alledem halten?

Es gibt drei geistige Richtungen, die uns zur Verfügung stehen. Wir können der »Nichts-als-Schwachsinn«-Richtung anhängen, in gelehrteren Worten bekannt als die Tabula-rasa-Position, die behauptet, dass der Geist bei der Geburt ein »unbeschriebenes Blatt« ist (das weiß man, weil man Latein kann, nicht wahr?). Das besagt im Grunde, dass »präexistenzielle Erinnerungen«, da wir nur ein Leben besitzen, aus dem Fernsehen stammen oder aus Geschichten, die wir gelesen oder gehört haben, und alle unsere psychischen Störungen unseren Eltern angelastet werden können. Das ist der Standpunkt von Siggi Freud. Da möchte man doch gleich nach Hause stürmen und Babys machen, oder? Nur damit sie einem »Das ist alles deine Schuld« an den Kopf werfen können, wenn sie dreißig sind.

Der zweite Standpunkt eignet sich wunderbar für geschwätzige New-Age-Anhänger oder Leute, die mystisch und offen wirken, aber dabei nicht allzu viel denken wollen. Es ist der Standpunkt des umfassenden Gedächtnisses oder, wie Sie es vielleicht auf schicken Cocktailpartys gehört haben mögen, des »kollektiven Unbewussten« oder sogar der »Akasha-Chronik«. Wenn Sie richtig wissend klingen und in New-Age-Kreisen Eindruck schinden wollen, dann sagen Sie:»Ich glaube, dass wir alle die Fähigkeit besitzen, die gigantische, universelle Schicht des Unbewussten anzuzapfen, die die kollektive Gedächtnisbank der gesamten Menschheit darstellt.«

Wenn Sie – und jetzt wird's spannend – sich aber noch weiter vorwagen möchten, dann fragen Sie einfach:»Wie kommt es, dass gewisse Erinnerungen anscheinend wiederholt bei manchen Personen auftreten, bei anderen aber nicht?« Und dann warten Sie ab, ob jemand eine Antwort weiß. Warum weisen gewisse erinnerte Bilder oder Ereignisse für manche Menschen eine geradezu unheimliche Vertrautheit auf? Das Problem an der beruhigenden Lösung mit dem »kollektiven Unbewussten« ist, dass bestimmte Erinnerungen uns offenbar tatsächlich als Individuen gehören.

Und damit wären wir bei der dritten Möglichkeit, nämlich der Reinkarnationsposition. Aber das ist nicht ganz einfach. Selbst wenn Sie diesen Standpunkt einnehmen, müssen Sie sich darüber klar werden, welchem Zweig Sie sich zuordnen. Woolger warnt davor,»ein eher sentimentales Bild der von Stufe zu Stufe aufsteigenden Seele [zu] zeichnen«.

Er steigt also auf seine Seifenkiste und erklärt:

Da die Propagandisten solcher Populär-Metaphysik von der spirituellen Psychologie ... meist keine Ahnung haben, unterscheiden sie im Allgemeinen auch nicht zwischen der Ego-Persönlichkeit und dem auch Seele genannten größeren Selbst ...Was sich reinkarniert, ist nämlich strikt genommen überhaupt nicht unsere Ich-Persönlichkeit, sondern nur die Seele, und überdies ist keineswegs klar, inwieweit es sich um einen linear-historischen Fortschritt handelt.

Na, ist Ihnen jetzt alles klar? Nein? Das habe ich mir gedacht. Aber keine Sorge. Es reicht ohnehin mit der Theorie. Ich war sehr gespannt darauf zu erfahren, was genau sich in diesem Workshop abspielen würde. Wer war ich in einem früheren Leben gewesen? Würde mir dieses neue Wissen über mich selbst eine neue, glamouröse Aura verleihen? Eine Gelegenheit, das Ego aufzupäppeln, das Dr. Woolger so belächelt? Vielleicht war ich mit Heinrich VIII. verheiratet gewesen? Vielleicht war ich ein mystischer Sufi, und um eine höhere Stufe der Erleuchtung zu erlangen, brauchte ich nur das Wissen anzuzapfen, das anzusammeln ich einst ein ganzes Leben gebraucht hatte? Als ich ein oder zwei Kapitel vorblätterte, musste ich allerdings feststellen, dass keine derartigen Freuden meiner harrten.

Es wäre für einen seelisch Leidenden etwa so hilfreich, seine Aufmerksamkeit auf glückliche Wiedererinnerungen zu richten, wie es für einen Arzt zweckdienlich wäre, die Behandlung eines schwer verletzten linken durch eine sorgfältige Untersuchung des rechten Beines einzuleiten.

Offenbar sollte das Hauptgewicht auf dem Traurigen und Traumatischen liegen. Das Buch enthielt zahllose Fallbeispiele von Klienten, die sich daran erinnerten, zerstückelt, vergast, erhängt, ertränkt und vielen anderen Vergnügungen für einen sonnigen Samstagnachmittag unterzogen worden zu sein. Hach, jippie! Klang ja spaßig. Zehn Beispiele und ein bisschen mehr Theorie später schlug ich das Buch zu und befand, dass Sonnenbaden vielleicht eine Angelegenheit von enormer Wichtigkeit sein könnte. Doch als ich bratend dalag, fiel mir eines meiner eigenen ungelösten Rätsel ein.

Es war einmal auf einem Bett, da nahm mich einer der hinreißenden Amerikaner in meinem Leben auf eine Fantasiereise mit. Während ich mit geschlossenen Augen dalag, sagte er leise: »Und jetzt geh zurück in die Zeit, als du sechs warst, und sag mir, was du siehst.« Ich beschrieb, wie meine Großmutter Kuchen backte, und den Duft des Teigs, der frisch aus dem Ofen kam. »Und jetzt geh zurück in die Zeit, als du zwei warst. Was siehst du da?« Ich beschrieb Blätter im Garten, einen blauen Himmel, Wärme. »Und jetzt möchte ich, dass du noch weiter zurückgehst, in die Zeit vor deiner Geburt, in ein früheres Leben – denk dir nichts dabei, wenn du das alles nicht glaubst, sag mir nur einfach, was du siehst.«

Ich sah eine hölzerne Scheunentür mit einem Querbalken, der diagonal von links nach rechts über die Tür verlief. Das Bild war ganz klar. Die Tür war von außen abgeschlossen, und ich hämmerte dagegen. Ich war mit drei kleinen Kindern, zu denen ich ziemliche Distanz empfand, in der Scheune eingesperrt. Die Männer hatten die Tür abgeschlossen und waren gegangen. Ich wusste nicht, ob ihnen etwas zugestoßen war oder ob sie vorhatten zurückzukommen, aber ich schaffte es nicht, dass mich irgendjemand hörte. Das war das Bild. Dazu kam das grässliche Gefühl, dass ich zusammen mit den drei Kindern in der Scheune einen entsetzlichen Tod sterben würde – einen Tod des Verdurstens und Verhungerns. Ich kam nicht mehr raus. Ich dachte, wenn das mein Schicksal gewesen war, dann war es kein Wunder, dass das Bild von der Tür derart klar gewesen war. Ich musste mehrere Tage damit zugebracht haben, sie anzustarren, während ich mich weigerte, die Hoffnung aufzugeben. Selbst jetzt konnte ich die Tür noch deutlich vor meinem geistigen Auge sehen. Bis jetzt hatte ich dieses Bild ignoriert. Da ich nicht wusste, was ich damit anfangen sollte, hatte ich es für »später« auf Eis gelegt. Dieses Wochenende war offenbar »später«.

Vielleicht hatte ich aber auch nur zu lange im Garten in der Sonne gelegen. Ich wankte ins Haus und unter die kalte Dusche.

Inzwischen habe ich kaum mehr Angst vor Workshops. Ich habe gelernt, dass es erfrischend ist, meine Behaglichkeitszone zu verlassen. Doch das hier war etwas anderes. Hier ging es darum, mich in eine ganz neue Dimension vorzuwagen, von der ich wusste, dass sie Elend und Verdursten barg. Auf einmal schien mir sogar der Besuch einer Waitrose-Filiale eine annehmbare Aussicht zu sein. Ich kann wohl sagen, dass ich vor dem Rebirthing Angst gehabt hatte, doch diesmal war die Qualität meiner Furcht greifbarer. Ich muss zugeben, dass ich sogar zwei meiner stets geduldigen und liebevollen Freundinnen anrief, die ratlos seufzten, als ich ihnen schilderte, was ich jetzt wieder vorhatte, und sich erboten, am Wochenende für mich zu beten. Ein Angebot, das ich – wie ich zu meiner Schande gestehen muss – freudig annahm. Wenn man dieses Leben verlässt, ist es ungemein beruhigend zu wissen, dass jemand den Heiligen Geist bittet, einen zu begleiten.

Ich betrat einen Raum in der Holloway Road, wo ich ein Hufeisen aus dreißig Stühlen vorfand. Wenigstens war es kein Kreis, und wenigstens wären die Teilnehmer nicht ausschließlich Frauen. Dann kamen ein paar Frauen. Dann kamen weitere Frauen. Und schließlich kamen noch mehr Frauen. Langsam wurde ich ärgerlich. Ich weiß, dass diese Art von Seminar ziemlich abstrus ist, aber man sollte doch annehmen, dass ein paar Männer den Mut aufbrächten, diesen Möglichkeiten auf den Grund zu gehen. Ich seufzte tief. Um zehn Uhr, zum vereinbarten Beginn, waren wir dreiundzwanzig Frauen und ein Mann. Dann kam ein zweiter Mann. Er war um die siebzig und wurde von seiner Frau hereingezerrt. Ihm folgte ein dritter, der um die zwanzig war und von seiner Schwester hereingezerrt wurde. Ich hätte vor Wut an die Decke gehen können. Was spricht denn gegen ein Verhältnis von fünfzig zu fünfzig?

Roger Woolger kam hereingetrottet. Statt des schwergewichtigen Intellektuellen, mit dem ich aufgrund des Buches gerechnet hatte, war er ein ziemlich angenehmer, väterlicher Typ mit ausgeprägten Augenbrauen wie Denis Healey, einem Körper, dem offenbar jegliches Training fremd war, und einem clownesken Lächeln. Sehr beruhigend.

Sie wissen, was als Nächstes passiert, oder? Jawohl. Wir machen die Runde und erklären nacheinander, warum wir da sind. Die meisten Frauen waren Therapeutinnen – Homöopathinnen, Psychotherapeutinnen oder irgendwelche »Körpertherapeutinnen«. Wir hatten aber auch eine Biochemikerin, eine Architektin und eine Sängerin. Ich bin mir sicher, dass eine sagte:»Ich bin Acromatherapeutin«, aber ich hob nicht die Hand und fragte:»Was bitte?«

Als ich an die Reihe kam, machte ich mir den Spaß, mich als »Schriftstellerin« zu bezeichnen. Außerdem fügte ich hinzu: »Ich habe zwei Befürchtungen diesen Workshop betreffend. Erstens, dass wir auf der tiefsten Ebene arbeiten werden. Und zweitens, dass wir womöglich nicht auf der tiefsten Ebene arbeiten werden.« Ich hatte Angst, aber ich wollte nicht kneifen.

Dann meldete sich die Frau links neben mir zu Wort:»Ich bin eine Sensitive und habe deine Nervosität gespürt, aber jetzt, wo du dich geäußert hast, ist mir wohler.« Ich war baff. Sie hatte gesagt»Ich bin eine Sensitive«, genau wie man sagen würde»Ich bin eine Mutter«. Nur dass sie es mit sehr lauter Stimme gesagt hatte, was einen völligen Mangel an ebenjener Qualität bewies, anhand deren sie sich definiert hatte, während sie mir im selben Atemzug vorwarf, ich würde sie durch meine Nervosität verstören.

Als Nächstes kam eine junge Asiatin mit leiser Stimme an die Reihe.»Ich stamme aus der jainistischen Religion, und wir werden mit dem Glauben an die Reinkarnation erzogen, aber anscheinend will nie jemand diese Doktrin empirisch erforschen. Mir sind in Träumen verschiedene Bilder erschienen, von denen ich glaube, dass sie aus früheren Leben stammen könnten, und ich möchte gern Näheres darüber herausfinden, aber meiner Familie werde ich nicht sagen, dass ich hierher gekommen bin, sonst hält sie mich für verrückt.«

Eine andere Frau erzählte ihre Geschichte und fügte hinzu: »Es wäre furchtbar für mich, noch einmal ein Leben wie dieses führen zu müssen, deshalb tue ich mein Möglichstes, um zu lernen, wie ich das verhindern kann.« Eine reizend aussehende ältere Dame hatte einen immer wiederkehrenden Albtraum, den sie nicht verstand.»Ich kann ihn nicht abschütteln, obwohl ich mit Träumen arbeite. Dann habe ich Sie im Traum gesehen, Roger, und fasste den Entschluss herzukommen.« Sie hatte einen Magister in transpersonaler Psychologie, was immer das sein mag, also nehme ich an, dass sie wusste, wovon sie sprach.

Die Ansichten zur Reinkarnation gingen auseinander:»Ich weiß nicht, ob ich an frühere Leben glaube, aber das Thema interessiert mich«,»Ich bin schon als Kind zu dem Schluss gekommen, dass es mehr als ein Leben geben muss.« Der junge Mann, der von seiner Schwester hereingezerrt worden war, sagte:»Ich bin in der naturwissenschaftlichen Forschung tätig und glaube an gar nichts in dieser Richtung. Ich bin nur widerwillig hier und habe mich die ganze Woche lang nach Kräften bemüht, mich zu drücken. Der Naturwissenschaftler in mir sagt, dass das alles Unsinn ist.«

Ich mochte ihn sehr.

Als die Vorstellungsrunde beendet war, begann Dr. Woolger ein Gespräch mit uns. Er erkundigte sich, wie viele Teilnehmer das Buch gelesen hätten, und flocht die Bemerkung ein: »Morgen früh wird abgefragt.« Ich hätte mich gefreut, wenn das gestimmt hätte. Ich hatte fasziniert sämtliche Argumente, Gegenargumente und Fallbeispiele gelesen. Anstatt Witze zu machen, hätte er doch abfragen und jeden rauswerfen können, der das Buch nicht gelesen hatte, um für uns andere mehr Zeit zu gewinnen. Ein Glück, dass ich nicht zu bestimmen hatte.

Dann setzte er plötzlich eine ernste Miene auf und sagte: »Dies ist eine Einführung in die Reinkarnationstherapie. Es ist keine Unterweisung, die Sie sich aneignen und üben können. Bitte versuchen Sie das nicht zu Hause. Es ist ein bisschen, als öffnete man die Büchse der Pandora – es ist ziemlich einfach, jemanden in ein früheres Leben zu versetzen, aber was Sie machen, wenn Sie ihn dann dort haben, steht auf einem anderen Blatt. Treten Sie die Reise nicht allein an. Auf jeden Fall ist es eine sehr schnelle und sehr wirkungsvolle Therapieform. Ich übe sie aus, weil sie funktioniert und ich Pragmatiker bin.«

Er war im Zuge seiner eigenen, konventionelleren Arbeit als Therapeut auf die Reinkarnation gestoßen.

»Wir tragen alle möglichen Fragmente aus anderen Menschen in uns. Das ist der Schlamassel, den wir ›Karma‹ nennen. Diese Therapie beschäftigt sich vor allem mit den Fragmenten, die uns blockieren. Alte Geschichten, die angstbesetzt sind, können eine Prägung hinterlassen. Ich kam mit einer irrationalen Angst vor Feuer zur Welt, obwohl ich nie einen Brand gesehen hatte. Es stellte sich heraus, dass ich in einem früheren Leben auf dem Scheiterhaufen verbrannt worden bin.«

Er setzte unsere Belehrung fort. »Freud konnte die Ursprünge von Phobien nicht in der frühen Kindheit finden. Das kommt daher, dass sie dort nicht liegen.«

Er schmunzelte selbstzufrieden und erzählte uns dann die Geschichte von Edgar Cayce, einem christlichen Fundamentalisten aus Amerika, der zum anerkannten Experten für Reinkarnationen wurde, was verdammt unangenehm für ihn war, da er ja nicht an so was glauben durfte.

Ich brannte darauf zu erfahren, wie er uns unsere früheren Inkarnationen enthüllen wollte. »Wir verwenden keine Hypnose, weil das langwierig und kompliziert ist. Wir nutzen die Fantasie und die freie Assoziation mit Bildern und Gefühlen. Die Bedeutung der Fantasie im Zusammenwirken mit dem Unbewussten wird ja gern heruntergespielt.«

Der erste »Prozess« war ein Spiel namens »Das Zehn-Pence-Medium«. Wir saßen einem Partner gegenüber und gaben ihm zehn Pence. Der andere musste das Medium spielen, einem in die Augen sehen und den Satz sagen: »In früheren Leben sehe ich dich als …« und es einem dann verraten.

Dr. Woolger gab den »Medien« Anweisungen.

»Es kann Verschiedenes passieren. Vielleicht blicken Sie dem anderen in die Augen und sehen viele Dinge in ziemlich rascher Abfolge. Wenn ja, erzählen Sie ihm einfach von all den verschiedenen Personen. Vielleicht sehen Sie aber auch nur eine oder zwei und möchten mehr ins Detail gehen. Das ist auch gut; erzählen Sie Ihrem Gegenüber einfach die Geschichte. Oder womöglich sehen Sie überhaupt nichts – tja, in dem Fall lassen Sie sich für zehn Pence eben etwas einfallen.«

Ich setzte mich einer schwarzen Sängerin gegenüber und sah ihr in die Augen. Ich gab ihr meine zehn Pence, und sie preschte los wie ein Rennpferd.

»Ich sehe dich als Afrikanerin in einer herrlichen Stammestracht und mit reich verziertem Schmuck aus Knochen um den Hals. Du bist groß und sehr elegant. Jetzt sehe ich dich als jungen Araber, der auf einem Pferd in die Wüste hinausreitet. Du liebst das Reiten und fühlst dich dabei unheimlich frei. Du musst ungefähr achtzehn oder neunzehn sein. In dir steckt enorme Energie, aber dir stößt etwas zu. Du kommst in der Wüste ums Leben, und dein Pferd streift allein umher. Du bist mit dem Gefühl gestorben, wie unfair das ist, weil du das Leben so sehr liebtest. Jetzt sehe ich dich als Kapitän eines Schiffs, einer Galeone. Du bist der Anführer, ein starker Anführer, doch dann kommt ein Sturm auf. Ich sehe Blitze, und etwas ist nicht in Ordnung; vielleicht hat deine Mannschaft gegen dich gemeutert; ich weiß es nicht genau.«

Woher hatte sie denn das alles? Sie galoppierte weiter.

»Jetzt sehe ich dich als Wal! Du bist verletzt, und es ist ein Boot dabei. Aber ich sehe das Meer und die Sonne und den Himmel. Du liebst das Meer. Jetzt sehe ich dich als Rennfahrer. Es ist ein schwarz-weißes Auto, ein altmodischer Rennwagen. Du liebst es, Rennen zu fahren. Jetzt sehe ich dich wieder als Afrikanerin, du trägst etwas auf dem Kopf und hast dein Kind bei dir. Du hast vor, deine Tochter zu übergeben, und all ihre Habseligkeiten sind in dem Korb. Aber du bist nicht traurig. Es ist eine freudige Übergabe. Vielleicht in eine Ehe. Jedenfalls ist die Zeit gekommen, und ihr seid beide voller Freude. Jetzt sehe ich Feuer. Du gehörst zu einem Löschtrupp. Jetzt sehe ich dich in einem Planwagen, wie im Wilden Westen. Du bist eine Frau, aber du hältst die Zügel in der Hand, es ist ein Wettrennen um Land, und du lenkst den Wagen. Du hast viel Elan.«

Schließlich fragte Roger: »Gibt es einen roten Faden?«, und sie antwortete: »Ja, du hast enorm viel Sinn für Vergnügen und Freude, und du liebst das Leben aus ganzem Herzen.«

Erstaunt saß ich da. Es war seine zehn Pence wert gewesen, selbst wenn alles erfunden war. Ich lächelte, als sie mir anschließend ihre zehn Pence reichte. Sehr aufmerksam sah ich ihr in die Augen. Ich war langsamer als sie. Ich schaute und schaute. Da war etwas in ihren Augen, das sehr jung aussah, ein kleiner weißer Junge von etwa acht Jahren, der unglücklich war, weil er für einen Mann arbeiten musste, der ihn schlecht behandelte. Vielleicht ein Kaminkehrer, der am Rauch erstickt war. Ich berichtete ihr von dem Kaminkehrer, aber nicht vom Ersticken. Ich brachte es nicht über mich, ihr davon zu erzählen. Dann sah ich etwas in ihnen, das mir grausam erschien, einen Tyrannen. Irgendwie kam mir das alte Ägypten in den Sinn. Ja, ich erzählte ihr, dass ich sie als Römer sah, der mit einer Peitsche versklavte Israeliten antreibt. Dann fügte ich wie zur Rechtfertigung hinzu:»Ich weiß nicht, was dir in dieser Kindheit zugestoßen ist, dass du derart gefühllos geworden bist, aber sie muss absolut lieblos gewesen sein.«

Dann schaute ich erneut hin und sah einen sehr alten Menschen. Einen weisen Schamanen oder eine Art Medizinmann. Ich sah, dass er von seinem Stamm gefürchtet, aber auch verehrt wurde. Er war ein Heiler, der mit allerlei Magie arbeitete und sowohl Kräuter und Pflanzen verwendete, aber auch die Geister anrief, damit sie ihm halfen. Er war einsam bei dieser Arbeit, aber tatsächlich imstande, andere Menschen zu heilen.

Dann sah ich eine weiße Frau in Krinoline und mit Sonnenschirm. Sie war sehr hübsch und wusste, wie sie ihre weiblichen Tricks einsetzen konnte, um genau das zu bekommen, was sie wollte. Sie besaß Macht und Reichtum.

Dann sah ich wunderbaren Humor. Einen Hofnarren, der von seiner ganzen Umgebung geliebt wurde. Wiederum ein Mann von großer Weisheit, der sich hinter seinem Witz und seinen Possen versteckte, sich aber in Wirklichkeit um alle kümmerte und ihnen mit Takt und Scherzen den Weg wies.

»Und, gibt es einen roten Faden?«, erkundigte sich Dr. Woolger schließlich.

»Ich sehe dich als eine Seele mit enormer Erfahrung, eine

weise Seele, die viele Leben durchlebt und vieles gelernt hat. Weisheit und Freundlichkeit.«

Die junge schwarze Sängerin lächelte mich an. Zumindest glaube ich, dass es sie war.

Nach dieser Übung kamen Gespräche in Gang, und viele Teilnehmer fragten sich, wie viel davon auf Projektion durch das »Medium« zurückging und was der Zweck dieser Übung war. Wir im Westen haben anscheinend allesamt das Bedürfnis, einen Vorgang wie diesen in eine Schublade zu stecken, damit wir ihn verstehen. Eine Frau fragte: »Aber ist das denn alles wahr?«, und alle lachten. Ich hatte mich inzwischen weit genug von meinem intellektuellen Standpunkt entfernt, sodass mich das nicht störte. Vielleicht war das der Zweck des schweren Dreihundertfünfzig-Seiten-Wälzers: unsere Hirne dermaßen auszulaugen, dass wir uns bei Seminarbeginn bereitwillig amüsierten. Irgendwie schien es mir keine Rolle zu spielen, ob diese Leben wirklich, erfunden oder reine Projektionen waren – ich fand die Bilder herrlich, vor allem den Araberjungen, der mit seiner Liebe zum Leben und zur Freiheit in die Wüste hinausreitet. Ich bekam richtig Lust, loszuziehen und mir ein Motorrad zu kaufen, um »meinen inneren Araber zu würdigen«.

Es wurde Mittag, und wir gingen alle ins Pub. Noch nie hatten Fish and Chips so gut geschmeckt. Auf einmal bekam das Gespräch eine völlig neue, zusätzliche Dimension. Die Körpertherapeutin sprach mit der jungen Asiatin. »Ich liebe Indien. Ich habe lange dort gelebt.« Pause. »In diesem Leben, meine ich.«

Unser Nachmittag sollte mit Reisen beginnen. Wir legten uns auf den Boden, um unter Anleitung ein bisschen zu fantasieren.

»Ich möchte, dass Sie sich auf der Welt umsehen und kurz an den Orten vorbeischauen, zu denen Sie sich besonders hingezogen fühlen. Achten Sie darauf, welche Länder Sie besonders ansprechen, und wenn Sie ihnen einen Besuch abgestattet haben, können Sie woandershin reisen.«

Dieses Spiel gefiel mir. Ich zappte zum Markusplatz in Venedig und fütterte Tauben, und dann beamte ich mich in den Dschungel am Amazonas, um mir die Affen anzusehen.

»Und jetzt achten Sie auf Länder, von denen Sie sich in irgendeiner Form abgestoßen fühlen, und ergründen Sie, ob es Orte gibt, die Sie nicht aufsuchen möchten.«

Ich suchte die Welt ab und stellte zu meinem großen Erstaunen fest, dass es ein Gebiet in der Mitte Nordamerikas gab, bei dem mir unwohl wurde. Vielleicht war das der Ort, an dem meine Holztür lag. Die Anweisungen im Hintergrund gingen weiter.

»Wenn Sie etwas bemerken, das Sie als belastend empfinden, gehen Sie dorthin. Es spielt keine Rolle, in welcher Zeit Sie sich bei Ihrer Ankunft befinden. Sie können jede Epoche aufsuchen, die Sie anzieht. Gehen Sie einfach hin und schauen Sie, was Sie zu sehen bekommen.«

Ich sah einen großen, mittelalterlich wirkenden Kessel in einem Raum ohne richtigen Fußboden. Ein primitives Loch war in die Erde gegraben worden, um darin zu kochen. Ich beugte mich über den Kessel, in dem eine ziemlich widerliche, schleimige Substanz schwamm. Etwas, das Eintopf sein sollte, nur war so wenig Getreide darin, dass es eher wie Wasser wirkte.

Dann holte er uns zurück in die Holloway Road und gab uns allen Papier und Buntstifte, damit wir das letzte Bild, das wir gesehen hatten, zeichneten. Ich nahm Schwarz und zeichnete einen runden Kochkessel, der an einem Dreifuß hing. Dann zeichnete ich die Figur einer Frau in einem Gewand aus grober Sackleinwand mit einem Umhang darüber. Ich malte sie in Rot, um all den Schmerz auszudrücken, den ihr Körper litt. Sie war steif, schlecht ernährt und krank. Ihre Schultern waren gebeugt. »Geben sie Ihrem Bild eine Unterschrift, im Stil einer Zeitungsschlagzeile«, forderte er uns auf. Ich nannte meines »Häusliche Verzweiflung«.

Dann fragte er uns, wer mit dem Bild arbeiten wolle. Ich meldete mich natürlich freiwillig, zusammen mit sechs anderen. Er bat uns, unsere Bilder in die Höhe zu halten, um die Gruppe abstimmen zu lassen. Ich wurde Zweite, hinter einer Frau, die einen russisch aussehenden Soldaten gezeichnet hatte. Einer der Helfer lächelte mich an. »Wir nehmen Sie auch dran, wenn wir noch Zeit haben.«

Als sich die Frau in der Mitte des Raums auf eine Decke legte, war ich froh, dass ich es nicht war.

Er bat sie, die Kleider zu beschreiben, die sie auf dem Bild trug, und sprach zu ihr, als sei sie der Russe. Der Soldat stand in einem Dorf, und es war niemand sonst da. Sie sagte: »Ich weiß nicht, worauf ich warte. Alle anderen sind weg.«

Roger sprach leise. »Wir gehen in der Zeit zurück zum letzten einschneidenden Ereignis, um zu sehen, was geschehen ist. Ich zähle bis drei. Eins, zwei, drei – und was sehen Sie jetzt?«

»Es ist ein Angriff. Viele Menschen, alle kämpfen. Es herrscht Chaos. Ich habe die Stellung eingebüßt. Ich führe eigentlich den Befehl, aber ich weiß nicht, was ich tun soll. Ich habe die Kontrolle über sie verloren. Sie rennen wild durcheinander. Es ist, als wäre ich gelähmt.«

»Und was tun Sie dann?«

»Ich gehe in der Gegenrichtung davon.«

»Desertieren Sie?«

»Eigentlich nicht, weil ich das Gefühl habe, nicht dazuzugehören. Wenn mir jemand sagen würde, was ich tun soll, würde ich es tun. Aber ich weiß nicht, was ich tun soll. Ich komme zu einem Dorf, doch es ist niemand da.«

»Wie lang wandern Sie umher?«

»Ein paar Tage. Ich hoffe, dass ich jemanden finde, der mir sagt, was ich tun muss. Mein Hals tut weh. Irgendwas ist mit ihm passiert.«

»Gehen wir mal in der Zeit vorwärts, zum nächsten Ereignis. Eins, zwei, drei ...«

»Da sind Leute, aber sie reden von Dingen, die ich nicht begreife. Ich weiß nicht, ob ich mich mit ihnen verständigen kann. Sie sind nicht wie ich; ich verstehe sie nicht.«

»Befinden Sie sich in einer Art Schockzustand?«

»Kann sein. Ich empfinde Distanz. Ich bin dort und doch nicht dort. Ich gehe mit ihnen.«

»Okay, mal sehen, wo Sie landen. Eins, zwei, drei …«

»Ich gehe in einem Gebäude umher. Ich bin ohne jede Verbindung. Niemand stört mich. Ich finde eine Ecke zum Schlafen. Alle sind beschäftigt. Niemand redet mit mir.«

»Gehen wir mal ein paar Tage weiter.«

»Ich liege immer noch zusammengerollt in der Ecke. Ich muss weder essen noch trinken. Ich bin aus dem Leben ausgestiegen. Es wird immer schwerer, mich zu bewegen, weil ich schon so lange daliege. Es ist ein Gefühl, als wäre ich gar nicht da, weil alle an mir vorbeigehen.«

»Es ist also niemand gekommen?«

»Niemand. Es wundert mich nicht, dass niemand gekommen ist, weil mich ja niemand sehen konnte. Niemand konnte mich sehen.«

Sie begann zu weinen.

Roger sagte: »Schon gut, Soldat. Sie dürfen jetzt weinen.«

Sie weinte und hustete. »Niemand konnte mich sehen. Kein Mensch hat sich um mich gekümmert.«

Sie schluchzte heftig. »Kein Mensch hat sich um mich gekümmert.«

Dann fragte Roger: »Wenn Sie etwas zu diesen Leuten sagen könnten, was würden Sie dann sagen?«

»Ich bin hier; ich will bei euch sein.«

»Ist Ihr Körper jetzt tot?«

»Ja.«

»Sind Sie bereit, ihn zu verlassen?«

»Ja. Ich habe ihn schon verlassen. Es ist ein Gefühl, als flöge ich im Dunkeln. Ich halte Ausschau nach meinen Männern. Ja, jetzt habe ich sie gefunden. Wir sind wieder zusammen.«

»Sagen Sie jetzt zu sich selbst: ›Die Schlacht ist vorüber.‹ Stellen Sie sich vor, wie sämtliche Soldaten um Sie herumstehen, und dann will ich, dass die Soldaten *Sie* sehen.«

»Ja, sie können mich sehen.« Sie lachte.

»Haben Sie in diesem Leben je das Gefühl gehabt, nicht gesehen zu werden?«

»Meine ganze Kindheit hindurch.«

»Gibt es jemanden, von dem Sie jetzt gesehen werden möchten?«

»Meinen Sohn.«

»Was wollen Sie ihm sagen?«

Sie weint erneut und antwortet:»Ich werde mich nicht mehr vor dir verstecken. Ich will, dass du mich siehst.«

»Sie haben also die Tendenz wegzugehen, wenn die Situation stressig wird. Sie stehen nicht mehr auf dem Schlachtfeld, also müssen Sie ganz präsent sein. Heute kümmert man sich um Sie. Und man sieht Sie. Schauen Sie. Machen Sie die Augen auf.«

Sie schlug die Augen auf. Ein Raum voller lächelnder Gesichter blickte sie an. Ich fühlte mich wie ein russischer Soldat in einer Kaserne voller Männer. Echte Kameradschaft. Sie lachte.»Mein Gott, ich habe ganz vergessen, dass ihr alle hier seid.«

Es war eine anstrengende Sitzung gewesen, auch wenn ihr das echte Trauma einiger der Fallbeispiele aus dem Buch gefehlt hatte. Roger erzählte uns, dass einmal ein Raum voller Leute am Hals einer Frau rote Striemen hatte erscheinen sehen, als sie sich ans Erhängt-Werden erinnerte.

Er unterhielt uns mit solchen Schilderungen, bis es achtzehn Uhr war. Ich war unheimlich erleichtert, dass keine Zeit für meine Geschichte gewesen war. Aber irgendwo war ich doch deutlich verschnupft darüber, dass wir die restliche Stunde herumsaßen und nur plauderten. Roger meinte:»Vielleicht steht irgendwo in Russland ein Haus, in dem jetzt mehr Frieden herrscht.«

Die Gruppe erkundigte sich, ob die Leute in der »geistigen Welt« immer verziehen. Offenbar tun sie das fast ausnahmslos. Eine Teilnehmerin, die auf dem Scheiterhaufen verbrannt worden war, machte sich auf die Suche nach Calvin. Calvin sagte:»Ich fürchte, ich war ein bisschen streng.« Eine andere hatte den heiligen Paulus wegen seiner Art, mit Frauen umzuspringen, lautstark zur Rede gestellt. Paulus hatte erwidert: »Es stimmt wohl, dass ich die Frauen nicht besonders gut verstanden habe.«

Eine der Frauen erzählte uns eine Geschichte über einen Job in einem Ashram, den sie (in diesem Leben) gehabt hatte. Sie war eine fromme Jüdin und glaubte nicht an Reinkarnation. Dann fing ein Inder an, ebenfalls in dem Ashram zu arbeiten, und sie empfand große Furcht vor ihm. Und zwar so große, dass sie sich dabei ertappte, wie sie die Messer versteckte – für den Fall, dass er sie attackierte. Sie schämte sich sehr, als sie nach einer Gebetsversammlung mit ihm ins Gespräch kam und feststellte, dass er ein sanftmütiger Mann war, der mit leiser Stimme sprach und sowohl Pazifist als auch ein Freund der Stille war. Doch dann sagte er zu ihr: »Ich kenne dich. Ich habe dich in einem früheren Leben umgebracht. Ich habe dir ein Messer in den Rücken gestoßen.« Sie hatte ihm nichts von ihrer Angst gesagt und auch nicht, dass sie die Messer versteckt hatte, als er kam. Dieser Vorfall hatte sie davon überzeugt, dass die Reinkarnation Tatsache war.

Als es achtzehn Uhr war, machte ich mich auf den Weg zu Starbucks, da ich ein heftiges Verlangen nach all den Dingen hatte, die vertraut, banal und schädlich für mich waren.

In der Übung am Sonntagmorgen sollten wir lernen, einander bei den »Rückführungen« anzuleiten. Wir bekamen Blätter ausgeteilt, auf denen erläutert war, wie man jemanden durch seine Geschichte dirigiert. Außer Roger standen vier ausgebildete Assistenten bereit, für den Fall, dass jemand Hilfe brauchte. Das Grundprinzip war, dass man fragte, was passierte, und nicht: »Warum bist du dort?« »Warum?«-Fragen haben die Tendenz, Menschen aus ihren Gefühlen heraus und in den Kopf zu lotsen. Der Anleitende will ja nicht, dass der Rückgeführte sagt: »Ich glaube, es hat etwas mit der Angst vor Hexen zu tun, die in diesem Jahrhundert vorherrschte.« Stattdessen sollten wir fragen: »Und was passiert dann?«, um ein

Wiedererleben von Ereignissen auszulösen, das sich eher anhört wie: »Sie fesseln mich an den Stuhl, sie wollen mich ertränken.« Man erklärte uns, dass wir Anordnungen erteilen sollten. Fragen wie: »Möchtest du jetzt gern in der Zeit vorgehen und die Folterkammer aufsuchen?« würden wohl kaum ein begeistertes »O ja, bitte« hervorrufen.

Meine Partnerin hatte ein Bild gezeichnet, das wie eine Werbung für Urlaub auf einer Südseeinsel aussah. Betitelt hatte sie es mit »Leben im Paradies«. Ich wurde sehr neidisch und fragte mich, ob sie vielleicht den Sinn der Sache nicht begriffen hatte. Ich begann sie auszufragen und hörte von warmem Sand, einem Strand und davon, wie sie in der Natur Nahrungsmittel sammelte, um ihren Mann und ihr Kind zu ernähren. Es klang traumhaft. »Wie alt bist du ungefähr?«, fragte ich.

»Ach, etwa achtzehn, und ich bin sehr glücklich. Ich habe eine Tochter. Mein Mann ist Fischer.«

Ich fragte mich, wohin das alles führen sollte. »Lass uns mal vorwärts gehen zu einem bedeutsamen Ereignis«, sagte ich. »Eins, zwei, drei ...«

Bevor ich ihr weitere Fragen stellen konnte, rannte sie schon zum Strand. Ihre Tochter war im Wasser, sie versuchte sie zu retten – und ertrank dabei selbst. »Ich sehe nur noch Blau, durchscheinendes Blau. Ich weiß, dass ich nicht mehr rechtzeitig zu ihr gelange. Ich habe sie im Stich gelassen.« Sie lag auf der Decke, und Tränen strömten ihr übers Gesicht.

»Ihr seid also beide umgekommen?«, fragte ich. »Was ist mit deinem Mann? Was ist mit ihm passiert?«

»Irgendwie kümmert er mich nicht mehr. Ich bin jetzt ein Geist und suche nach dem Geist meiner Tochter. Da ist sie. Sie läuft auf mich zu. Hält mich fest. Es ist seltsam, weil wir keine Körper mehr haben, aber es hat doch den Anschein, als könnte ich sie umarmen. Sie sagt, es sei nicht meine Schuld gewesen.«

Sie weint leise vor sich hin. Ich hatte meine schriftlichen Anweisungen inzwischen beiseite gelegt und verließ mich einfach darauf, dass ich schon wüsste, was ich zu sagen hätte. »Gibt es noch etwas, was du ihr jetzt sagen willst?«

»Ja, dass es mir Leid tut.«

Sie sprach weiter mit ihrer Tochter im Geisterreich, während ich von der Holloway Road aus zusah und wartete. Schließlich war sie fertig und schlug die Augen auf. »Hat irgendetwas davon mit deinem heutigen Leben zu tun?«, fragte ich naiv.

»Das Wasser. Ertrinken. Das ist mir nie klar gewesen. Ich habe seit jeher eine irrationale Angst davor, mit dem Kopf unter Wasser zu geraten. Es ist so schlimm, dass ich mich nicht mal unter eine Dusche stelle. Und – guter Gott! Ich wusste schon immer, dass ich als Mutter überfürsorglich bin. Ist das nicht seltsam?«

In der Mittagspause sah ich Roger Woolger allein in der Eingangshalle sitzen. Er wartete auf »eine Frau von der BBC«, die zu früh erschienen war und nun, nachdem man sie gebeten hatte, zur vereinbarten Zeit wieder zu kommen, ganz verschwunden war. Ich ergriff die Gelegenheit, meinerseits ein paar Fragen zu stellen, setzte mich, und er teilte seine Erdbeeren mit mir.

Ich sagte ihm, dass es nach der Strenge seines Buches eine angenehme Überraschung sei, ihn kennen zu lernen, und bat ihn wie ein promigeiler Teenager, mein Exemplar zu signieren. »Wie passt Gott in all das hinein?«, fragte ich, da ich unbedingt wissen wollte, ob er der Meinung war, dass es jenseits all dieser karmischen Konfusion eine behütende Liebe gab.

»Die Liebe ist das, worum sich alles dreht«, erwiderte er lächelnd. »Aber ich glaube nicht, dass es einen eingreifenden Gott gibt. Gott steht über dem persönlichen Schicksal.«

»Was ist mit den Nonnen, die ihr Leben dem Gebet gewidmet haben?«, wollte ich wissen. »Dient das nur dazu, der Welt gute Schwingungen zu schicken?«

»Ich wollte selbst einmal Priester werden …«, sagte er. »Haben Sie Simone Weil gelesen?« Hatte ich nicht.

Die Frau von der BBC kam auf uns zu. »Eine letzte Frage«, sagte ich.

»Mmm?«

»Trifft es Ihrer Meinung nach zu, dass wir in diesem Leben Menschen begegnen, die wir aus früheren Leben kennen?«

»Im spirituellen Universum herrscht das Gesetz der Anziehung. Das meinen wir, wenn wir von Seelenverwandtschaft sprechen.«

Und dann wurde er mir entrissen, wodurch mir Zeit blieb, als Vorbereitung auf die Nachmittagssitzung drei Kekse mit Marmeladenfüllung zu essen.

Ich lag auf einer Decke, und meine Partnerin sagte zu mir: »Schau auf deine Füße. Was trägst du?«

»Nichts. Sie sind schwarz vor Dreck und bluten. Offenbar habe ich eine Hautkrankheit. Meine Füße und Beine sind wund und ausgetrocknet, und meine Haut tut weh. Ich bin krank. Mein ganzer Körper ist steif und schmerzt.«

»Was tust du?«

»Ich soll Essen machen, aber es ist nichts zum Kochen da. Ich bin wütend, voller Groll, dass die Männer alle gegangen sind und mich mit den Kindern allein gelassen haben. Ich bin am Verhungern und völlig verzweifelt. Ich komme alleine nicht zurecht. Die Lage spitzt sich mehr und mehr zu. Es gibt nichts zu essen. Ich schaffe es nicht mehr.«

»Und was passiert dann?«

Ich hatte ein Bild von »mir selbst« vor Augen, wie ich hinausgehe und Ausschau nach den Männern halte. Einer oder vielleicht zwei von ihnen sind die Väter der Kinder. Anscheinend suche ich nach einer Gruppe von ihnen. Einen von ihnen liebe ich, aber er hat mich nie gut behandelt.

»Ich suche sie.«

»Findest du sie?«

»Ja. Ich flehe sie um Hilfe an, aber sie scheinen mich zu verachten. Vielleicht liegt es daran, dass sie mich wegen meiner Hautkrankheit abstoßend finden. Sie erklären mich für verrückt. Dann zerrt mich der, den ich liebe, zurück, indem er mich an den Kleidern packt. Er ist brutal. Er schlägt mich nicht, aber er stößt und schubst mich. Er ist der Vater eines meiner Kinder, doch das Kind wurde nicht in Liebe empfangen. Ich verstehe es nicht. Ich will ihn nur lieben. Ich bin keine alte Frau. Ich bin etwa fünfunddreißig, aber ich gehe gebeugt und bin krank.«

»Was passiert als Nächstes?«

»Er wirft mich in eine Scheune, wo auch die Kinder sind, und schließt die Tür ab. Dann setzt er sich auf ein Pferd und reitet mit den anderen Männern davon. Ich hämmere gegen die Tür. Ich versuche alles, damit er mich hört. Oder damit irgendjemand mich hört. Ich kann nicht hinaus. Die Kinder weinen.«

»Gehen wir mal in der Zeit voran und schauen, was weiter passiert. Eins, zwei, drei …«

»Ich liege auf der Erde. Ich bin sehr schwach. Ich habe seit Tagen nichts mehr getrunken. Zwei der Kinder sind gestorben. Das dritte gibt stöhnende Geräusche von sich, aber ich kann nichts tun. Ich sehe immer noch zur Tür. Ich glaube nicht, dass sie uns umbringen wollten. Ich glaube, sie dachten, es würde jemand kommen und uns herauslassen. Oder vielleicht wussten sie auch, dass wir sterben würden. Aber ich warte immer noch. Ich kann die Hoffnung nicht aufgeben.«

»Also, mal sehen, ob irgendjemand kommt. Gehen wir in der Zeit noch ein Stück vor.«

»Nein, es kommt niemand. Ich bin inzwischen gestorben. Eine Zeit lang harrt mein Geist noch in meinem Körper aus, um zu sehen, ob jemand kommt, wenigstens nach dem Tod. Aber es kommt niemand. Ich glaube, dass sie vielleicht alle umgekommen sind, also suche ich nach ihnen. Aus der Geisterwelt sehe ich sie in einer Art Taverne beim Trinken. Sie denken überhaupt nicht an uns. Er hat nicht nachgedacht, der eine, den ich geliebt habe. Er hat nichts begriffen.«

»Gehen wir mal in der Zeit vorwärts, bis nach seinem Tod. Sieh ihn jetzt vor dir stehen.«

»Er lächelt. Er sagt: ›Kannst du mir verzeihen?‹, und ich bin verwirrt. Ich will ihm verzeihen, doch nicht einmal als Geist weiß ich, wie.«

Dann auf einmal, als ich mit meinem geistigen Auge in dieses Gesicht blickte, kam er mir bekannt vor. Das Lächeln, die Augen, und auf einmal glaubte ich in ihm einen der Amerikaner aus meinem gegenwärtigen Leben zu erkennen. Denjenigen, der weggegangen war, der mich verlassen hatte. Und ich kam ganz durcheinander, wusste nicht mehr, in welcher Zeitzone ich mich befand oder mit wem ich sprach. Ich versuchte mich wieder auf die Szene zu konzentrieren und seine Frage zu beantworten. »Kannst du mir verzeihen?« Hilflos stand ich vor ihm. Es wäre leicht gewesen, die Worte zu sagen, doch ich wusste, dass das nicht reichte. Er hatte mich aus sexuellem Interesse genommen, nicht aus Liebe; ich hatte seine Kinder geboren, und dann hatte er mich durch seine Fahrlässigkeit umgebracht. Und die Kinder noch dazu. Wie konnte ich all das verzeihen?

Ich beschloss, die Frage im Raum stehen zu lassen. Ich würde um die Hilfe bitten, die ich brauchte. Ich beendete die Übung und ging zu Roger hinüber. Vermutlich wurde er tagaus, tagein mit Fragen dieser Art konfrontiert.

»Äh, ich stehe in einem Geisterreich vor einem Mann, der mich quasi vergewaltigt hat und dann verantwortlich dafür war, dass ich verdurstet und verhungert bin. Jetzt will er, dass ich ihm verzeihe, und ich will ihm auch verzeihen, aber ich weiß nicht genau, wie. Irgendwelche Tipps?«

»Es hat keinen Zweck, jemandem zu verzeihen, wenn man noch wütend ist. Lassen Sie die Wut heraus, dann können Sie ihm vergeben. Der Schlüssel zum Erbarmen ist das Sich-Hineinversetzen. Sie müssen nachvollziehen, wie es war, er zu sein. Darüber müssen Sie gründlich nachdenken. Dann können Sie ihm verzeihen.«

»Ja, Dr. Woolger. Danke, Dr. Woolger.«

Andere Teilnehmer lebten noch in ihren Szenerien. Der skeptische Naturwissenschaftler, der von seiner Schwester hergeschleppt worden war, schien gerade jemanden zu ermorden. Er hatte ein Kissen beim Hals gepackt, und während er es würgte, schrie er: »Das wirst du mir nie, nie wieder antun.«Vergnügt dachte ich mir, dass die Sache bei ihm zu funktionieren schien, ganz egal was für theoretische Einwände er auch gegen sie hegen mochte. Einer der erfahrenen Helfer behielt ihn genau im Auge. Vermutlich fürchtete er um die Unversehrtheit des Kissens.

Ich beschloss, nicht wieder zurückzugehen, sondern setzte mich zu meiner »Führerin«, die mich beiläufig fragte: »Hat diese Szene irgendetwas an sich, das dir in diesem Leben vertraut vorkommt?«

Mein Leben raste blitzartig an mir vorüber. Männer, die weggingen. Mein Vater, der meine Mutter noch vor meiner Geburt verlassen hatte. Die Männer, die nicht da waren, um meiner Mutter dabei zu helfen, mich aufzuziehen. Mein Ex, der sich davongemacht und mich mit einem kleinen Kind sitzen gelassen hatte. Und der letzte, der verschwand, den ich einfach nur hatte lieben wollen. Und der nichts begriffen hatte. Männer, die nicht da waren! Noch am Morgen zuvor hatte es mich mehr als jeden anderen gestört, dass nur drei Männer im Raum waren. Hoffnungslose Spezies.

»Äh, ja«, sagte ich.

Schließlich saßen wir wieder auf unseren hufeisenförmig angeordneten Stühlen. Roger spielte uns etwas Bach vor. Dann sprach er zu uns.

»Die Vergangenheit ist vorüber. Der einzige Grund, sich an frühere Leben zu erinnern, ist der, sie in die Vergangenheit zu verweisen. Diese inneren Personen sind wie Komplexe. Jeder weiß, dass wir Komplexe haben, aber wenn wir uns ihrer nicht bewusst sind, beherrschen sie uns. Wenn wir uns jedoch ihrer bewusst sind, dann beherrschen wir sie. Viele haben Angst beim Gedanken an multiple Persönlichkeiten, aber wir tragen alle viele Persönlichkeiten in uns. Ich habe einen inneren Mönch, der stets erwartet, dass der Herr für ihn sorgt. Ich muss ihm erklären, dass wir uns mittlerweile im zwanzigsten Jahrhundert befinden und ich ein Bankkonto brauche, aber sein Optimismus gefällt mir. Wenn ich mich dabei ertappe, dass ich Gedanken habe, die in Wirklichkeit gar nicht meine sind, erkenne ich sie als solche. Es ist wichtig, dass jemand, der in diesem Leben eine liebevolle Familie hat, aufhört, sich ungeliebt zu fühlen, nur weil er vielleicht einmal einsam gestorben ist.«

Im Raum herrschte Stille. Er sprach leise.

»Als ich hiermit angefangen habe, merkte ich, dass mein skeptischer Verstand immer wieder fragte: ›Ist das dieses Leben oder ein früheres Leben?‹ Dann war es irgendwann nicht mehr wichtig, und ich empfand einfach nur Klarheit über die ganze Angelegenheit. Wenn man einmal akzeptiert, dass wir Überreste von früheren Inkarnationen mit uns herumschleppen, dann erklärt das vieles. Sie sind wie Teile von einem selbst, die man wieder in sich integrieren muss.«

Mein skeptischer Verstand grübelte immer noch. War meine verhungernde und verlassene Frau eine Realität aus einem früheren Leben, deren Nachwirken irgendwie mein Verhalten und meine Erwartungen beeinflusste, oder war sie nur eine Schattenfigur aus einer dunklen Ecke meines Geistes, eine fantasievolle Schöpfung meines Unbewussten? Die Antwort darauf konnte man nicht wissen, aber die Herausforderung blieb so oder so dieselbe. Nämlich wieder die Richtlinie von Insight: »Nutze alles für deine Erfahrung, Erbauung und Entwicklung.«

Ich musste einen Weg finden, dieser Figur Sicherheit zu geben, sie zu ernähren, mich um ihren alten Körper zu kümmern und sie wissen zu lassen, dass vergebliche Liebe diesmal nicht für immer vergeblich sein musste. Na so was. Das alles durch die Arbeit eines einzigen Tages.

Der Workshop endete mit dem Vorlesen einiger Texte, und einer passte ziemlich gut zu meiner Geschichte, also stürmte ich nachher zu Roger und schrieb ihn ab. Er stammt aus *Vogelgespräche* von Farid ud-din Attar.

»... alle, die durch die Liebe verwundet werden, müssen einen Abdruck davon auf dem Gesicht tragen, und die Narbe muss deutlich sichtbar sein. Zeige die Narbe deines Herzens, denn an ihren Narben erkennt man die Menschen, die auf dem Weg der Liebe wandeln.«

Elfter Schritt:
Ich werde gerolft, gesteinigt und geknetet

Auf der Suche nach der ultimativen Massage

Eine Woche nach dem Reinkarnationsworkshop fühlte ich
mich ausgelaugt, traumatisiert und verspannt. Meine Schultern
schienen so steif zu sein, dass sie sich bis zu den Ohren hoch-
zogen. Ich schlich herum und fragte mich, ob die Verspannung
meine oder ihre war und schrie alle an. Ausnahmsweise gab es
eine einfache Lösung: Ich brauchte eine Massage. Ich wollte
ein bisschen Vergnügen haben, und wenn ich dabei noch den
Nachwirkungen einer früheren Inkarnation auf den Grund
ging, umso besser. Ich würde für eine Massage bezahlen und
damit meinen überfälligen Beitrag zur Wirtschaft leisten, über
den ich schon beim Sonnenbaden meditiert hatte. Nun blieb
nur noch das Problem, jemanden zu finden, der die Sache auch
zu meiner Zufriedenheit erledigen würde.

Ich weiß ja nicht, wie es Ihnen geht, aber ich hasse Massagen,
die eigentlich nur die Haut bewegen und die Verspannung in
den Muskeln völlig unangetastet lassen. »Ein bisschen fester,
bitte«, sage ich dann immer. Daraufhin drückt die Masseurin
ganze dreißig Sekunden lang fester zu, bevor sie wieder zu ihrem sanften Kitzeln zurückkehrt. Ich hasse das. Manchmal
flehe ich ein zweites Mal: »Könnten Sie ein bisschen intensiver
werden, bitte?«, und wenn ich wieder nicht das erwünschte
Ergebnis bekomme, liege ich da und muss mir anhören, wie
mich Mr. Männlichkeit anschnauzt: »Siehst du? Es ist nichts
als Zeitverschwendung.«

Also bat ich meinen aus gereiften Persönlichkeiten bestehen-
den Freundeskreis um Empfehlungen. Vicky, die selbst Masseurin ist, hatte nichts dagegen, dass ich mich überall umsah.
»Wenn du eine intensive Massage willst, musst du dich rolfen
lassen.«

»Rolfen?« Das klang ziemlich radikal.

»Dabei geht es darum, den Körper wieder in die Lotrechte zu bringen. Außerdem soll es sehr schmerzhaft sein.«

Ja. Schmerz. Genau das wollte ich. Diese wundervollen Momente, wenn jemand die Finger direkt auf einem Knoten hat, der mir seit Monaten die Schultern auf Ohrenhöhe zieht, und drückt. Fest. Ich wollte Schmerz. Ich würde es machen.

Drei Anrufe später hatte ich einen Rolfer gefunden. Einen Amerikaner, der mich bereits zu unwahrscheinlichen Fantasien über sich hinriss, die auf einem einzigen Telefongespräch basierten. Seine Stimme war wie Seide. Ich konnte es kaum erwarten, meinen halbnackten Körper auf seine Bank zu legen. Nachdem ich durch ein paar schlau platzierte Fragen herausgefunden hatte, dass er nicht schwul war, hatte ich bereits am Telefon hemmungslos zu flirten begonnen.

»Ich bin nicht mehr kitzlig«, sagte ich. Nach dem Motto »Frau sucht jemanden, der sich um sie kümmert«. »Glauben Sie, dass es beim Rolfing etwas gibt, das mir helfen könnte, meine Kitzligkeit wieder zu entdecken?«

»Das ist ein sehr interessantes Thema.«

»Vielleicht könnten Sie mich als Versuchsobjekt benutzen?«

Also wirklich. Manchmal bin ich von mir selbst schockiert.

Ich war voller Vorfreude, als der Tag kam. Fiona, meine ko-abhängige Freundin, wollte mich begleiten. Ich hatte so ausgiebig davon geschwärmt, wie sinnlich dieser Typ klang, dass sie ihn sich unbedingt ansehen wollte. Als sie eintraf und einen Blick auf ihn werfen konnte, verzogen sich ihre Augenbrauen zu einer interessanten Zickzackform.

Finden Sie das nicht auch furchtbar? Stimmen können derart irreführend sein. Er hatte zehn Jahre in Japan gelebt und war offenbar zu einem dieser nervösen, extrem gestressten, überarbeiteten und unterernährten Typen mutiert, die man an jedem Werktag dabei beobachten kann, wie sie sich in die Tokioter U-Bahn quetschen. Sogar sein Gesicht sah japanisch aus. Es war höchst merkwürdig. »Hi, ich bin Peter«, sagte er mit breitem kalifornischem Akzent. Ich lächelte, während mir vor Enttäuschung ganz flau war.

»Kann ich ein Glas Wasser haben?«, fragte ich.

»Klar.« Und er verschwand erst mal.

Der Rolfing-Raum in Camden Town war klein und nicht gut geheizt. Reichlich widerwillig legte ich ein paar Kleidungsstücke ab und setzte mich frierend auf die Massagebank. Einen Monat später kam er mit dem Wasser zurück.

»Könnten Sie bitte aufstehen? Ich muss mir Ihre Ausrichtung ansehen.« Seit jeher war ich stolz darauf gewesen, dass ich infolge meiner tänzerischen Ausbildung eine sehr gute Haltung habe. Er ging um mich herum, als inspiziere er fehlerhafte Ware. Ich wartete schon darauf, dass er sagte: »Na ja, okay, aber kann ich es billiger bekommen?« Stattdessen sah er finster drein. »Könnten Sie sich bitte auf diesen Stuhl setzen?«

»Sicher.«

»Jetzt bitte wieder aufstehen.«

»Jetzt wieder hinsetzen.«

»Jetzt wieder aufstehen.«

»Jetzt wieder hinsetzen.«

»Jetzt wieder aufstehen.«

Und dafür bezahlte ich. »Könnten Sie jetzt mal gehen?«

»Äh, nein.« Es war kein Platz zum Gehen, ohne auf den Tisch zu steigen oder ihn anzurempeln. Ich ging einen Schritt nach vorn, drehte mich um und ging einen Schritt zurück.

»Noch mal bitte. Und noch mal bitte.«

Als er schließlich gründlich studiert hatte, welche Teile von mir neu ausgerichtet werden mussten und welche nicht, wurde ich aufgefordert, mich auf die Massagebank zu legen. Sie würden sicher nicht annehmen, dass es schwierig ist, eine Massagebank zu entwerfen, oder? Breit genug, damit man sich drauflegen kann? Die hier erfüllte diesen Zweck nicht, und ich musste mit wachsendem Groll feststellen, dass ich gezwungen war, mir die Hände unter die Schenkel zu klemmen, damit die Arme nicht seitlich herunterfielen.

Dann fing das Rolfing an. Er legte mir seine Hände auf den

Rücken, drückte ziemlich fest und zog sie dann nach unten. Und es war schmerzhaft. Allerdings nicht der herrliche Schmerz von gelösten Muskelspannungen, sondern eher das seltsame Gefühl, dass die Haut gedehnt wird. Er benutzte weder Öl noch Puder noch sonst etwas, um den Prozess des Herunterziehens angenehm zu machen. Er zerrte nur einfach an der Haut. Eines wusste ich genau: Es gefiel mir nicht.

Er arbeitete schweigend. Keine freundliche Stimme, die fragte:»Gut so?« Ich hatte das Gefühl, nicht einfach sagen zu können:»Hören Sie, das tut weh.« Schließlich war ich gewarnt worden. Es sollte so sein. Und er machte ja nicht viel.»Bei der ersten Sitzung bearbeiten wir nur den Oberkörper«, hatte er am Telefon gesagt, und ich hatte erwidert:»Ist mir recht«, während ich mir meinen Rücken und Nacken in einem Zustand überschäumender Freude vorstellte.

Er drückte und zerrte weiter. Ich begriff, dass dies eine effektive Behandlung für jemanden sein musste, dessen Haut aus unerfindlichen Gründen zu eng für seinen Körper war. Ich frage mich nur, ob dieses Problem jemals aufgetreten war. Anscheinend litt ich daran.»Tut mir Leid, Isabel, aber wir müssen Ihre Haut noch drei Zentimeter weiter dehnen.« Nein, das hat er natürlich nicht gesagt.

Er ließ seine Knöchel meinen Rücken hinabgleiten. Das Zerr-Drück-Erlebnis konnte man kaum Massage nennen. Gab es wirklich Leute, die sich diese Behandlung regelmäßig angedeihen ließen? Dann wurde mein Hals gestreckt. Ich fragte mich, warum er nicht einfach eine altmodische Folterbank aus dem Tower verwendete und sich die Mühe sparte. Schließlich kamen noch ein paar kurze angenehme Momente, als er mir den Kopf massierte und zum Ende kam.

»Das reicht für heute«, sagte er mit todernstem japanischem Tonfall.»Der Körper muss sich erst langsam an den Rolfing-Prozess gewöhnen.« Ich fragte mich, warum mein Körper das wollen sollte, aber ich hatte nicht vor, mit ihm darüber zu diskutieren.

»Möchten Sie gleich Ihren nächsten Termin ausmachen?«,

fragte er, indem er sich wie ein Chamäleon wieder in einen Amerikaner verwandelte.

»Äh, nein. Ich habe meinen Kalender nicht dabei«, log ich, während ich hoffte, dass er mir nicht postwendend aus der Tasche fiele. »Ich rufe Sie an, okay?«

Ich stolperte hinaus zu Fiona, die feixend mit ihrem Buch in einem Café saß. »Und, wie war's?«, fragte sie fröhlich. Ich erzählte meine Leidens- und Dehnungsgeschichte. »Dann will ich dir mal ein Geheimnis verraten: Ich hatte gehofft, dass du es grässlich finden würdest, weil ich dich nämlich zu meinem Masseur schicken möchte. Die erste Sitzung schenke ich dir.«

Wow – vielleicht wollte mich der Himmel damit für die Erfahrung belohnen, die ich gerade durchgemacht hatte.

»Ruf diese Nummer an. Er ist ein sehr guter Freund von mir. Er heißt Jeremy.«

Der zweite Weg zu körperlicher Zufriedenheit klang interessant. Er nannte sich »Kahuna« und wurde ursprünglich auf Hawaii praktiziert. Das sollte einen Abstecher wert sein.

Es stellte sich heraus, dass sogar eine längere Anfahrt erforderlich war. Fionas Freund Jeremy war unachtsamerweise aufs Land gezogen, in die Gegend von Bath. Ich überlegte, ob ich wegen einer Massage – ganz egal, wie gut sie war – wirklich einen ganzen Tag unterwegs sein wollte. Doch diesmal schlug Mr. Innere Männlichkeit andere Töne an. »Diese Kahuna-Sitzungen kosten normalerweise achtzig Pfund. Ich finde, wir können uns die Fahrt nach Bath leisten, wenn wir die Sitzung umsonst kriegen.«

»Außerdem finde ich Bath herrlich«, zwitscherte Ms. Weiblichkeit. Und so kam der Tag, an dem ich im Bahnhof von Bath eintraf, wo ich von einem lächelnden Kahuna-Spezialisten abgeholt wurde. Jeremy war attraktiv, hatte dunkle Augen und sah geheimnisvoll aus, als kenne er alle meine Gedanken. Außerdem war ich ausnahmsweise mal auf einen Mann gestoßen, der nicht mager war. Ich musterte seine Muskeln und hoffte, er würde ihre ganze Kraft an meinem verknoteten Körper zur Geltung bringen. Während wir zu ihm nach Hause fuhren, erkundigte ich mich nach seiner Methode.

»Kahuna wurde in hawaiianischen Tempeln als Initiationsritus praktiziert.« Auf einmal war er so ernst geworden wie der Rolfer. Offensichtlich ist Massage eine ernste Angelegenheit.

»Eine Initiation in was?« Ich versuchte die Stimmung auf eine heiterere Ebene zu bringen, während die herrlichen halbmondförmigen Straßenzüge aus der georgianischen Zeit am Fenster vorbeiflogen.

»Im Grunde war es ein Übergangsritus. Zum Beispiel vom Mädchen zur Frau.«

»Wirklich?« Vielleicht sollte ich lieber nicht weiterfragen. Was führte Fiona eigentlich im Schilde?

Wir waren angekommen. »Wenn Sie eintreten möchten?«

Der »Tempel« sah sehr nach Tempel aus. Trommeln, Schwerter und Masken zierten den Raum. Wo sonst der Altar gewesen wäre, stand nun eine Massagebank. Ich würde aufgebahrt werden wie ein rituelles Opfer – was mich etwas beunruhigte. Doch es war auch sehr gut geheizt, wie ich erfreut bemerkte.

»Während der Initiation sprechen wir nicht«, erklärte er. »Aber wenn Ihnen danach ist, irgendwelche Laute oder Geräusche von sich zu geben, dann tun Sie das ruhig. Achten Sie außerdem darauf, frei zu atmen, da Sie das für die Behandlung öffnet. Haben Sie noch irgendwelche letzten Wünsche?« Ich glaube, in Wirklichkeit hat er gesagt: »Haben Sie noch irgendwelche Fragen?« – Es kam mir nur vor wie »letzte Wünsche«. So oder so, die Antwort blieb dieselbe: »Nein.«

»Bitte ziehen Sie sich ganz aus, legen Sie sich auf den Bauch und mit dem Gesicht über das Loch im Tisch und decken Sie sich dann mit dem Laken zu.« Damit verließ er den Raum.

Mich ganz ausziehen? Die Unterwäsche auch? Na gut, es heißt ja, wer A sagt, muss auch B sagen. Ich zog alles aus und machte mich auf die Rückkehr dieses Wildfremden gefasst. Ich redete mir gut zu: »Das hier ist eine Massage.«

Ich lag auf dem Altar und bedeckte meine Blöße mit einem dünnen Baumwolltuch. Kurz darauf hörte ich ihn auf Zehenspitzen den Raum wieder betreten. Außer dem Fußboden konnte ich nichts sehen. Er kam näher, ging umher und legte mich zurecht. Obwohl der Tisch breit genug war, dass ich die Arme entspannt ablegen konnte, wurden mir die Hände unter die Hüften geschoben. Die Beine, die ich geschlossen gehalten hatte, wurden getrennt, sodass sie sich spreizten. Hatte es mit dieser Massage irgendetwas auf sich, was mir Fiona verschwiegen hatte?

Langsam zog er das Laken weg und begann eine großzügige Menge Öl über meinen Rücken zu verteilen. Wenigstens würde ich keine gedehnte Haut bekommen. Dann begann er »an mir zu arbeiten«. Er benutzte nicht nur seine Hände, sondern die gesamten Unterarme. Er ging mit kontinuierlichen Kreisbewegungen vor, atmete dabei in langen, gemächlichen, tiefen Zügen aus und ächzte beim Ausatmen. Es war surreal, aber sehr angenehm.

Man hatte mich gewarnt, dass es Visionen hervorrufen oder ich womöglich von Gefühlen überwältigt werden könnte. Vielleicht waren meine Gefühle ja trotz meiner zahlreichen Wiedergeburten nach wie vor blockiert, denn das Einzige, was ich spürte, war der Wunsch, genau da zu bleiben, wo ich war. Er wechselte auf meine andere Seite, um dort weiterzuächzen. Seine Arme glitten in Kreisen auf mir herum. Es fühlte sich angenehm an, aber eine innere Stimme sagte mir, dass er direkt über das Problem hinwegglitt. Ich hatte aber nicht die Freiheit zu sagen: »Ein bisschen fester, bitte.« Offenbar strengte er sich bereits enorm an.

Es war sehr entspannend, und ich musste mich immer wieder ermahnen, nicht einzuschlafen. Ich wollte ja nichts verpassen. Dann, als er dicht herankam, sah ich ein Bein. Bis ganz oben. Er war nackt. Ich lag nackt da, gespreizt wie eine Schere, mit einem nackten, ächzenden Mann an meiner Seite. Mein Körper schwankte zwischen extremer Entspannung und extremer Panik.

Vielleicht hätte ich an diesem Punkt aufstehen und sagen sollen: »Hören Sie, ich weiß nicht, wohin das alles führt, aber es wäre mir eine große Beruhigung, wenn Sie sich etwas anziehen würden.« Nur dass er mir inzwischen Füße und Unterschenkel massierte und sich das dermaßen gut anfühlte, dass jegliches Verlangen, aufzuspringen und ihn zur Rede zu stellen, von reiner Wonne bezwungen wurde. Ich beschloss, dass ich die angenehmen Seiten ruhig genießen durfte, und falls hinter dieser Erfahrung mehr steckte, als ich erwartet hatte, könnte ich immer noch aufstehen und »meine Wut abreagieren«.

Er schob mir eine Hand unter den Bauch und drehte mich mit einer Bewegung von beeindruckender Eleganz um. Ich hielt die Augen geschlossen, als er erneut bei meinen Füßen begann, vermutlich um sich nach oben vorzuarbeiten. Das Ächzen hielt an. Ich war sehr versucht, einen Blick zu riskieren. War er nackt, und wenn ja, war er erregt? Und wenn ja, wollte ich das wissen? Was, wenn er es war? Würde ich dann hastig zur Tür stürzen? Als er mit meinem Bauch begann, meldete sich auf einmal meine innere Weiblichkeit zu Wort: »Entschuldige bitte, aber das ist so schön, dass ich es lieber nicht wissen will.« »Bist du verrückt?«, brüllte Mr. Männlichkeit zurück, und ehe ich einen klaren Gedanken fassen konnte, hatte ich schon geguckt.

Gott sei Dank war er nicht nackt. Er trug einen String-Tanga. Dessen Hersteller hatte offensichtlich ein schweres Jahr hinter sich und wollte Stoff sparen. Kein Wunder, dass ich keinen Slip hatte sehen können. Ich sah ihn an, um zu sehen, ob er mich dabei ansah, wie ich ihn ansah. Er hielt die Augen geschlossen. Auch das war mir eine Erleichterung. Die Vorstellung, dem Blick eines Wildfremden zu begegnen, der mir ächzend den nackten Bauch massierte, hätte die Situation um einiges komplizierter machen können. Ich schloss die Augen und sandte ein stilles Dankgebet an den lieben Gott, an Buddha und an sämtliche alten hawaiianischen Gottheiten, die zufällig in der Nähe waren.

Jetzt strich er mir mit den Armen über die Brust. Ja, ich weiß schon, was Sie denken. Sie fragen sich: »War es erotisch?

Hat Sie das alles nicht erregt?« Doch leider muss ich Ihnen mit »Nein« antworten. Ich lag da und dachte: »Was stimmt nicht mit mir? Müsste dieses Erlebnis nicht irgendwie erotisch sein?« Aber es war nur überaus entspannend und sehr angenehm. Er machte mit meinem Nacken weiter, hielt sich dort aber nicht lang genug auf. Dann mit meinen Armen und Händen. Meine Arme fühlten sich wie Teig an und seine Hände sehr intim.

Er hatte sämtliche anstößigen Körperteile ausgelassen, und trotz der Nacktheit war das Ganze äußerst geschmackvoll. Schließlich verstummte das Ächzen. Er hob die Seiten des Lakens an, auf dem ich lag, und wickelte mich ein wie in einen Kokon.

Ich lag still und schlug die Augen auf, um zu schauen. Er hielt die Augen nach wie vor geschlossen, während er mit gespreizten Beinen und verschränkten Armen dastand und schwer atmete. Nach etwa fünf Minuten öffnete er die Augen und sah mich an. Die Spannung im Raum war spürbar.

»Könnten Sie das bitte noch mal machen?« Ich versuchte witzig zu sein und lächelte breit, um dafür zu sorgen, dass er das auch verstand. Seine Mundwinkel zuckten kurz nach oben. Seine Stimme blieb gravitätisch.

»Sie können das Laken nehmen, um überschüssiges Öl abzuwischen. Wenn Sie sich dann anziehen möchten, bleibt uns noch ein bisschen Zeit, bis Sie gehen müssen.« Er verließ den Raum, und fünf Minuten später standen wir beide in seiner Küche, erstaunlicherweise in Kleidung des zwanzigsten Jahrhunderts. Ich wusste nicht, was ich zu ihm sagen sollte.

»Ist Ihnen Fencheltee recht?« Ich hatte noch nie Fencheltee getrunken. »Ach, sicher. Sie haben übrigens ein sehr schönes Haus. Wohnen Sie schon lange hier?« Ich gab genau die Art von geistlosem Gewäsch von mir, die ich am meisten hasse.

»Einige Zeit.« Offenbar hätte er liebend gern gefragt: »Und, wie war es für Sie?«

Wir tranken den Tee aus und fuhren zurück zum Bahnhof

von Bath. Nach längerem Schweigen sagte ich:»Seltsam, eine derartige körperliche Intimität ohne Zuneigung oder Liebe.«
»Und spirituelle Intimität.«
Als ich in den Zug stieg und ihm voller Wärme zuwinkte, dachte ich über seine letzte Bemerkung nach. Ich war froh, dass es für ihn ein spirituelles Erlebnis gewesen war. Ich hätte es ihm nicht verderben wollen, indem ich ihm sagte, dass es für mich rein körperlich gewesen war. Es war ein gutes Gefühl, so viel stand fest. Ich fühlte mich sehr ruhig und gelassen. Nur hatte ich immer noch Verspannungen in den Schultern und im Nacken. Ich brauchte eine gute Massage.

Es gibt eine Methode, bei der man »gesteinigt« wird, die jedoch nichts mit der archaischen Strafe für Ehebruch zu tun hat.
Sind Sie versehentlich im falschen Kapitel gelandet? Sollte es nicht um Massage gehen? Ja, inzwischen gibt es eine Form der Massage, bei der mit Steinen gearbeitet wird.
Während meiner Suche nach der ultimativen Massage stieß ich zufällig auf einen Artikel darüber, und obwohl es streng genommen nicht geplant war, konnte ich nicht widerstehen. Ich hatte schon immer eine Schwäche für Steine. Meine Wohnung ist voll von ihnen. Sie kennen doch diese exzentrischen Gestalten, die außerstande sind, einen Tag am Strand zu verbringen, ohne die Umwelt ihrer Reichtümer zu berauben, und die sich bei Anbruch des Abends den Strand hinaufschleppen, weil sie sämtliche Taschen voller Steine haben? Die Erzählerin dieser Geschichte ist eine von ihnen. Es muss auch solche geben.
Womöglich fragen Sie sich jetzt, warum man sich von einem Stein massieren lassen soll, wo die menschliche Hand doch viel weicher ist. Um die Antwort auf diese Frage zu finden, musste ich ausgerechnet die Harley Street aufsuchen. Man hätte nicht denken sollen, dass in einer Straße, die für ihr medizinisches Expertentum so bekannt ist, hinter verschlossenen Türen heimlich Menschen mit Steinen traktiert werden, oder? Doch dort verbirgt sich tatsächlich eine Frau, die seltsame, ölige Dinge mit heißen Steinen vollbringt.

Ich fuhr mit dem Fahrrad von Battersea zur Harley Street (das wollte ich keinesfalls unerwähnt lassen, damit alle, die London kennen, von meiner Fitness beeindruckt sind) und traf gerade rechtzeitig ein, um von ihr mit einem Glas Mineralwasser empfangen zu werden. »Es wirkt am besten, wenn Sie sich ganz ausziehen.«

Sie sah ziemlich medizinisch aus, wie eine junge Krankenschwester. Langsam gewöhnte ich mich daran, mich auszuziehen, und nachdem keine Kahuna-Schwerter an der Wand hingen, legte ich mich einfach frohen Mutes auf ihre breite Massagebank. Sie hatte den Raum mit einem herrlichen Aromatherapieöl namens »Energy« beduftet. Es machte das Atmen zu einem sinnlichen Erlebnis. Und irgendwo kam von einem Band Pling-Plong-New-Age-Musik.

Der erste Teil dieser neuen Erfahrung bestand darin, sich aufzusetzen und sich dann auf eine Reihe heißer Steine zu legen, die die Muskeln rechts und links der Wirbelsäule erhitzen sollten. Verdammt schlau. Kennen Sie das nicht auch? Immer wenn Sie sich an einen Kiesstrand legen, gibt es mit schöner Regelmäßigkeit einen Stein, der es sich nicht nehmen lässt, sich in Ihren Rücken zu bohren, ganz egal wie sehr Sie sich winden. Das hier war eine köstliche Wiederholung dieser Erfahrung. Als ich mich auf die Steine legte, waren diese den wichtigeren Muskelgruppen entsprechend ideal platziert. Ich seufzte: »O ja, Wärme genau da und da und da.« Dann legte sie mir einen runden, flachen, heißen Stein, der in ein Tuch gewickelt war, direkt auf den Bauch und einen auf mein Brustbein und jeweils noch einen überall dort, wo er nicht herunterfallen konnte. Es war eine wunderbare Art, sich aufzuwärmen.

Ein Stein wurde mir mitten auf die Stirn gelegt, und acht kleine Steinchen bekam ich zwischen die Zehen. Dann nahm sie zwei große, heiße Steine und gab sie mir zum Halten. Jetzt denken Sie vielleicht: »Das ist ja alles gut und schön für Leute, die nichts Besseres mit ihrer Zeit anzufangen wissen.« Aber woher wollen Sie wissen, dass es etwas Besseres zu tun gäbe?

Wissen Sie, diese verrückten Amerikaner haben sich nämlich tausendundeine Art einfallen lassen, um ein wonniges Gefühl zu erzeugen. Vielleicht haben Steine ja etwas Urtümliches an sich, aber auf jeden Fall besitzen sie eine sehr beruhigende Ausstrahlung. Einen schönen, runden Stein in der Hand zu halten ruft doch das Gefühl hervor, irgendwie mit der Wirklichkeit »auf Tuchfühlung« zu sein, oder?

Wenn Sie nun dieses Gefühl nehmen und es mit der Anzahl von Steinen multiplizieren, mit denen ich momentan »auf Tuchfühlung« war, können Sie sich die Wirkung des Ganzen ansatzweise vorstellen. Okay, ich kam mir ein bisschen blöd dabei vor. Die Zeiten, als ich sämtlichen neuesten amerikanischen Maschen skeptisch gegenüberstand, waren lange vorüber. Jetzt wollte ich sie nur noch ausprobieren, selbst wenn ich dabei aussah, als wollte mich jemand begraben.

Dann begann mir ein öliger Stein den Arm zu massieren. Ich vermute, irgendwo muss ihr Arm mit ihm verbunden gewesen sein, aber sicher konnte ich mir da nicht sein. Sie war so geschickt, dass ich schwer hätte sagen können, was ihre Hand und was der Stein war, abgesehen davon, dass der Stein heißer war. Langsam entwickelte ich eine Zuneigung zu dem Stein. Er konnte ja so gut massieren. Ich hatte erwachsene Männer erlebt, die sich als erfahrene Liebhaber bezeichneten und es nicht fertig brachten, dass sich mein Arm so gut fühlte wie bei diesem Stein. Ja, ich hatte dieses kleine Steinchen lieb.

Sie setzte ihre Arbeit am anderen Arm fort. Ein neuer Stein erschien in meinem Leben. So warm und zärtlich wie der vorherige. Er verstand meinen Arm. Er wusste, wie er sich an jeden angespannten Muskel schmiegen, wie er eine schmerzende Sehne entlanggleiten musste. Meine Zuneigung wurde tiefer. Ich entwickelte Interesse daran, mich mit dem Stein zu verabreden.

Sie schienen in Bataillonsstärke aufmarschiert zu sein, um mir Freude zu bereiten. Kaum hatte sich einer abgekühlt, schon wurde er vom nächsten abgelöst. »Sie lassen zu, dass sie Ihnen ihre Wärme geben«, erklärte sie.

»Tut das nicht jeder?« Ich machte doch bestimmt nichts Besonderes?

»Manche Menschen nehmen die Wärme nicht an. Sie sind resistent dagegen. Bei manchen Klienten brauche ich die Steine überhaupt nicht zu wechseln. Jeder ist anders.«

Endlich habe ich etwas entdeckt, wofür ich eine Begabung habe. Wärme von Steinen entgegenzunehmen. Dann fingen ein paar kleine Kiesel an, zärtlich zu meinem Gesicht zu werden. Fröhlich glitten sie umher. So intim, so sanft. Am liebsten hätte ich ihnen meine Zuneigung ausgedrückt: »O Steine – wie ich euch liebe.«

Dann musste ich mich umdrehen. Als ich mich wieder hinlegte, war da ein runder, flacher Stein, der perfekt in meinen Beckengürtel passte. Es war, als läge man auf einer Wärmflasche, nur doppelt so schön und sogar recht sexy. Wärme direkt am Schambein. Meine potenzielle neue Beziehung ließ sich sehr viel versprechend an. Und das unheimliche Gefühl, verstanden zu werden, verursachte mir immer mehr Kopfzerbrechen. Vielleicht war das all die Jahre mein Fehler gewesen? Dass ich versucht hatte Beziehungen zu Menschen anzuknüpfen?

Ein Stein begann seine Hingabe zu meinem Nacken zum Ausdruck zu bringen. Ich hatte schon seit Jahren auf der rechten Seite einen verhärteten Muskel. Zahllose Masseure waren schlicht über ihn hinweggegangen. Aber nicht dieser Stein. Die Wärme war herrlich, und das duftende Öl bedeutete, dass der Stein sich in das Problem vertiefen konnte, ohne auch nur im Geringsten wehzutun. Ich schmolz dahin. »O ja, Stein, ja. Wo bist du nur mein Leben lang gewesen?«

Dann die Schultern und den Rücken entlang. Die Steine drängten sich in meine Schultermuskeln, als versuchten sie sich zu vergraben. Ich sagte »Au«, aber ich beschwerte mich nicht. Für den Rücken glitten zwei Zwillingssteine rechts und links von meiner Wirbelsäule auf und ab. Sie fuhren meine Beine hinab und begannen sich an den Füßen zu schaffen zu machen. So wenige Männer begreifen, was für ein sagenhafter Quell der Wonne die Füße sein können. Wussten Sie, dass die Zehenspitzen, genau wie die Fingerspitzen, zu den sensibelsten Stellen des Körpers zählen? Es ist die riesige Anzahl von Nervenenden in den Fingerspitzen, die es Blinden ermöglicht, Braille zu lernen. Wir haben ungemein empfindsame Finger. Und Zehen. Sie wissen das vielleicht nicht, doch die Steine schon. Ein Kieselstein streichelte meinen Fuß. Vielleicht gab es einmal einen Mann, der solche Leidenschaft für die Außenkante meines Fußes empfunden hatte ... doch ich konnte mich nicht daran erinnern. Ich war verliebt in diesen Stein. So warm, so anspruchslos, so freigebig, so schön rund.

Dann begannen die Steine zu mir zu sprechen. »Warum kämpfst du dich ständig durch dein Leben und führst es wie eine Schlacht? Warum leistest du andauernd Widerstand? Warum mühst du dich so ab? Lass alles geschehen. Entspann dich. Sei sanft.« Nun bekam ich also eine Psychotherapiestunde von Steinen. Ich war bereit, mich zu binden. Es würde schon die Ehe sein müssen. »Ich nehme dich, Stein, zu meinem rechtmäßig angetrauten Ehemann ...«

Dann geschah etwas Schreckliches. Eine menschliche Stimme begann zu sprechen. »Ihre Sitzung ist jetzt zu Ende.«

Wer war diese alberne Frau? »Bleiben Sie noch einen Moment ruhig liegen und setzen Sie sich dann langsam auf.« Damit verließ sie den Raum. Ich lag da und spürte den flachen, runden Stein an meinem Bauch. Ich setzte mich auf und wickelte ihn aus seinem Tuch. Es war ein ganz normaler Strandkiesel aus Basalt, doch ich liebte ihn.

Ich wollte ihn mit nach Hause nehmen. Aber Steine sind sehr spirituell. Wie Nonnen sparen sie ihre Liebe nicht für einen einzigen Menschen auf, sondern erweisen jedem, dem sie begegnen, ein ähnliches Maß an Hingabe. Ach, dann sollten sie eben den Bedürfnissen des nächsten Klienten ebenso viel Aufmerksamkeit entgegenbringen. Dieses verflixte Nicht-Festhalten. Ich seufzte und legte den Stein liebevoll auf die Massagebank.

Als ich mich wieder anzog, kam ich mir vor wie Celia Johnson in *Begegnung*. Ich musste gehen, zurück zu meinem Abwasch. Tapfer verließ ich den Raum. Eine neue Heldin für das neue Jahrtausend. »Isabel verlässt Steine«. Nie soll behauptet werden können, dass mein Leben nicht voll von wackeren und heldenhaften Taten gewesen wäre.

Als ich nach Hause radelte, fielen mir andere Begegnungen mit Steinen ein. Wie ich mich beim Rebirthing daran erinnert hatte, mit nackten Füßen über sie hinweggelaufen zu sein, damit es wehtat. Nun hatte ich meinen Frieden mit ihnen geschlossen, und sie waren ein weiterer Klumpen im Universum geworden, zu dem ich tiefe Zuneigung empfand. Unglaublich – beiläufiger Fortschritt auf dem Weg zur Erleuchtung, noch dazu beim egoistischen Streben nach der ultimativen Massage. Manchmal ist das Leben schön.

»Würden Sie gern Chavutti Thirumal probieren?« Diese Frage bekommt man höchst selten zu hören. Klingt, als müsste die Antwort darauf lauten: »Nein, aber ich hätte gern Tikka Masala.«

Jemand rief mich an und stellte mir diese Frage an einem Tag, als ich ein Spiel mit Insight spielte. Es gibt da eine Übung (doch, das stimmt wirklich), bei der man den ganzen Tag lang auf alles, was jemand anders einen fragt, mit »ja« antworten muss. Sinn der Sache ist, sich neuen Dingen und Möglichkeiten zu öffnen. Wenn einen dann jemand bittet, etwas zu tun, was man partout nicht tun will, dann muss man sich Tricks einfallen lassen, wie man »nein« sagt und dabei entgegenkommend klingt.

»Möchtest du heute mit mir Mittag essen gehen?«

»Ja – kennst du ein Lokal, in dem nicht geraucht, kein Alkohol ausgeschenkt und vegane Kost serviert wird?«

»Möchtest du mit mir ausgehen?«

»Ja, gern. Ich bin ko-abhängig, weißt du.«

»Möchtest du heute Nacht mit mir schlafen?«

»Ja. Habe ich dir schon von meinen Fadenwürmern erzählt?« Aber das ist nur nötig, wenn man wirklich kneifen will. In erster Linie geht es in der Übung nur darum, zu allem, was einem über den Weg läuft, einen Tag lang »ja« zu sagen. Probieren Sie es mal aus.

Na, egal, zurück zu unserer Geschichte. Ich sagte also »ja« zu Chavutti Thirumal und erkundigte mich erst dann, auf was für eine interessante neue Erfahrung ich mich damit eingelassen hatte. »Eine Massage.« Also los, dann wollen wir mal hoffen, dass dieser Chavutti-Typ so appetitlich ist, wie er klingt. Ich bestieg mein Fahrrad und radelte von Battersea in die Oxford Street. Ich war bereit, alle Fragen, die er mir stellen mochte, mit »ja« zu beantworten.

Als ich in der Praxis ankam, stieß ich dort auf eine Mutter, die ihre Dreijährige anbrüllte: »Du *willst* aber in deine Ballettstunde gehen!«

»Nein, ich will nach Hause!«

»Nein, du kannst nicht nach Hause!«

Das Leben ist voller Harmonie, nicht wahr? Ich spielte mit dem Gedanken, die beiden mit der »Ja«-Übung vertraut zu machen, doch als die junge Primaballerina begann, auf ihre Mutter einzuschlagen, dachte ich mir, dass dies vielleicht nicht der richtige Moment für unverlangte Ratschläge war.

»Sind Sie der Drei-Uhr-Termin?«

»Ja.«

»Möchten Sie eine komplette Sitzung?«

»Ja. Sind Sie Chavutti?«, fragte ich den gut aussehenden Inder hinter dem Tresen. Er lächelte huldvoll.

»Chavutti heißt Fuß«, erklärte er.

»Sie heißen Fuß? Die indischen Mütter müssen einen sagenhaften Humor haben. Da steckt doch sicher eine gute Geschichte dahinter.«

»Allerdings. Möchten Sie sie hören?«

»Ja.«

»›Chavutti‹ heißt Fuß, und ›Thirumal‹ heißt Massage. Es ist der Name der Massage, zu der Sie gekommen sind. Es ist eine Fußmassage. Mein Name ist Ken.«

Eine Massage für die Füße? Von Ken? Und wieder haucht

ein schöner Augenblick seinen Geist aus. »Und Sie verabreichen die Massage, Ken?«

»Nein.« Warum spielte er denn nicht mit? »Die Frau, die die Fußmassagen macht, heißt Tracy. Und die Massage ist nicht für die Füße. Sie wird mit den Füßen ausgeübt.« Diese dämlichen Insight-Spielchen. Ich sollte von Tracys Füßen massiert werden? Ich erwog, im Eiltempo den Ausgang anzusteuern. Doch schon tauchte sie auf. Ein stämmige junge Frau. Ich blickte auf ihre Füße und wurde nicht gerade von dem Verlangen überwältigt, mit ihnen näher vertraut zu werden.

»Sind Sie Isabel? Nett, Sie kennen zu lernen.« Sie schüttelte mir mit schlaffem Griff die Hand.

»Äh, ja.« Sie führte mich in einen kleinen Raum. Ein rotes Seil, das in bedenklicher Weise aufgehängt war, verlief von Wand zu Wand.

»Das hält mein Körpergewicht, wenn ich auf Ihnen gehe. Sie sind doch zu einer kompletten Behandlung gekommen, oder?«

»Ja.« Ich versprach mir einen Tag, an dem ich zu allem »nein« sagen würde.

»Wenn Sie sich dann bitte *ganz* ausziehen und auf den Rücken legen würden?«

Sie betonte »ganz« auf eine Weise, die kaum zu überhören war. Ich hatte Tracy erst vor einem Moment kennen gelernt, aber jetzt sollte ich mich ausziehen, auf den Fußboden legen und sie über mich hinwegmarschieren lassen. Irgendwie schien ich mich in eine Sackgasse manövriert zu haben.

»Ich muss erst meinem Lehrer die Ehre erweisen und ihn um Heilenergie bitten, damit ich mit Ihnen arbeiten kann. Einverstanden?«

»Ja, sicher.«

Sie verschwand, und ein seltsam monotoner Sprechgesang erklang aus dem Nebenraum. Na ja, wenn göttliche Mächte ihren Füßen beistehen wollten, sollte mir das recht sein. Ich zog mich aus und legte mich auf den Bauch. Eine recht unappetitlich aussehende Plastikflasche mit Sesamöl stand neben einem Blechteller auf dem Boden. Der Raum war auf etwa fünfunddreißig Grad geheizt. Offenbar sollte ich gekocht werden.

Sie kehrte zurück und sah belustigend ernst aus. Sesamöl wurde über meinen ganzen Körper gespritzt und verrieben. So fühlte es sich also an, wenn man wie ein Braten begossen wurde. Dann begann sie mit der Massage. Sie fuhr mir mit einer unglaublich langen und festen Handbewegung vom Hals bis hinab zu den Zehen. Und dann wieder und wieder. Woher nahm sie diese Kraft? War sie hinausgeschlüpft und durch einen indischen Guru ersetzt worden? Doch dann wurde mir klar: Das war keine Hand, sondern ein Fuß. Merkwürdig.

Es war ein richtiges Kunststück. Ihre Zehen gruben sich wie Finger in die schmerzenden Stellen, und ihre Ferse schien speziell für Hälse konstruiert worden zu sein. Manchmal war es herrlich. Manchmal schmerzte es zu sehr. »Wo haben Sie Ihre Füße ausbilden lassen?«, fragte ich, während sie auf mir herumglitt.

»In Indien. Aber ich möchte bei der Arbeit lieber nicht sprechen. Einverstanden?«

»Sicher, ja.«

Also blieb mir nichts anderes zu tun als dazuliegen und es zu genießen. Das sage ich nicht allzu oft. Du liebe Zeit, jetzt werde ich auch noch unanständig. Das tue ich, wenn es peinlich wird. Als ich mich schließlich umdrehen musste, fühlte ich mich verletzlich. Ich lag nackt und mit in die Luft gereckten Brüsten bei einer Frau auf dem Fußboden, die ich nicht kannte. Sie begann meine Vorderseite zu begießen.

Ich schloss die Augen und dachte an Robert Redford. Er war aber auch nie da, wenn ich ihn brauchte. Stellen Sie sich nur vor, wenn er wüsste, was für ein Spiel ich heute spiele, dann könnte er anrufen und sagen: »Willst du mich heiraten, Isabel?«, und ich könnte einfach so, ohne zu zögern, »ja« sagen.

Jetzt ließ sie ihre Füße auf dieser Seite vom Hals bis zu den Zehen an mir auf und ab gleiten. Es war ein gutes Gefühl. Als sie an meine Brüste kam, stellte sie den Fuß schräg und fuhr damit zwischen ihnen entlang. Es war sehr gekonnt. Sie thirumal-te sowohl beide Seiten ausgiebig als auch die seitlich des Brustkorbs gelegenen Muskeln. Dann bohrte sie mir die Zehen in den Bauch und erinnerte mich an die Bauchmassagen, die ich mir eigentlich selbst hätte verabreichen sollen. Gott sei für die Kräuter gedankt. So blieben unerwünschte Gasentweichungen aus.

Sie behandelte meine Beine gründlich mit den Zehen und setzte mich dann auf, um Hals und Schultern mit den Händen den letzten Schliff zu geben. Sie massierte mir das Gesicht und rieb mir sogar kräftig die Kopfhaut. Ich glaube, sie drang sogar durch die Kopfhaut und aktivierte Teile meines Gehirns. (So bin ich zum Beispiel seit dieser Sitzung ziemlich sicher, dass ich »Antidisestablishmentarianism« richtig buchstabieren kann. Die Aktivierung des Gehirns … das ist alles relativ.) Dann begann sie in einer Art ganzen Note einen Ton zu singen, gefolgt von einem Ganztonrhythmus.

Ich stand auf, und mein Körper schien außergewöhnlich gut zu funktionieren. Sie verschwand, um ihre Schlussgebete zu verrichten. Vermutlich zur Danksagung. Als ich mir die Kleider überzog, sah ich mich zufällig im Spiegel. Meine Haare sahen aus, als hinge eine halbe Flasche Sesamöl darin. Tja, so war es ja auch. Ich sprach mein persönliches Dankgebet. »Danke, lieber Gott, für meinen lächerlichen lila Fahrradhelm.«

»Sie rufen mich an, wenn Sie noch einen Termin möchten, ja?«, sagte sie. Ich war froh, dass sie es so formuliert hatte.

»Ja, auf jeden Fall.«

Als ich mir auf dem Nachhauseweg zwischen Bussen und dem sicheren Tod den Weg durch die Oxford Street bahnte, brach ein Krieg aus. Ich dachte, ich hätte die Massage genossen, aber meine männliche und meine weibliche Seite waren anderer Meinung. Mr. Männlichkeit stellte sich auf seinen gewohnten Standpunkt: »Das war's. Eine Chance kriegst du noch. Eine einzige. Es ist mir egal, ob es zwei Stunden gedauert hat. Fünfzig Pfund sind eine aberwitzige Summe Geld, und das können wir uns nicht leisten. Diese Suche nach der ultimativen Massage läuft langsam aus dem Ruder.«

Sie war tatsächlich aus dem Ruder gelaufen. Auch Ms. Weiblichkeit war empört.»Warum kann ich nicht von einem Mann massiert werden? Ist das zu viel verlangt?«

Ich fand sie beide reichlich undankbar. Mr. Männlichkeit war unerbittlich.»Pass auf. Such dir einen Sportmasseur hier in der Nähe. Versuch's bei der Laufbahn im Battersea Park. Spar dir diesen ganzen albernen, versponnenen Humbug. Hör nicht mehr auf deine ganzen durchgeknallten Freundinnen, sondern auf mich.«

Das war also meine letzte Chance. Ich radelte die Battersea Park Road hinunter und in den Park.»Guten Morgen, Pfauen«, rief ich fröhlich, während ich in einen Weg einbog, an dem»Fahrradfahren verboten« stand. Die Pfauen kreischten mich an. Offenbar hatte der heilige Franz von Assisi einen raffinierteren Ansatz gewählt.

Ein Besuch der Laufbahn ist verstörend. Selbst wenn Sie nur vorbeischlendern, kann es Ihnen passieren, dass Sie perfekt durchtrainierte Leute auf eine Weise laufen sehen, die nicht menschenmöglich ist. Es ist eine Sache, auf dem Sofa herumzuhängen, sich im Fernsehen die olympischen Athleten anzusehen und dabei Chips zu futtern. Unterhaltung ist etwas Schönes. Aber diese Leute direkt vor Augen zu haben bedeutet, dass man ihre Existenz nicht mehr leugnen kann. Sie laufen die Bahn entlang und lassen in der Luft hinter sich ein Vakuum. Man kann die Striche im leeren Raum erkennen, genau wie in Comics. Und dazu lächeln sie noch. An dem Tag, als ich dort hinkam, liefen zwei blonde Mädchen, jede etwa zweieinhalb Meter groß, vor dem Frühstück ihre fünfzehnhundert Meter in drei Minuten.

»Möchten Sie Mitglied im Leichtathletikverein werden?«, sprach mich ein Schwarzer an. Er kam gerade aus dem Kraftraum. Sein Brustkorb sah aus wie ein Schaubild der wichtigsten Muskelgruppen.

»Nein.« Tolles Wort. »Ich bin nur auf der Suche nach einem Sportmasseur.«

»Wir empfehlen einen Mann namens Terry. Viele Läufer gehen zu ihm. Hier ist seine Karte. Kann ich sonst noch was für Sie tun?«

Ich blickte auf seinen Brustkorb. »Äh, nein.«

Schon am nächsten Tag lernte ich Terry Kingscote kennen. Er war älter, als ich erwartet hatte – an die sechzig. In Art und Erscheinungsbild ein bisschen wie der Metzger um die Ecke. »Ziehen Sie sich ganz aus und legen Sie sich unter das Handtuch. Ich warte draußen, solange Sie sich ausziehen.«

Ich fühlte mich überhaupt nicht verletzlich. Nur sehr behaglich. Hier gab es keine Pling-Plong-New-Age-Musik.

»So, haben Sie irgendwo verhärtete Stellen?« Endlich jemand, der diese Frage stellte.

»Ja, am Hals und an den Schultern.«

»Aha, alles klar.« Und schon begann er sein Tagwerk. Er trug ein unparfümiertes Öl auf und legte los. Wahnsinn. Endlich war ich in den Händen eines Profis gelandet.

»Machen Sie das schon lange?«

»Ja. Sechs Tage die Woche seit dreißig Jahren.«

»Aha.« Er drückte fest auf sämtliche verhärteten Stellen. Er walkte sie durch. Er presste und knetete sie so intensiv, dass jedes andere Massageerlebnis auf der Stelle vergessen war. Sogar die Steine, die ich so lieb gewonnen hatte. O treuloses Weib. Ich kam zu dem Schluss, dass er in einem früheren Leben Metzger gewesen sein musste. Ich glaube, man nennt das »Fleisch zart machen«.

»Ja!«, rief meine innere Männlichkeit. »*Das* ist endlich mal eine Massage.«

»Wir mögen ihn«, stimmte die innere Weiblichkeit zu. Harmonie? Es musste ja ein erstes Mal geben.

Er fand die knorpeligen Stellen und machte sich an ihnen zu schaffen. »Warum wird das alles so steif?«, stöhnte ich.

»Infolge von Stress und Anspannung baut sich ein natürliches Eiweiß im Körper auf. Sie wissen doch, bei dem Fleisch, das Sie essen, haben sich auch an manchen Stellen Knorpel gebildet. Genau so ist es bei diesen Stellen.«

Ich wusste doch, dass er Metzger war.

»Ich fürchte, ein Kannibale würde den größten Teil von Ihrem Hals und Ihren Schultern auf dem Teller liegen lassen.« Er knetete und klopfte sich meinen Rücken und die Beine hinab und sagte dann:»Drehen Sie sich um und bedecken Sie sich mit dem Handtuch.«Taktvoll schob er das Handtuch zurecht. Er stand der ganzen Angelegenheit so herrlich nüchtern gegenüber. Ich beschloss, die Körper/Geist/Seele-Übungen davon getrennt zu halten. Hier war ein Mann, der wusste, wie man meinen Körper weich bekam und meinen Geist und meine Seele in Ruhe ließ. Ich mochte ihn sehr.

Dann begann er mit meinen Füßen. Drückte auf verschiedene Punkte. »Au!«

»Das sind Ihre Augen. Arbeiten Sie viel am Computer?«

» Jeden Tag stundenlang. Aber ich hätte Sie nicht für einen Anhänger der Reflexzonentherapie gehalten.«

»Nein, bin ich auch nicht. Meine Schwester hat mich zu einem Seminar mitgeschleppt, und ich war skeptisch, doch letzte Woche habe ich bei einer Frau einen Punkt am Fuß berührt, und sie wäre fast vom Tisch geschossen. Als ich ihr sagte, dass dieser Punkt in Verbindung zu ihrem rechten Eierstock steht, sagte sie, dass genau der verstopft sei und in der Woche darauf operiert werden solle. Da fing ich an, mich dafür zu interessieren.« Er war alldem gegenüber so herrlich unmystisch. Keine verständnisvoll gesenkte Stimme. Ich begriff, warum die Athleten von der Laufbahn gern hierher kamen.

Als er sich meinem Bauch und den Seiten zuwandte, zupfte er an mir, als wollte er die Muskeln vom Rest meines Körpers trennen. Er rieb mir die Arme kräftig ab und machte sich dann ausgiebig und in höchst angenehmer Weise an meinem Nacken zu schaffen, wo er die Stelle bearbeitete, an der die Muskeln an den Schädel grenzen. Ich schaffte es, ihm etwas zu sagen. »Ich glaube, Sie lösen gerade Spannungen, die schon seit etwa zwanzig Jahren bestehen.«

»Ja«, bestätigte er im Plauderton.

Dann hörte er auf. Mein Leben ist eine Tragödie. »Sie sind fertig. Möchten Sie die Innereien mitnehmen?« Ich glaube, meine Erinnerung daran, was jemand nach einer Massage zu mir sagt, ist manchmal ein bisschen verschwommen. Das muss der Schock sein, wenn das Blut wieder ungehindert durch meinen Körper fließen kann.

Er ging hinaus, und ich zog mich an. »Möchten Sie noch einen Termin vereinbaren?«

»Ja. O ja. Einmal im Monat bis ans Ende meiner Tage.« Ich hatte ihn gefunden. Es war der Beginn einer wunderbaren Beziehung. Ein Jammer, dass er fast sechzig ist und eine Frau und zwei erwachsene Kinder hat. Trotzdem hatte ich eines geschafft: Bald konnte ich meine Freundinnen zur Weißglut bringen. »Ach, mein Masseur? Das ist nur ein ganz normaler Sportmasseur. (Während ich mir lässig die Haare aus dem Gesicht werfe) Ich gehe schon ewig zu ihm.«

Zwölfter Schritt:
Mit Stil »Leck mich« sagen

Ein Wut-Abreaktions-Wochenende

Ich glaube, im Lauf der Jahre habe ich ein paar ganz schön seltsame Freundinnen gewonnen. Diese verflixte Fiona zum Beispiel. Ich kenne sie seit zwanzig Jahren und könnte schwören, dass sie früher ganz vernünftig war. Es ist wirklich ein Jammer. Wenn Ihre Freundinnen Sie fragen, ob Sie Lust hätten, etwas mit ihnen zu unternehmen, möchten Sie doch garantiert einen Einkaufsbummel mit Ihnen machen, stimmt's? Oder vielleicht ins Kino gehen? Oder einen Ausflug ans Meer machen? Das sind die »Freizeitvergnügungen«, die gemeinhin als »normal« gelten. All das würde von der Familie meines Exmannes akzeptiert werden – ein sicheres Anzeichen für »Normalität«. Aber wenn Fiona mich anruft, dann will sie wissen, ob ich mit ihr auf einen »Wut-Abreaktionstag« gehe.

»Ich bin aber gar nicht wütend.« Ich versuchte, meine seelische Gesundheit zu betonen. »Ich war bei CODA, ich habe mir den Darm spülen lassen, ich bringe meine innere Göttin zum Ausdruck, ich habe meine Geburt noch einmal erlebt, ja, ich habe sogar Frieden mit Aspekten meiner Persönlichkeit geschlossen, die aus früheren Existenzen stammen … jetzt müsste ich doch wohl eine Zeit lang aus dem Schneider sein? Ich bin nicht mal ein Verkehrsrowdy; ich fahre Fahrrad. Ich bin nicht wütend, ehrlich nicht, auf gar niemanden.«

»Ach, da muss ich aber lachen. Jeder ist auf irgendjemanden wütend. Soll ich dir sagen, auf wen du wütend bist?«

»Nein. Bloß nicht.« Sie kennt mich viel zu gut.

»Jetzt komm schon mit. Ich hätte dich gern dabei. Weißt du was, ich zahle für dich mit.«

»Okay, einverstanden.« Ich bin leicht zu überreden.

Am nächsten Samstagmorgen fuhr sie mit ihrem Auto bei mir vor und sah überhaupt nicht wütend aus. Ich war alles andere als fröhlich. Es war acht Uhr morgens.

»Wohin müssen wir denn?«, krächzte ich und umklammerte meinen trendigen, amerikanisch gestylten Reise-Kaffeebecher.

»Nach St. John's Wood.« Dort konnte man genauso gut wütend sein wie sonst wo. Der Workshop fand in der Krypta einer Kirche statt. Ein paar schwer gestresst aussehende Gestalten standen draußen und rauchten gierig. Der vorgesehene Raum war angenehm mit Teppichboden ausgelegt und voller dicker Kissen und Kräutertee. Die Leute saßen plaudernd herum, und ein paar Exemplare des mir mittlerweile vertrauten Typus »Männer mit einer gut entwickelten weiblichen Seite« meditierten ernsthaft.

Kurzseminare beginnen oft mit tanzen. Sie legen Musik im Viervierteltakt mit lauten Bässen auf, sodass alle herumhopsen wie durchgeknallte Acid-House-Junkies. Das gewährleistet, dass man bereit ist zu erklären, warum man da ist, wenn man sich nur hinsetzen darf. Das ist die so genannte »Aufwärmphase«. Heute beschloss die Guru-Chefin, uns zuerst zu belehren. Sie war Französin und mollig, aber elegant, und hatte ein rundes, lächelndes Gesicht, dunkle Haare und weise, dunkle Augen. Sie sah aus, als sei sie schon überall gewesen, hätte schon alles gesehen und dann nicht nur dieses lausige T-Shirt gekauft, sondern »alles für ihre Erfahrung, Erbauung und Entwicklung genutzt«.

Sie fing an, uns etwas über Wut zu erzählen. Wut war Auslöser für viele Krankheiten und raubte uns unsere Energie. Wut, die nicht zum Ausdruck kam, verursachte Krebs und alle möglichen schrecklichen körperlichen Probleme. Unterdrückte Wut führte zu Depressionen. Wut, die nicht geäußert wurde, zerstörte Partnerschaften, und wenn sie nicht richtig kanalisiert wurde, konnte sie Kinder und andere Menschen, die wir am meisten lieben, negativ beeinflussen. Als sie zu Ende gesprochen hatte, war ich froh, dass ich gekommen war.

Das hier konnte meinen Organismus offenbar nachhaltiger reinigen als Darmspülungen.

Dann ging es im Kreis der Reihe nach, und die Leute sagten, was sie hierher geführt hatte. Eine Frau, die andauernd ihre Mitbewohner anschrie. Eine, deren Freund sie hergeschickt hatte, weil sie ihn immer wieder schlug. Ein Mann, der voller Scham gestand, dass er zu seinen kleinen Kindern gewalttätig geworden war. Die übliche Menge von Anhängern dieser speziellen Guru-Frau, denen einfach die Art gefiel, wie sie arbeitete. Und außerdem Leute, die von Freunden mitgeschleppt worden waren, eine Kategorie, in die auch ich mal wieder fiel.

»Ich empfinde momentan keine besondere Wut«, erklärte ich. »Aber vielleicht habe ich ja bis heute Abend etwas dazugelernt.« Sie lächelten mich matt an – so wie man es mit Leuten tut, die Dinge sagen, die nicht witzig sind.

Fiona war mittlerweile in einer »Ich will meinen Vater / Exfreund / momentanen Freund und sämtliche Angehörige der Spezies Mann ermorden«-Stimmung. Es klang entfernt vertraut, und die Frauen verstanden es.

Dann mussten wir paarweise zusammenarbeiten und verschiedene Situationen nachspielen, die Wut in uns auslösen würden. Ein Gespräch, bei dem der andere nur »nein« sagte oder »Du irrst dich« oder »Das ist idiotisch« oder irgendeine der anderen herabsetzenden Formulierungen, die wir Menschen einander anscheinend mit Begeisterung an den Kopf werfen.

Es gab eine Szene, in der wir einen Elternteil oder ein kleines Kind spielen sollten, und es war Aufgabe des Kindes, zu versuchen die Aufmerksamkeit des Erwachsenen zu erringen, indem es sagte »Hör doch mal zu«, und Aufgabe des Elternteils, das Kind zu ignorieren, indem er telefonierte oder einfach keine Antwort gab. Mit nicht geringer Freude stellte ich fest, dass ich diese Erfahrung nie gemacht hatte. Nachdem ich von einer Mutter und einer Großmutter aufgezogen worden war, die mich beide vergötterten, wurde ich zwar vielleicht verwöhnt, aber nie ignoriert. Ebenso wenig hatte ich meine Tochter auf diese Weise ignoriert. Aber einigen im Raum war diese Situation offenbar nur allzu vertraut. Sie schrien und wurden ignoriert.

Bei der nächsten Übung mussten wir durch den Raum gehen und einfach nur mit lauter Stimme »Nein, nein, untersteh dich!« rufen und dazu eine gebieterische Handbewegung weg vom Körper machen, wie ein Polizist, der »Stopp!« ruft. Eine einfache Aufgabe. Aber sie ging mir unter die Haut. Kühn trat ich vor und sagte »Nein!«, und schon beim ersten Nein wurde mir klar, dass ich dieses Wort noch nie zuvor gesagt hatte. Erneut sagte ich »Nein!« und spürte meine Macht, als wäre es das erste Mal. Ich konnte »Nein!« sagen. Es war wie eine Offenbarung. So viele Male hatte ich zu Männern »ja« gesagt. Weil ich es ihnen recht machen wollte. Weil ich sie nicht verlieren wollte. Nicht einmal das Mädchen mit der ausgeprägten inneren Männlichkeit hatte es je gewagt, »nein« zu sagen. Es war, als fielen mir Schuppen von den Augen.

Als ich zu »Untersteh dich!« kam, wusste ich genau, mit wem ich sprach und welche alten Verstimmungen erst noch aufgelöst werden mussten. Nie hatte ich mich unterstanden, »Untersteh dich!« zu sagen. Wow, eine Frau, die »Nein!« sagen kann. Was für ein Gedanke.

Dann zurück durch den Raum. »Nein! Nein! Nein! Untersteh dich!« Klingt doof, was? Als könnte man mit seinen Samstagen etwas Besseres anfangen. Aber ich hatte bereits angebissen. Zum ersten Mal in irgendeinem Leben verkündete ich, dass ich das Recht hatte, ebenso »nein« zu sagen wie »ja«. Ich hätte diese Übung noch ein paar Stunden lang machen können.

Der nächste Satz, der mit lauter Stimme gesprochen werden sollte, war: »Hau ab!« Einige der verschüchterten Männer im Raum, die bei ihrem »Nein« kaum zu hören gewesen waren, fanden nun ihre Stimme und brüllten freudig »Hau ab!«. Vermutlich hatten sie nie den Mut aufgebracht, das zu demjenigen zu sagen, der sie so eingeschüchtert hatte.

Dann die dritte Übung: »Lass mich in Frieden!« All die Getretenen und Unterdrückten, eine Kategorie, in die ich auch schon mal fiel, genossen das. Ich schätze, jeder von uns hatte mitunter schon das Gefühl, dass jemand ihn unterdrückte, mundtot machte oder sogar auf bösartige, hinterhältige Art kritisierte. Es war ein gutes Gefühl, aus voller Seele »Lass mich in Frieden!« zu schreien. Keiner, den wir anschrien, sollte sich angegriffen fühlen. Es war nur eine Übung.

Dann die nächste Runde: »Ich nehme mir meine Macht wieder.« Nur dass es diesmal eine Abwandlung gab. Während der eine das mit lauter Stimme erklärte, sollte ein anderer neben ihn treten und improvisierte Verachtung äußern. »Ha! Du? Macht? Dass ich nicht lache! Du rückgratloses Würstchen, du hast ohnehin noch nie Macht besessen. Und du wirst auch nie welche haben.«

Während ich dasaß und mir anhörte, wie leicht wir diejenigen verhöhnten, die ihre Macht zurückverlangten, war ich schockiert. Da ich schon seit Jahren mit meiner Tochter allein lebe, bin ich damit nicht mehr konfrontiert. Alle meine Freunde haben mich gern. Wenn jemand mich nicht mag, treffe ich ihn einfach nicht. Mit Schrecken vernahm ich, was die anderen Teilnehmer sagten. Menschen leben mit derartiger Beschimpfung, Kritik und Wut? So behandeln wir die von uns geliebten Menschen? Die arme Liebe. Warum tun Paare sich so etwas an?

»Redet dein Mann wirklich so mit dir?«, fragte ich eine Frau.

»Andauernd.«

»Warum bleibst du dann bei ihm?«

»Wegen der Kinder.«

»Brüllt er die Kinder auch so an?«

»Ja. Aber ich kann nicht gehen. Ich könnte nicht ohne ihn leben.«

Es kommt nicht oft vor, dass mir die Worte fehlen.

Der nächste Satz, auf den wiederum Hohn folgen sollte, lautete: »Ich kenne meine Wahrheit.«

Jetzt war ich wieder in meinem Fahrwasser. Ich dachte an

die Male, wo ich verspottet und lächerlich gemacht worden war. Ich verkündete:»Ich kenne meine Wahrheit«, wobei ich wünschte, ich hätte den Mut gehabt, solche Sachen in meinem bisherigen Leben zu sagen. Ein Mann kam quer durch den Raum auf mich zu und provozierte mich:»Du bist eine Witzfigur«, worauf ich mit lauterer Stimme entgegnete »Ich kenne meine Wahrheit« und mit einem improvisierten eigenen Satz abschloss:»Also verpiss dich.« Ich kann es doch nie lassen, mich beim Publikum einzuschmeicheln.

Am Ende dieser Übung bekamen wir etwa dreißig Zentimeter lange Stücke von einem Plastikschlauch und Kissen. Dann sollten wir auf die Kissen eindreschen, bis wir nicht mehr konnten.

Seltsam. Noch am selben Morgen hatte ich erklärt, ich sei nicht wütend. Diese ganzen Kirchen- und Seminarbesuche und so ... ich dachte ehrlich, ich hätte meine unbewältigten Ressentiments schon lange abgelegt.

Kissen zu schlagen macht unheimlich Spaß. Ich dachte an Dinge, die man mir an den Kopf geworfen hatte. Einmal habe ich einem Mann ein Gedicht gegeben, das ich geschrieben hatte. Es war ein Liebesgedicht. Er meinte:»Das kann Shakespeare aber besser, was?« Es sollte fünfzehn Jahre dauern, bis ich wieder eines schrieb. Ich musste daran denken, wie oft ich betrogen, im Stich gelassen und missverstanden worden war. Ja, ich konnte genauso gut auf das Kissen einschlagen wie jeder andere.

Es trifft nicht zu, dass ich im wirklichen Leben jemanden mit einem Plastikschlauch schlagen möchte. Na ja, seien wir mal ehrlich. Ein paar Leute fallen mir schon ein, die ich ganz gern verdreschen würde. Aber ich würde es nicht tun, selbst wenn ich Gelegenheit dazu hätte. Früher hatte ich immer herrliche Tagträume davon, einen bestimmten Mann und seine Geliebte zu erschießen. In Gedanken hatte ich mir schon den Tatort und alles Weitere ausgemalt. Es hätte in der Dämmerung vor einem Theater, in dem er arbeitete, stattgefunden, und zwar unter der Leuchtschrift »Bühneneingang«. Es wäre Abend gewesen. Die Szenerie von einer alten Laterne in gelbes Licht getaucht. Weichzeichner. Zuerst ihn, dann sie. Eine Pistole mit Schalldämpfer, also kaum Geräusche. Nur plopp, plopp. Und Unmengen von Blut. Das wäre es mir wert gewesen, den Rest meines Lebens im Gefängnis zu verbringen. Ich glaube, man kann sagen, dass ich auf diesen Mann wütend war ... oder nur ein bisschen aufgebracht? Auf jeden Fall habe ich mich letztlich dagegen entschieden, und jetzt hätte ich nicht mal mehr Lust, ihn mit einem Plastikschlauch zu verprügeln. Jedenfalls nicht in natura. Aber das mit dem Eindreschen auf ein Kissen – das sollten Sie mal ausprobieren.

Die Leute schrien auch. Die Worte »Scheißkerl« und »Miststück« erschollen mit schöner Regelmäßigkeit aus der Krypta. Die Passanten mussten sich höchst interessiert gefragt haben, was für eine Art von Gottesdienst da stattfand. Der liebe Gott lehrte uns zwar, unserem Nächsten zu vergeben, aber er äußerte sich nicht allzu genau dazu, wie wir das tun sollten. Unserer Trainerin zufolge ist es notwendig, erst den ganzen Groll abzubauen, bevor echte Vergebung einsetzen kann. Irgendwo hatte ich das schon mal gehört. Es klang irgendwie vertraut. Aber ich brauchte nicht darüber nachzudenken. Ich drosch nur noch ein bisschen länger auf die Kissen ein.

Als wir alle restlos erschöpft waren, verkündete sie den Beginn der Mittagspause. Wir gingen von tiefgründigen und persönlichen Gesprächen zu den üblichen Banalitäten über. »Und wo, äh, wohnst du?« – zu einer Frau, die mir gerade anvertraut hatte, dass ihr Mann sie schlug. Da kommt man doch ins Grübeln darüber, was für Geheimnisse die Leute am Nebentisch im Restaurant mit sich herumschleppen. Das Paar mit den Kindern sah eigentlich recht glücklich aus. Ich fragte mich, ob er sie in den eigenen vier Wänden »hirnloses Miststück« nannte. Oder welche Koseworte sie ihm an den Kopf warf. »Ich hasse dich, du besoffener Scheißkerl. Du bist eine Null.«

Wenn Sie uns in diesem Lokal in St. John's Wood gesehen hätten, hätten wir auf Sie wie eine lachende, fröhliche Gruppe von Freunden gewirkt. Die Art von Gruppe, die ich neidisch beäuge, wenn ich allein zu Mittag esse und mich frage, warum alle anderen riesige Horden von Bekannten zu haben scheinen. Wenn Sie also nächstes Mal einen richtig lustigen Haufen sehen, denken Sie daran, dass diese Leute womöglich gerade eine Stunde damit verbracht haben, einen Stapel unschuldiger Kissen nach Strich und Faden zu vermöbeln.

Beklommen traten wir den Rückweg an. Was in aller Welt hatte sie wohl für den Nachmittag geplant? Ich war erstaunt über das, was sie versuchen wollte. Rollenspiel. Sie bat um Freiwillige. Ich rührte mich nicht. Eine junge Frau von etwa fünfundzwanzig stand auf und erzählte ihre Geschichte. Seit ihrem elften Lebensjahr war sie in der Schule misshandelt und schikaniert worden. Mädchenbanden hatten sie verprügelt, getreten, ihr ihre Arbeiten weggenommen und sie die Treppen hinabgestoßen. Als sie vierzehn war, hatte ihre Mutter es schließlich herausgefunden, da sie am Arm ihrer Tochter Bisswunden entdeckt hatte. »Ich habe ihnen nie irgendwas getan.« Sie stand vor uns und sah fragend in die Runde, als ob wir ihr hätten sagen können, warum sie so massiv traktiert worden war.

Wir konnten es ihr nicht sagen. Aber wir konnten ihr in gewissem kleinem Rahmen ihre Macht zurückgeben. Sie wurde gebeten, aus den Anwesenden Gesichter auszuwählen, die ihre Peinigerinnen nachspielen sollten. Drei junge Frauen wurden ausgesucht. Ein lebensgroßer Teddybär, der sie repräsentieren sollte, wurde auf den Fußboden gesetzt. Die Frauen stellten sich um ihn herum und traten ihn. Sie schrien Beleidigungen. »Du bist eine Heulsuse.« »Du bist dumm.« »Wehe, du verrätst etwas, dann machen wir dich fertig.«

Es war schon ein Albtraum, dabei nur zuzusehen. Sie weinte. Dann sagte die Trainerin zu ihr: »Was möchten Sie, dass jetzt geschieht?« Sie sprang auf und brüllte sie an: »Was treibt ihr da eigentlich? Wisst ihr, wie alt ich bin? Warum tut ihr mir weh?«

Die drei vorgeblichen Peinigerinnen standen perplex da und hörten ihr zu.

»Ist euch denn nicht klar, was ihr da tut? Ich war elf, als ihr damit angefangen habt, Herrgott noch mal! Warum ich? Was habe ich euch getan? Schaut euch mal meine blauen Flecken an.« Sie brüllte und brüllte sie an, bis sie schließlich lachen musste. »Das habe ich ihnen schon seit Jahren sagen wollen.«

»Reicht das?«

»Ja. Vielen Dank.«

»Alle Wasser trinken«, sagte die Französin. Plastikbecher wurden herumgereicht. Immer gut als Denkhilfe, so ein Plastikbecher.

»Noch jemand?«

Eine Amerikanerin stand auf. Sie war etwa Mitte dreißig, aber winzig.

»Meine Mutter hat mich andauernd geschlagen. Wir haben uns fürchterlich gestritten«, berichtete sie.

»Okay, suchen Sie sich jemanden aus, der Ihre Mutter spielen soll.«

Sie sah sich um. Ihr Blick fiel auf mich.

»Isabel.« Ach du liebe Zeit. Wollte ich das wirklich machen?

»Wie alt willst du denn sein?«, fragte ich sie.

»Etwa vierzehn.« Gibt es einen Gott? Was glauben Sie wohl? Das war exakt das damalige Alter meiner Tochter.

»Und worüber habt ihr euch gestritten?«, fragte ich.

»Ach, über alles.«

»Okay, das kenne ich.«

Und so begann ich, mich selbst zu spielen, wenn ich ganz übler Laune bin. Gehässig und übermüdet. »Räumst du eigentlich auch mal auf oder spülst das Geschirr? Ich habe echt die Nase voll davon, dich ständig darum bitten zu müssen!«

»Und ich habe die Nase voll von deiner Nörgelei!«, brüllte sie zurück.

»Findest du nicht, dass es langsam an der Zeit ist, dass du einen Beitrag zu diesem Haushalt leistest, wenn du als Erwachsene behandelt werden willst? Ich mache hier alles ganz allein. Alles.«

»Ich verlange ja nicht von dir, dass du aufräumst, oder?«

»Sei doch nicht albern – irgendjemand muss das Geschirr ja spülen, oder nicht?«

»Meinst du, das interessiert mich?«, kreischte sie.

»Tja, es sollte dich aber verdammt noch mal interessieren.«

»Leck mich doch am Arsch.« Das hatte meine Tochter noch nie zu mir gesagt. Gott sei Dank, sonst hätte ich sie vielleicht auch geschlagen. Aber ich wusste, was als Nächstes kommen musste.

»So redest du nicht mit mir. Was glaubst du eigentlich, mit wem du sprichst?«

»Ich spreche mit dir, du blöde Kuh.«

Es war seltsam. Wie ein schrecklicher Streit mit meiner eigenen Tochter. Von der Sorte, wie wir sie zweimal im Jahr haben, nur noch schlimmer. Es war entsetzlich, mir selbst dabei zuzuhören, wie ich ein Kind dermaßen anbrüllte. Selbst wenn sie fünfunddreißig war und nur so tat. Ich schämte mich.

»Geben Sie ihr einen Klaps auf den Arm«, flüsterte mir die Trainerin ins Ohr. Ich zuckte zusammen und schlug sie.

»Arschloch«, sagte sie. Ich schlug noch einmal zu.

»So hast du nicht mit mir zu reden!«, brüllte ich. Ich schlug sie ein weiteres Mal auf den Arm, ziemlich fest. Was wollte ich? Eine pathetische Unterwerfungsgeste? Tränen?

»Ich hasse dich«, kreischte sie.

»Ich habe absolut die Schnauze voll von dir. Du bist unmöglich.«

Ich war selbst kurz davor, in Tränen auszubrechen. Hier agierte ich meinen schlimmsten Albtraum aus.

»Okay, das reicht«, kam mir die Trainerin zu Hilfe.

Sie wandte sich um und sprach leise zu dem fünfunddreißigjährigen Teenager: »Und was möchten Sie jetzt zu ihr sagen?«

Ich machte mich auf ihre Wut gefasst. Schließlich war es ein Wut-Workshop. Aber ich bekam sie nicht. »Mom, es tut mir Leid. Ich möchte nur sagen, dass ich schon so lange wütend auf dich bin. Ich habe einfach nicht begriffen, was es für dich bedeutet hat, dass Dad weg ist und das alles. Es stimmt, was du sagst – ich habe dir nie etwas abgenommen –, aber ich war ein egoistisches Kind und habe nichts begriffen, ja, Mom?«, sagte sie zu mir.

»Ich weiß«, sagte ich. »Das verstehe ich. Ich bin deine Mom. Ich liebe dich. Es tut mir Leid.« Dann umarmte sie mich.

Ich setzte mich und dachte über meine Tochter und meine Beziehung zu ihr nach. Wir hatten uns seit Monaten nicht mehr gestritten. Im Stillen schwor ich mir, dass ich beim nächsten Mal, wenn sie unverschämt wurde oder mich provozierte, einfach das Zimmer verlassen würde. Jetzt hatte ich diese Szene gespielt. Mit Gottes Gnade wollte ich sie niemals wiederholen. Ich war in den Workshop gekommen, um etwas über Wut zu lernen, aber eine solche Lehre hatte ich nicht erwartet. Ich war erschütterter als die Amerikanerin.

»Wasser?«, fragte sie. Ich hätte einen Whiskey gebraucht.

»Machen wir eine Pause«, sagte die Trainerin, sah mich an und legte Tanzmusik auf. Ja. Ich tanzte einen albernen Walzer und musste an die vielen Male denken, die ich alberne Walzer mit meiner Tochter getanzt hatte. All die Lieder, die wir zusammen gesungen, all die Spiele, die wir zusammen gespielt hatten. Ich machte aus meinem Tanz ein Dankeschön an die schöne junge Frau, die sich daheim mit ihren Freundinnen traf. Am liebsten wäre ich nach Hause gestürmt und hätte gesagt: »Ich möchte mich für die Male entschuldigen, wo ich dich angeschnauzt habe.« Aber dann hätte sie mit Duldermiene die Augen gen Himmel gerollt und geseufzt: »Ach, Mutter ... warst du schon wieder bei irgend so einem Workshop?«

Der Tanz endete, und die Trainerin sagte: »Wir haben Zeit für noch jemanden.« Eine unscheinbare Frau erhob sich. Sie sah aus, als hätte sie ihr Leben lang Angst gehabt. Und das hatte sie auch. Wir sahen uns alle Hilfe suchend im Raum um. Es war genau das, was wir befürchtet hatten. Kindesmissbrauch. Sie beschrieb uns die Szenerie. Die Frau benutzte den lebensgroßen Bären, um sich selbst im Bett darzustellen. Mit sechs Jahren.

Ein Mann erklärte sich tapfer bereit, auf den Bären zuzugehen und ihm die Decke wegzuziehen. Sie beschwor ihn. »Du kranker Mann. Ich war sechs Jahre alt. *Sechs Jahre.* Zeit meines Lebens bin ich ein Opfer gewesen. Geh weg von ihr.

Wehe, du fasst sie an, du trauriger, gestörter Typ.« Sie schrie ihn an. Sie weinte um die verlorene Unschuld dieser Sechsjährigen. Schließlich hörte sie auf, ihn anzuschreien. Wir saßen da und waren voller ehrfürchtiger Bewunderung für ihre Leistung. Dann klatschten wir Beifall. Der Mut, den die Teilnehmer auf diesen Workshops beweisen, ist dermaßen beflügelnd. Der menschliche Wille zu verzeihen, zu vergessen, weiterzumachen – ganz egal, welche Verletzung einem auch zugefügt wurde – rührt mich immer wieder.

Dann, als ich schon glaubte, wir seien fertig, droschen wir erneut auf die Kissen ein. Ich verprügelte das Kissen und fragte mich, warum ich es diesmal schlug. Dann fiel mir ein Mann ein, den ich nie kennen gelernt hatte. Irgendwo in einer anderen Dimension stand ein Mann und wartete auf meine Vergebung. Roger Woolger hatte gesagt, man solle zuerst seine Wut loswerden und dann Mitgefühl entwickeln. Ich dachte an die Szene mit einer verhungernden Frau und drei Kindern und boxte auf das Kissen ein, bis ich nicht mehr konnte. Dann musste ich an meinen Vater denken. Ein bisschen verdrosch ich das Kissen auch seinetwegen. »Du hast ja keine Ahnung, wie schwer es meine Mutter gehabt hat. Du Mistkerl.« So wütend war ich eigentlich gar nicht auf ihn. Aber es war trotzdem ein gutes Gefühl, es auszusprechen. Ich versetzte dem Kissen noch fünfzig Hiebe extra.

Dann folgte erfreulicherweise eine Meditation. Sie ließ wabernde New-Age-Musik laufen, die ideal war für eine Flucht in die Geisterwelt, wo ein unbekannter Mann noch immer wartete. Ich stellte mich vor ihn hin und sprach – über Vergebung. »Ich war wütend. Ich war genauso grausam zu meiner Tochter wie du zu mir. Du wolltest mir nicht wehtun. Du hast nur nichts begriffen. Du hast überhaupt nichts begriffen, aber du warst ein verzweifelter Mann, und ich war eine verzweifelte Frau. Ich bin nicht besser als du, und deshalb kann ich dir verzeihen, ja. Kannst du mir auch verzeihen?« Und irgendwo in meiner Meditation sagte eine Stimme: »Aber sicher.«

Als die Meditationsmusik verstummte, war mir ein bisschen leichter ums Herz.

Der Tag endete, und ich sah, wie Fiona mich anlächelte. Sie verkniff sich zwar die Bemerkung »Ich hab's dir gleich gesagt«, doch ich las sie in ihren Augen. »Na gut, schon recht, ich geb's zu. Der Workshop war wirklich nützlich.«

Noch an diesem Morgen hatte ich geglaubt, keine Wut in mir zu haben. Selbsterkenntnis? Fragen Sie einfach die Weise von Battersea.

Dreizehnter Schritt:
Der Hypnotiseur, das Genie und der Dicke

Neurolinguistisches Programmieren, Spinner und Spinnen

Einer der Nachteile, wenn man sich auf dem Weg zur Erleuchtung befindet, ist, dass man eine Menge merkwürdiger Post bekommt. Wenn Sie ein x-beliebiges Seminar besuchen, wird Ihr Name in einem Zentralregister für »Leichtgläubige New-Age-Typen« gespeichert, und dann will jeder Guru in London Sie zu einem oder zwei oder drei Kursen einladen.

Der nächste Fernsehjob kam und ging. Ich hatte eine ganze Sendung über Freud gemacht und wusste immer noch nichts über ihn. Ich kam mir sehr rückständig vor. Sollte ich mich jetzt aufraffen, *Die gesammelten Werke* des guten Siggi zu lesen, oder wäre es amüsanter, wenn ich nachsah, was die Post zu bieten hatte?

Eines Morgens kam ein Prospekt:

Als würden Sie Musik bei Mozart, Physik bei Einstein oder Malerei bei Picasso studieren, können Sie jetzt NLP bei dem kreativen Genie lernen, das alles ins Rollen gebracht hat – Richard Bandler.

Ich habe ja schon alle möglichen Behauptungen gehört, aber die hier hat den ersten Preis für den Irrsinn des Jahres verdient. Ein grauhaariger Mann, von hinten in mystisch gelbes Licht getaucht, mit Aknenarben im Gesicht und schwarz lackierten Fingernägeln, blickte mich von dem Prospekt an. Zwei weitere schmierige Typen standen neben ihm. Der eine trug eine ziemlich schauderhafte Krawatte und war offenbar Paul McKenna, der »Fernseh-Hypnotiseur«. Der dritte Mann schien recht dick zu sein, aber seine Krawatte war geschmackvoller.

Man sollte meinen, dass ich schon von Paul McKenna gehört

hätte, aber ich sehe nicht fern. Ich interessiere mich nicht im Geringsten für Fernsehen. Arbeite ich vielleicht in der falschen Branche? Natürlich muss ich so tun, als sähe ich viel fern. Bei einer Bewerbung wurde ich gefragt, was meine liebsten Nachmittags-Talkshows seien. Ich war nicht einmal imstande, eine Antwort auf diese Frage zu erfinden. Und natürlich beeindruckt es mich nicht im Geringsten, wenn jemand seine eigene Serie hat – es sei denn, er ist Hypnotiseur.

Hier war also die Gelegenheit, von einem Fernseh-Megastar, einem Egomanen und einem Dicken etwas Abseitiges zu lernen. Sie offerierten »Eine ganze Welt neuer Möglichkeiten« und behaupteten überdies, das größte und erfolgreichste Team von NLP-Trainern in ganz Großbritannien zu sein und mehr als vierhundert »Delegierte« pro Seminar zu haben. Neurolinguistisches Programmieren, um der Disziplin ihren vollständigen Namen zu gönnen, war etwas, von dem ich schon oft gehört hatte, worüber ich jedoch nichts wusste. Mir war bekannt, dass sich Insight mancher Details daraus bedient, aber nicht, an welcher Stelle. Einmal hatte ich sogar gehört, wie jemand stolz sagte: »Hast du das gesehen? Ich habe ihn NLP-t.« In fassungsloser Ignoranz hatte ich den Betreffenden angestarrt. Ich konnte mir zwar erklären, dass »neuro« sich auf das Gehirn bezieht und »linguistisch« auf Sprache und dass »Programmieren«, na ja, eben Programmieren heißt. Und irgendwie hatte es auch etwas mit Hypnose zu tun. Dann war es doch klar, oder? Und in einem Seminar mit vierhundert Teilnehmern hätte ich auch die statistische Chance, einen interessanten Mann kennen zu lernen. Beschäftigen sich interessante Männer mit NLP? Gibt es irgendeinen Grund, der dagegen spricht? Die Trainer kamen mir vor wie kleine Betrüger, die grinsten und einem ein neues Leben versprachen. Doch wie immer war ich neugierig.

Der Kurs fand in einer Konferenzhalle in der Tottenham Court Road statt. Beim Eintreffen händigte man mir einen umfangreichen Vertrag aus, auf dem ich mit meiner Unterschrift versprechen sollte, dass ich selbst keine NLP-Seminare abhalten

würde. Zugleich erhielt ich einen Anstecker, auf dem stand
»NLP-Anwenderin Isabel Losada«, und die Zusage, dass ich
nach Ablauf dieser Woche Mitglied der Gesellschaft für Neurolinguistisches Programmieren sein und eine Lizenz erhalten
würde. Um diese Qualifikation zu erlangen, musste ich lediglich meinen Obolus entrichten und im Raum bleiben, dann
konnte ich alle möglichen anderen Leute, die ebenso leichtgläubig waren wie ich, davon überzeugen, dass ich dazu ausgebildet war, ihr Leben zu verändern. Ich konnte mir auch eine
gerahmte Urkunde an die Wand hängen, um es zu beweisen.

Ich betrat den Raum und musterte die vierhundert Leute
in den zwei Sekunden, die eine Frau braucht, um herauszufinden, ob sich im Umkreis von zweihundert Metern ein interessanter Mann aufhält. Es gab einen, doch er hatte eine
Glatze. Ich konnte ihn später genauer betrachten. Wir nahmen
alle Platz. Der Konferenzraum hatte keine Außenfenster, war
riesig und mit zwei Lautsprechern bestückt, aus denen wilder
Rock im Viervierteltakt dröhnte. Der für die Musik Zustän-
dige hatte offenbar den Auftrag bekommen, etwas »Lautes
und Fetziges« aufzulegen. Dann ertönte tosender Applaus, an-
imiert von den Helfern hinten im Raum, und der Dicke und
der Hypnotiseur marschierten gemeinsam auf die Bühne.

Sie begannen mit Selbstbeweihräucherung. Der Dicke erzählte uns, wie erfolgreich die Kurse waren, und wir klatschten jeder Gruppe Beifall, die übers Meer gereist war, um hier
zu sein. »Heißen wir die Teilnehmer aus Kuwait und den Ver-
einigten Arabischen Emiraten willkommen.«

Wir applaudierten gehorsam.

»Heißen wir die Teilnehmer aus Deutschland willkommen.«

Wir sahen uns nach ihnen um und klatschten. Und weiter
ging's. Italien, Spanien, Monaco, die Niederlande, Dänemark,
Norwegen, Portugal, Israel, die Türkei und das Schlaraffen-
land. Als wir endlich fertig waren, fügte der Hypnotiseur hinzu:
»Ist vielleicht auch jemand aus Kensington da? Ich brauche
nämlich jemanden, der mich heimfährt.«

Er war witzig. Das war eine Erleichterung, denn der Dicke,

der die meiste Zeit redete, war es nicht. Ich saß da und dachte unschöne Dinge über ihn. Paul McKenna ist offensichtlich klüger und unterhaltsamer, also warum redete der Dicke so viel? Sie wissen sicher, wie ärgerlich es ist, wenn ein Redner sein Publikum herablassend behandelt und es nicht angebracht ist zu rufen: »He, das stimmt nicht!« Das war genau die Lage, in die er uns brachte. Irgendwann grinste er uns an und sagte: »In diesem Seminar werden die Teilnehmer ihre Angst vor Worten verlieren.« Ganz schön frech, dachte ich. Ich mag ja Angst davor haben, von Rednern mit zweifelhaften Fähigkeiten zu Tode gelangweilt zu werden, aber Angst vor Worten habe ich nicht.

»Wir unterrichten keine Theorie«, erklärte er. Ich hatte eine Freundin angerufen, die sich mit NLP auskannte, und sie hatte gesagt: »Sie zielen darauf ab, dir eine Erfahrung auf unbewusster Ebene zu vermitteln. Daher machen sie sich nicht die Mühe, dir etwas beizubringen.« Sie hatte gemeint, es wäre eine vergeudete Woche. Ich war drauf und dran, mich ihrer Meinung anzuschließen, und außerdem stach mir von dem Konferenzstuhl eine Feder in den Po. Dann teilte jemand Handbücher aus. Sie waren einhundertvierundvierzig Seiten lang und voller Theorie. Hatten sie nicht gerade gesagt, dass sie keine Theorie unterrichten würden? Ich blätterte eine Seite um. Da stand: »Das Handbuch ist nicht mit dem Seminar gleichzusetzen.« Dann ist es ja gut, dachte ich, dann brauche ich es nicht zu lesen. Ich benutzte es, um die Feder auf meinem defekten Stuhl abzudecken. McKenna fing an, über Kommunikation zu sprechen.

»Ich habe Erdkunde gehasst. Vielleicht lag das an dem langweiligen Wichser, der es unterrichtet hat.« Frauen in zugeknöpften Blusen rutschten unbehaglich auf ihren Sitzen herum. »Wir verwenden hier eine Menge Schimpfwörter. Sie sind sehr wohl überlegt. Wir halten Besprechungen dazu ab.«

Sie fuhren damit fort, uns zu erklären, wie großartig ihr Training sei. »Alle anderen NLP-Organisationen haben etwas gegen uns. Sie behaupten, NLP könne man nicht in sieben Tagen lehren. Das liegt daran, dass die Leute, die NLP machen, solche Trottel sind. »Ich wusste nicht, ob die Tatsache, dass ich gleich am ersten Tag zum Trottel erklärt wurde, dafür sorgte, dass mir die Grundsätze ans Herz wuchsen. Dann schilderten sie uns in einer Art konzertierter Aktion, wie phänomenal »das Genie, das alles erschaffen hat«, sei. »Bandler ist der begabteste Kommunikator, den ich je gesehen habe.« Erneut waren sie sich einig. Mein Po sehnte sich nach der Kaffeepause.

Sie kam, und ich marschierte davon, getrieben von dem Verlangen, Kekse mit Marmeladenfüllung zu futtern. Andere Trottel in allen Ausformungen plauderten und nickten sich gegenseitig begeistert zu. Eine hoch gewachsene männliche Version kam auf mich zu und grinste auf Besorgnis erregend freundliche Weise.

»Ich bin hier, um meinem Sohn zu helfen«, sagte er.

»Ach, wirklich?« Ich heuchelte Interesse. »Wie alt ist er denn?«

»Fünfundzwanzig.«

Dieses Gespräch würde mehr unverlangte Ratschläge erfordern, als selbst ich zu erteilen bereit war. Außerdem war ich keineswegs in der Stimmung, mitfühlend zu lauschen.

Eine sehr magere Frau trat zu uns. Sie hatte ein empathisches Lächeln aufgesetzt. Ich wollte keine Empathie. Auf einmal wurde ich zur Raucherin. »Ich gehe nur schnell raus, eine rauchen.« Es war gelogen, aber es befriedigte mich, eine Wildfremde anzulügen. Am liebsten hätte ich auch noch meinen Kaffee über sie geleert. Ich war wohl nicht besonders gut aufgelegt. Ich rauchte meine unsichtbare Zigarette mit extra hohem Teergehalt und kehrte mürrisch in den Flur zurück. Dann suchte ich mir einen neuen Stuhl, erwischte aber einen, der noch unbequemer war als sein Vorgänger.

Plötzlich erklang eine Fanfare. Ekstatischer Beifall ertönte von den Helfern hinten im Raum, und der geltungssüchtige Typ mit den schwarzen Fingernägeln erschien. Er sah aus wie ein dämonischer Massenmörder, der gleich eine Maschinenpistole hervorholen und uns alle niedermähen würde. Er befand sich wohl auf einer anderen Bewusstseinsebene. Stand er unter Drogen, war er verrückt oder vielleicht beides? Dann begann er zu sprechen. Eine wohlklingende, tiefe Stimme streichelte unsere Trommelfelle.

»Wenn man Lernen mit Vergnügen verknüpft, tun die Leute es öfter«, erklärte er. Ich fragte mich, warum in der Schule meiner Tochter noch niemand darauf gekommen war. Ein Mann in der ersten Reihe machte sich Notizen. Bandler ging aggressiv auf ihn los. »Können Sie die Zahl 379 vergessen?«, fragte er. Der Mann murmelte in einsilbigem Schrecken etwas vor sich hin. »Nein? Wie wollen Sie dann einen ganzen Workshop vergessen?« Der Notizblock wurde gehorsam auf dem Fußboden abgelegt.

Dann begann er mit etwas, was wie eine halbstündige Comedy-Vorstellung wirkte. Sein erstes Thema war, dass Psychotherapie Zeitverschwendung sei. »Die meisten Therapeuten bringen Ihnen bei, über Ihr Leben deprimiert zu sein. Psychotherapie beinhaltet nichts, was einen aufheitern könnte. Das meiste davon ist Humbug. Wenn jemand seit Jahren zur Therapie geht und immer noch nicht glücklich ist, warum verlangt er dann nicht sein Geld zurück?«

Niemand konnte Bandler vorwerfen, dass er seine Meinung nicht klar zum Ausdruck gebracht hätte. Seine Witze wechselten sich mit Geschichten darüber ab, wie dumm alle anderen seien und wie schlau er sei. Anscheinend hatte er oft Recht.

»Nehmen Sie nur die Katatonie ...« Sein Feuereifer hielt uns gefangen. »Wenn Sie ein katatoner Patient sind, heißt das, dass Ihnen niemand helfen kann und es auch niemand versuchen wird. Ich habe einen katatonen Patienten, der sich seit zehn Jahren nicht mehr bewegt und nicht mehr gesprochen hatte, ganz fest mit einem Hammer auf den kleinen Zeh gehauen. Zweimal. Ich sorgte dafür, dass es massiv wehtat. Sein Nervensystem funktionierte noch. Ich war in Begleitung des Psychiaters, der nichts getan hatte, um ihm zu helfen. Ich wollte ihm gerade zum dritten Mal auf den Zeh schlagen, als sich auf einmal die Hand des Patienten bewegte und er voller flammender Wut meinen Arm packte und ›Nein!‹ rief. Ich trat beiseite, damit er seine Wut an seinem Psychiater auslassen konnte. Als der Patient den Arzt auf den Boden presste, unterstützte ich ihn dabei, wie man seine Wut abreagiert. ›Ja, ja, lassen Sie Ihre Wut raus.‹«

Bandler spielte gleichzeitig den Patienten und den Arzt. Er hasste wirklich alle Arten psychiatrischer Einrichtungen und betrachtete sie als Gefängnisse, aus denen alle Insassen freigelassen werden sollten. In diesem Punkt war ich seiner Meinung. Ich hatte seit jeher gefunden, dass die Strategie, Menschen, die unter Wahnvorstellungen leiden, in Gruppen zusammenzusperren und unter Medikamente zu setzen, ihnen wohl kaum dazu verhelfen wird, in dem zu funktionieren, was wir die Wirklichkeit nennen.

Einmal hatte er einer Gruppe von Ärzten erzählt, er habe ihnen bewusstseinsverändernde Drogen in den Tee getan. Die Ärzte waren allesamt in Panik ausgebrochen und hatten dann begonnen, sich seltsam zu benehmen. Natürlich hatte er den Ärzten gar keine Drogen verabreicht, aber es amüsierte ihn ungemein, sie zu beobachten. Später sagte er, sie sollten nichts verschreiben, dessen Wirkung sie nicht kannten und das sie selbst nie ausprobiert hatten. Er hatte seine Meinung deutlich zum Ausdruck gebracht.

»Gehen Sie nicht zum Psycho-Vergewaltiger«, sagte er und starrte uns an wie Jack Nicholson in *Shining*. »Wenn Sie anfangen, davon zu berichten, wie Sie depressiv wurden, das damit in Verbindung bringen, wie Sie wütend waren, und schließlich merken, wie Sie das durcheinander gebracht hat, dann verlieren Sie alle Kraft.« Stattdessen regte er die Teilnehmer zu optimistischen Illusionen an.

»Ein Patient sagte: ›Aus dem Fernseher kommen Menschen, die mir überallhin folgen.‹ Ich erwiderte: ›Haben Sie schon mal vom Playboy-Channel gehört?‹«

Irgendwie musste ich lachen. Ich beschloss, auf Freuds *Gesammelte Werke* zu verzichten. Dann schloss er seine Geschichte ab, und wir erhielten eine kurze Lektion.

Die kann ich Ihnen leicht weitergeben:»Wie viele von Ihnen reden in Gedanken mit sich selbst und lösen dadurch negative Gefühle aus?«

Wir hoben alle die Hand.»Hören Sie damit auf.« Er starrte uns drohend an.»Und wenn Sie schon auf diese Weise mit sich selbst reden müssen, dann tun Sie es wenigstens mit einer sexy Stimme.« Er wechselte die Stimmlage, und auf einmal befand sich Marlene Dietrich im Raum – »Das hast du ja komplett verpfuscht«, flüsterte er in einem Tonfall, der klang wie:»Du bist ein hinreißendes, verführerisches Geschöpf.« Das führte den negativen Inhalt ad absurdum.»Wenn Sie schon unangenehm werden müssen, tun Sie es wenigstens mit Sex-Appeal.«

Eine Parole jagte die nächste.»Es ist unmöglich, enttäuscht zu werden, es sei denn, Sie haben es aktiv geplant«,»Heiraten Sie niemanden, der Sie nicht mag«. Wenn ich doch diesem Mann schon vor Jahren begegnet wäre.»Welche Augenfarbe hat Ihr Partner?« In sehr guter Stimmung ging ich zum Mittagessen. Solange statt des Dicken der verrückte, geltungssüchtige Guru auf der Bühne blieb, war ich zufrieden.

Nach dem Mittagessen kehrten der Dicke und der magere Hypnotiseur zurück. Sie wollten uns beibringen, wie man jemanden hypnotisiert. Einfach so. Paul McKenna trat vor.»Gibt es jemanden, der sich freiwillig in Trance versetzen lässt?« Ich hatte die Hand gehoben, bevor er seinen Satz fertig gesprochen hatte. Nicht, dass ich willfährig wäre.

»Ja, okay, dann Sie.« Es war der erste Tag, und ich stand bereits auf der Bühne. Applaus. Bilden die sich etwa ein, dass es mir schwer fällt, vor vierhundert Leuten auf einer Bühne zu stehen? Ich versuchte mich nervös zu geben.

»So, sind Sie schon einmal hypnotisiert worden?«

»Nein, und ich weiß auch nicht, ob ich daran glaube.«

»Sind Sie je nach einer Autofahrt an Ihrem Zielort angekommen, ohne sich an die letzte halbe Stunde der Fahrt erinnern zu können?«

»Ja.«

»Waren Sie jemals so in ein Gespräch vertieft, dass Sie die

Leute um Sie herum gar nicht mehr wahrgenommen haben, sondern nur Ihren Gesprächspartner?«

»Ja.«

»Haben Sie sich schon einmal vorgestellt, in einer bestimmten Situation zu sein, und sind Sie dabei imstande gewesen, ein Bild von sich selbst zu sehen?«

»Ja.«

»Und Sie glauben nicht an Hypnose?«

»Nein.«

»Wissen Sie, was Hypnose ist?«

»Äh, eigentlich nicht, nein.«

»Aber Sie glauben nicht daran?«

»Nein.«

Gelächter aus dem Publikum.

»Das, meine Damen und Herren, ist die Einstellung, die Sie in der Allgemeinheit am häufigsten antreffen. Danke, dass Sie uns das demonstriert haben.« Sie sehen Isabel, den Volltrottel.

»Also, würden Sie sich jetzt gern in Trance versetzen lassen?«

»O ja.« Ich kann ja in puncto Hypnose Unrecht haben, oder? Es ist gut, Unrecht zu haben. Das hat man mir bei CODA beigebracht.

»Okay, Isabel. Wenn Sie jetzt bitte spüren würden, wie Ihre Augenlider schwer werden, und dann die Augen schließen.«

Ich schloss also die Augen. Nicht aus einem inneren Zwang heraus, sondern nur, weil ich tat, was der Mann verlangte.

»Jetzt holen Sie ein paar Mal tief Atem«, sagte er mit sehr tiefer, hypnotischer Stimme. Ich begann zu kichern. Falls er glaubte, er könne mich hypnotisieren, indem er diese verführerische Schlafzimmerstimme einsetzte, dann hatte er sich getäuscht. Ich kicherte weiter. »Das passiert manchmal, wenn jemand nervös ist, weil er in Trance fallen soll«, sagte er schmunzelnd. Ganz schön frech. Ich war nicht nervös, ich fand ihn nur witzig. Doch er fragte mich nicht – er erklärte dem Publikum lediglich, dass ich nervös sei. Ich war empört.

»Lachen Sie ruhig, so viel Sie wollen.« Noch ein Kichern, und ich war geheilt.

»Okay, und während Sie jetzt ein- und ausatmen, fühlen Sie sich mit der Zeit immer entspannter.«

Er machte etwas ganz Schlaues. Ich hatte das Gefühl, dass er meinen Atemrhythmus verfolgte und seinen Tonfall meinen Atemzügen anpasste. Dann wurde er langsamer. Bleiben Sie jetzt bitte wach, während Sie das lesen.

»Und jetzt …«, intonierte er melodiös, … »entspannen Sie sich immer mehr und fragen sich wahrscheinlich schon, wie tief Sie in Trance fallen werden …«

Ich hörte ihm zu.

»Sie entspannen die Muskeln um Ihre Augen und die gesamte Gesichtsmuskulatur, und dabei spüren Sie, wie die Entspannung Sie mehr und mehr erfasst.«

Mittlerweile hörte ich nur noch seine Stimme. Nicht, dass ich nicht gewusst hätte, wo ich war – ich dachte nur nicht daran. Ich dachte an überhaupt nichts. Ich hörte ihm nur zu.

»Und jetzt denken Sie bitte an eine Zeit, in der Sie sehr glücklich und sehr froh waren.«

Seine Stimme strahlte einen Frohsinn aus, der ansteckend wirkte. Ich dachte an eine Zeit zurück, als ich sehr erfolgreich in einer Bühnenshow aufgetreten war.

»Und wenn Sie jetzt ein Bild von sich selbst in dieser Zeit vor sich sehen, möchte ich gern, dass Sie in das Bild hineintreten. Sehen Sie das, was Sie damals gesehen haben, hören Sie das, was Sie damals gehört haben, und fühlen Sie das, was Sie damals gefühlt haben.« Mir wurde warm, und ich fühlte mich froh und glücklich. Was bin ich nur für ein Gimpel? Das war doch schon Jahre her.

»Während Sie jetzt spüren, wie Sie dieses Glücksgefühl überflutet, möchte ich, dass Sie das Gefühl nehmen und verdoppeln.«

Ich grinste angesichts des Bildes in meinem Kopf und des Gefühls in meinem Körper wie ein albernes Honigkuchenpferd. »Mmmm«, säuselte er. »Das ist ein schöööes Gefühl, was?«

Es war wirklich ein schönes Gefühl. Es gefiel mir, wie dieser

Ausschnitt aus einem Tag vor zehn Jahren Gegenwart wurde und sich vergrößerte und verstärkte. Es gefiel mir sehr. Ich fragte mich, warum ich mir nicht einen Moment mit leidenschaftlichem Sex ausgesucht hatte. Langsam wünschte ich, ich hätte es getan.

»Und jetzt möchte ich, dass Sie die Intensität des Gefühls noch einmal verdoppeln.«

Mmm. Wow. Wollte er, dass ich platzte?

»Und jetzt möchte ich, dass Sie das Gefühl beibehalten, während ich von fünf auf eins herunterzähle. Wenn ich bei eins bin, möchte ich, dass Sie die Augen aufschlagen. So: fünf, vier, drei, zwei, eins.«

Gehorsam öffnete ich die Augen.

»Wie war das?«

Ich lächelte ihn an. Er sagte: »Das war ein hypnotischer Trancezustand.«

»Aber ich konnte Sie immer noch hören.«

»Ja. Das beweist, dass Sie nicht tot sind. Haben Sie noch etwas anderes gefühlt?«

»Ich war froh. Und heiter. Und wie in Trance.«

»Wie in Trance?« Meine Einwände waren nichtig geworden.

»Wenn Sie sich jetzt bitte wieder an Ihren Platz setzen würden, dann möchte ich gern noch ein bisschen darüber sprechen, was ein Trancezustand eigentlich ist. Ein Trancezustand kann oberflächlicher oder tiefer sein und bedeutet, dass man seine Aufmerksamkeit nicht mehr auf eine Vielfalt von Brennpunkten richten kann.«

Anders ausgedrückt definierte Mr. Hypnotiseur also meine »Bewusstseinsveränderung« als Trance. Ich fand es zwar interessant, fühlte mich aber auch betrogen. Ich hatte eigentlich gehofft, er werde imstande sein, mein Bewusstsein komplett auszuschalten und meinem Unterbewusstsein direkt Anweisungen zu erteilen. »Ihre Brüste werden größer. Und jetzt möchte ich, dass Sie die Größe nehmen, die sie bereits erreicht haben, und sie verdoppeln.«

Aber schließlich hatten wir erst Montagnachmittag. Das Seminar sollte ja sieben Tage dauern.

Die Woche verschwamm zu einem undeutlichen Ganzen. Die Vormittage begannen mit der gewohnten dreistündigen Comedy-Darbietung des verrückten Genies. Als ich eines Morgens dasaß und meinen Kaffee trank, fing er an, einen amerikanischen Polizisten beim Kaffeetrinken zu imitieren.

»Sie schütten sich mit Koffein voll, und dann beginnen sie Doughnuts zu futtern. Wie jeder weiß, der sich mit chemischen Veränderungen im Körper beschäftigt hat, sind Koffein und Zucker eine tödliche Kombination. Aber genau das stopfen sie den ganzen Tag in sich hinein. Immer mehr Koffein und immer mehr Doughnuts. Dann klingelt das Telefon, und sie kriegen einen Adrenalinstoß. Und während das Adrenalin durch ihren Körper rauscht, ziehen sie los und pumpen fünfzig Kugeln in jemanden, der überhaupt nicht bewaffnet ist.«

Es war seltsam, einem Irren dabei zuzuhören, wie er uns einschärfte, bewusster mit unserem Körper umzugehen – nur dass er natürlich nicht diese Worte benutzte. Er sagte zum Beispiel:»Es gibt andere Möglichkeiten als Drogen, um eine Bewusstseinsveränderung herbeizuführen. Ich muss es ja wissen. Ich habe jeden abartigen, verfluchten Scheiß genommen, den es gibt. Wenn ich etwas einmal probiert habe und weiß, wie es wirkt, lerne ich, wie ich das selbst mit meinem Gehirn machen kann, ohne die Droge. Das spart Geld.«

Er war eindeutig einer der interessantesten Menschen, die ich je auf diesem Planeten kennen gelernt habe. Er tönte weiter:»Das Nervensystem macht keinen Unterschied zwischen einer realen und einer lebhaft vorgestellten Erfahrung.«

Und deshalb hatte ich, als ich mich am Montag an einen Moment der Begeisterung erinnert hatte, erneut Begeisterung empfunden. Das mag alles reichlich banal wirken, aber Tatsache ist doch, dass wir alle uns in schlechte Stimmung versetzen können, indem wir uns andauernd an unglückliche Ereignisse in unserem Leben erinnern. Warum tun wir uns das an? Und wenn das Nervensystem wirklich nicht zwischen realen und nur vorgestellten Erfahrungen unterscheiden kann, dann war es kein Wunder, dass ich nach dem Reinkarnations-Workshop erschöpft war.

»Sie müssen üben, sich gut zu fühlen. Überschütten Sie sich selbst mit Endorphinen.« Er fuhr damit fort, das Offensichtliche zu verkünden, das nicht offensichtlich war. »Und wenn sich negative Stimmen in Ihren Kopf drängen, dann wiederholen Sie dieses Mantra: ›Halt verdammt noch mal das Maul‹.«

Er sprach jeden Morgen drei Stunden lang, und danach fühlte sich meine Blase an wie ein Fußball. Doch ich wollte den Raum nicht verlassen. Es war so einfach, was er sagte – Variationen darüber, »wie man lernt, sich toll zu fühlen«. Wenn wir vor Hunger schlapp zu machen drohten, sagte er: »Ich weiß, dass Sie alle Hunger haben, aber das macht nichts, weil ich keinen Hunger habe, und wir hier auf meine Art arbeiten.« Er war so unausstehlich, dass ich nur dasitzen und ihm weiter zuhören wollte.

An den Nachmittagen kam das Dick-und-Dünn-Duo zum Zug, und wir erhielten Gelegenheit zu versuchen, einen Partner in einen »ressourcenreichen Zustand« zu hypnotisieren. Das hieß, einen Zustand von Megaglück zu reproduzieren, indem man dem anderen ermöglichte, einen solchen wieder zu erschaffen. »Finden Sie heraus, was bei Ihrem Partner funktioniert.« Sie schlugen vor, dass man eine Liste von Wörtern ausspricht, die eine Reaktion wahrscheinlich machen, und abwartet, bis das Gesicht des anderen aufleuchtet. »Sie können es mit Geld, Männern, Frauen, Jobangeboten oder Schokolade probieren.« Wenn Sie etwas entdecken, das beim anderen funktioniert, dann können Sie sagen: »Ja, arbeiten wir mit diesem Begriff.«

Das war das Gegenteil der Reinkarnationsarbeit. Mir fiel das Timbre in der Stimme meiner Partnerin auf, als sie »Banane in klebrigem Karamellmantel« sagte. Während sie die Augen geschlossen hielt, ging ich alles in Worten mit ihr durch. »Jetzt möchte ich, dass du die Banane und den darüber zerfließenden Karamell siehst. Jetzt möchte ich, dass du einen Löffel nimmst und dir überlegst, welche Seite des Desserts du als Erstes essen willst. Jetzt möchte ich, dass du den Löffel zum Mund führst ...« Von jetzt an können Sie mich einfach Pawlow nennen. Ich weiß, wie man es ohne eine Spur von Essen weit und breit schafft, dass einem anderen das Wasser im Mund zusammenläuft.

Am Donnerstagmorgen kam ich früh, damit ich während der morgendlichen Comedy-Vorführungen in der ersten Reihe sitzen konnte. Niemand, der Rang und Namen hatte, blieb von Bandlers Bosheiten verschont. Kirchenvertreter waren ihm besonders verhasst. »Als ich in ein neues Viertel zog, kam der katholische Priester einmal zu oft zu mir nach Hause. Ich stellte neben seiner baufälligen Kirche ein Schild auf: Stoppt die Renovierung – beendet die Tyrannei.« Aber Bandler erklärte, dass es äußerst wichtig sei, sich mit Religion zu befassen, »damit Ihnen klar wird, warum alle so gestört sind«. Er hat einen kleinen Hund. »Ich habe ihm ein ganz spezielles Kunststück beigebracht: zum Genitalbereich hochspringen und zubeißen, und zwar wenn die Zeugen Jehovas vor der Tür stehen ... Komisch, dass sie bei mir überhaupt nicht mehr auftauchen.«

Er hatte auch eine besondere Art, mit Feministinnen umzugehen. »Ich wurde einmal gebeten, eine Freundin von mir zu vertreten und vor einer Gruppe von Frauenrechtlerinnen zu sprechen. Einhundertfünfundsiebzig Frauen, die alle richtig ›korrekt‹ waren. Ich begrüßte sie folgendermaßen: ›Hallo, ihr Herzchen, wie geht's euch?‹«

Wir saßen da und stellten uns vor, welche Reaktion diese Begrüßung ausgelöst, was für Veränderungen in der Körperchemie sie angerichtet haben mochte.

»Ich fuhr fort: ›Es ist ja so jammerschade, dass Sally nicht hier sein kann; ich glaube, sie hat ihr allmonatliches Problem. Ihr wisst ja, wie anfällig Frauen sind.‹«

Das alles trug er mit unbewegter Miene vor. Es hatte etwas

Bestechendes, sich vorzustellen, wie all diese Frauen sich verzweifelt darum bemühten, nicht vor Wut aus der Haut zu fahren und ihm zu sagen, dass er das beste Beispiel für einen chauvinistischen Scheißkerl war, das ihnen je begegnet war, und wie er es eigentlich wagen konnte, so mit ihnen zu sprechen usw. usf.

Sind Sie schon auf hundertachtzig? Wissen Sie, seine Absicht war nicht, den Feminismus herabzusetzen, sondern vielmehr zu verdeutlichen, dass man es sich nicht leisten kann, sich provozieren zu lassen. Er empfahl nicht, dass man Vorurteile und Bigotterie hinnehmen soll; doch der Feminismus ist ja eine Befreiungsbewegung. Wenn er die Frauen aber »versklaven« und sie nur mit einer ›Hallo, ihr Herzchen‹-Begrüßung hochgehen lassen konnte, wie weit her war es dann mit ihrer Freiheit? Wenn er sie herablassend behandelte und sie ihn nur anlächelten, dann hatte er keine Macht über sie. Aber ich vermute, man muss ein guter Redner sein, um so etwas durchzuziehen.

Seine Angriffe auf Männer waren genauso schlimm.

»Nehmen Sie nur zum Beispiel Fußball. Sie laufen auf einem Feld einem kugelförmigen Objekt hinterher, sauen sich ein, donnern mit den Köpfen gegeneinander und verletzen sich, und dann sagen sie: ›Was Schöneres gibt's doch gar nicht.‹ Ich sage zu ihnen: ›Ihr trefft euch mit den falschen Mädchen.‹«

Und nicht nur Fußball. All die Leute, die auf Skiern Berge hinabfahren und im Neunzig-Grad-Winkel von Felskanten springen und behaupten, dabei bekämen sie einen gewaltigen Adrenalinstoß. »Man merkt ihnen an, dass sie sich mit ihrem Sexualleben keine große Mühe gegeben haben, weil man nämlich tollere Erlebnisse haben kann als sie, ohne das Schlafzimmer zu verlassen.«

Scharfsinnig schloss ich daraus, dass er wahrscheinlich kein Sportler war. Aber vielleicht war es ja möglich, sich beim Sport zu vergnügen und im Schlafzimmer genauso viel Spaß zu erleben. Ich hörte jedenfalls gut zu. Er fuhr fort mit einem Tipp, wie man bekam, was man wollte. »Wenn Sie jemanden sehen, der Ihnen gefällt, zögern Sie nicht – gehen Sie einfach hin und sprechen Sie ihn an.«

Zu Beginn der Mittagspause kam ein glatzköpfiger Mann auf mich zu, derselbe, den ich in den ersten zwei Minuten als interessantesten Mann im Raum ausgespäht hatte.

»Möchtest du mit mir Mittag essen?«

Ich lächelte ihn an. Offenbar hatte er vor, an mir ein paar von Bandlers Theorien übers Skifahren auszuprobieren. Ich ging nur zu gern mit ihm Mittag essen.

»Also, du siehst aber nicht wie ein Trottel aus ...«, begann ich. (War das ein so genanntes zweifelhaftes Kompliment?) »Was hat dich denn hierher verschlagen?«

»Und du bist weniger vertrottelt als alle anderen Frauen, die mir je begegnet sind«, sagte er. (Autsch, das direkte Kompliment.)

»Ich heiße Mark. Ich bin von Berufs wegen hier. Ich bin Trainer, und dieses Seminar schien mir eine grundlegende Einführung ins NLP zu bieten. Sie lehren in sieben Tagen, wofür die meisten Leute mehrere Monate brauchen. Ich war einfach neugierig.« Ah! Neugier. Das ist mal eine Eigenschaft, die ich an einem Mann schätze.

»Und wen trainierst du?« Ich hatte noch nie zuvor einen kahlköpfigen Trainer kennen gelernt.

»Nächste Woche unterrichte ich Konfliktlösung im Verteidigungsministerium.«

Ich lachte.

»Nein, im Ernst. Und die Woche danach unterrichte ich Lehrer in Selbstbehauptung. Bist du mit vegetarischem Essen einverstanden?«

Ich spielte mit dem Gedanken zu antworten: »Ja, solange weder Weizen noch Milchprodukte noch Obst oder Gemüse dabei sind.« Aber vielleicht wollte ich ihn nicht gleich abschrecken.

Drei andere Trottel gingen mit uns Mittag essen, also saßen wir nur da und lauschten ihren verschiedenen Ansichten über das Seminar. Immer wenn jemand sagte, er finde Bandler beleidigend, musste ich heftig kichern. Ich wollte nicht erklären, dass es Absicht war, sonst hätten sie sich besser gefühlt. Ich hätte auch sagen können: ›Es geht darum, sich seiner selbst bewusst zu werden, wisst ihr ...‹, aber es war so herrlich, sich in Selbstgefälligkeit zu suhlen und ihre Pikiertheit zu beobachten. Spätestens bis Sonntag müssten sie es doch begriffen haben, oder? Mark sagte auch nichts, er hörte nur zu. Keine unverlangten Ratschläge weit und breit. Als wir in den Tagungsraum zurückkamen, hatte er mir einen Platz freigehalten. Auf einmal kümmerte sich jemand um mich. Das war eine Erfahrung, die ich schon so lange nicht mehr gemacht hatte, dass ich am liebsten gesagt hätte: »Für mich einen Platz freigehalten? Tut mir Leid, aber das muss ein Irrtum sein.«

An diesem Nachmittag sollte der Dicke uns beibringen, wie man im Alltag den Zustand anderer Leute ändert. Er begann: »Normalerweise macht es mir nichts aus, wenn ich eine Spritze bekomme. Aber beim letzten Mal wurde ich ein bisschen unruhig, weil ich beim Anblick der Schwester sah, dass sie nicht in der geeigneten Verfassung war, um jemandem eine Nadel in den Arm zu stechen. Sie stand dermaßen unter Stress, dass sie richtig zitterte.« Es gibt Gelegenheiten, wo es gut ist zu wissen, wie man den Zustand eines anderen verändern kann. Das Erste, was er tun musste, war zu ergründen, wie sie sich fühlte, auf ihren Zustand einzugehen und ihn dann zu verändern. Während er seine Geschichte erzählte, wurde er mir immer sympathischer.

Er fuhr fort: »›Sie haben anscheinend viel zu tun‹, sagte ich und hielt meinen Arm auf Distanz zu ihr. Zuerst musste ich sie aufheitern. ›Sie sehen aus wie eine Schwester, die ihre Arbeit richtig gut machen will.‹ ›Ja, das stimmt‹, sagte sie. ›Und‹, fuhr ich fort und sah ihr direkt in die Augen, ›Sie sehen auch aus wie eine Schwester, die will, dass sich ihre Patienten richtig wohl fühlen, oder?‹ Sie lächelte. ›Ja, genau.‹ ›Wissen Sie was, ich setze mich jetzt mal hierhin und schaue in die andere Richtung, damit ich mich entspannen kann, und dann können Sie sich auch entspannen, und Sie geben mir die Spritze einfach dann, wenn Sie so weit sind, okay?‹ Sie sah mich an, setzte sich und entspannte sich. Ich krempelte ganz langsam den Ärmel hoch, während ich sie weiterhin anlächelte. Als sie mir die Spritze gegeben hatte, gestand sie: ›Ich werde meistens furchtbar nervös, wenn ich Spritzen geben muss, weil ich weiß, dass ich es schlecht mache und der Patient einen Bluterguss kriegt.‹ Ich war um den Bluterguss herumgekommen. Sie sehen also, dass dieses ganze Zeug nützlich sein kann.«

Die wichtigste Technik, die er anwandte, war die so genannte »hypnotische Suggestion«. Wenn er erklärt: »Sie möchten, dass Ihre Patienten sich wohl fühlen«, sagt er ihr buchstäblich, was sie denkt. Eine subtile Form von Gedankenkontrolle, wenn Sie so wollen. Es ist ein beängstigender Gedanke, aber wir hypnotisieren einander ständig auf diese Weise. Sie tun es auch, wenn Sie zum Beispiel zu jemandem sagen: »Du siehst aber müde aus« und der andere sich eigentlich ganz gut gefühlt hat – bis Sie ihm sagten, dass dem nicht so sei.

Das ist bei Kindern natürlich besonders wichtig. Wenn Sie sagen: »Du bist richtig gut in Mathe, was?«, dann glaubt das Kind das. Wenn Sie sagen: »In unserer Familie sind alle richtige Mathe-Nieten«, können Sie sich vorstellen, was dabei herauskommt. Wenn ihr Kind sich in Mathe schwer tut und einen Lehrer hat, der alles noch schlimmer macht, dann müssen Sie schlau sein. »Du wirst langsam besser in Mathe, stimmt's? Und obwohl du es früher schwer gefunden hast, macht es dir langsam richtig Spaß.«

Wenn Sie einen Teenager haben, müssen Sie ganz subtil vorgehen. Am Freitagmorgen raste die Tochter aus dem Haus und kam fünf Minuten später zurück. Anstatt sie mit dem üblichen genervten Satz »Was hast du denn jetzt wieder vergessen?« zu empfangen, verfiel ich auf die Idee zu sagen: »Ah, dir ist noch etwas eingefallen. Das ist gut.« Sie strahlte mich an. »Ja, mir ist dieses Buch wieder eingefallen.«

Und dann gibt es noch die autohypnotische Suggestion. Das mache ich bei mir folgendermaßen: »Ich komme morgens einfach nicht aus dem Bett. Ich bin ein Nachtmensch, und wenn ich keine acht Stunden Schlaf kriege, fühle ich mich grässlich. Ich liebe mein Bett, und ich habe die bequemsten Kissen der Welt. Wenn am Morgen der Wecker klingelt, habe ich nicht die geringste Lust, mich zu bewegen.« Dann, eine halbe Stunde später, wenn ich schon mit Verspätung aus dem Haus gehe, jammere ich vor mich hin: »Du bist eine Flasche, warum kannst du nicht früher aufstehen?«

Eine Methode, jemandem eine negative Überzeugung auszureden, ist, sie in die Vergangenheit zu setzen. Wenn Sie mich in dieser Sache »trainieren« würden, würden Sie sagen: »So, Sie hatten also ein Problem damit, morgens aus dem Bett zu kommen? Und wie würde es sich anfühlen, wenn Sie dieses Problem nicht mehr hätten?« Damit versetzen Sie mich in einen herrlich positiven Zustand, in dem ich mir vorstelle, wie in der Corn-Flakes-Werbung aufzuwachen und aus dem Bett zu hüpfen. Dann hätte ich mehr Zeit, meinen Teenager zu nerven. Wenn man dieses »Umdeuten« richtig gut beherrscht, dann besteht beim nächsten Mal, wenn die Situation auftritt, das Problem einfach nicht mehr.

Mark und ich versuchten es mit einer jungen Frau, die Angst davor hatte, in einen Aufzug zu steigen. Sie hatte das Seminar mitgemacht. Da sie den Trick kannte und wusste, wie er funktionierte, würde man meinen, dass er seine Wirkung verloren hätte. Aber weit gefehlt. »Ich kann nicht in einen Aufzug steigen.« Sie war starr vor Schreck.

»Dann ist es ja gut, dass du in dieses Seminar gekommen bist, um Dinge zu überwinden, die dich früher belastet haben«, sagte ich halb im Scherz.

»Wie wird es wohl sein, wenn sie dich nicht mehr belasten?«, fragte Mark lächelnd.

»Ich steige einfach in den Aufzug. Einfach so«, erklärte sie. Und betrat die Kabine. Erstaunt sahen wir sie an und folgten ihr rasch. Wenn ich in diesem Moment gesagt hätte: »Du bekommst im Aufzug also Panikattacken?«, hätten wir es mit einer interessanten Situation zu tun gehabt. Es war reizvoll, doch ich verkniff es mir.

Mark sagte: »Die Spiegel hier drin lassen den Raum sehr großzügig wirken, stimmt's?«

»Ja«, sagte sie zögerlich. Mark sah mich mit einem Zwinkern an. Ich fuhr damit fort, das anzuwenden, was wir an diesem Tag gelernt hatten. »Das ist ja toll, dass du Aufzüge früher nicht mochtest, jetzt aber kein Problem mehr damit hast. Schau dich nur an, du stehst in einem Aufzug, redest mit uns und fühlst dich wohl.« Der Aufzug kam im dritten Stock an. Wir stiegen aus.

»Und, jetzt fühlst du dich wohl im Aufzug, oder?«, sagte Mark. Sie sah uns völlig perplex an.

»Das ist seit fünf Jahren das erste Mal, dass ich Aufzug gefahren bin«, sagte sie. »Früher bekam ich Schweißausbrüche, aber jetzt ging's mir doch gut, oder nicht?«

Ich ergriff die Gelegenheit beim Schopf. »Möchtest du noch mal runterfahren?« Mark und ich traten wieder in die Kabine. »Nur damit du dir selbst bewiesen hast, dass du jetzt gern Aufzug fährst.« Es war wichtig, es positiv zu formulieren und sich die Formulierung »Du brauchst keine Angst vor Aufzügen zu haben« zu verkneifen – einfach weil dieser Satz die Worte »Angst vor Aufzügen« enthielt. Der Teil der ängstlichen Person, der wie ein kleines Kind ist, muss aber die Formulierung »gern Aufzug fahren« hören.

Im Keller angelangt, stiegen wir erneut in den Aufzug. Mittlerweile lächelte sie. »Vielleicht könnte ich morgen hier drin zu Mittag essen?« Wir erwogen, einen kleinen Hot-Dog-Stand im Aufzug zu eröffnen. Es war erstaunlich, dass diese Psychotricks so leicht anzuwenden waren.

»Wir müssen jetzt los. Irgendwelche weiteren Ängste, die du überwinden möchtest? Vor Bussen zum Beispiel?« Sie sah euphorisch drein, wie jemand, der gerade einen Bungee-Sprung hinter sich hat.

Mark und ich schlenderten bass erstaunt von dannen. Ich hatte noch nie zuvor jemanden von einer Phobie geheilt. »Kaffee?«, fragte er.

»Immer«, antwortete ich und betrat schnurstracks ein Café.

»Es kann keine besonders schlimme Angst vor Aufzügen gewesen sein.« Wir setzten uns selbst herab und pflegten wie echte Briten das Understatement. »Vielleicht haben wir es geschafft, weil wir so lässig an die Sache rangegangen sind?«, mutmaßte er.

»Ja, am Anfang dachte ich schon, du machst Witze. Hat sie denn nicht gehört, wie er uns das heute alles beigebracht hat? Und trotzdem schien sie jeden Satz zu schlucken.«

Doch wir hatten etwas Denkwürdiges zustande gebracht. »Die Angst auf ihrem Gesicht, Mark, bevor sie das erste Mal einstieg, die war echt. Das habe ich gespürt.«

»Ich nehme an, wir haben einfach ihr Bewusstsein verändert. Vielleicht hatte es aber auch gar nichts mit uns zu tun, sondern war lediglich eine Angst, die sie aufzugeben bereit war.«

Wir kamen überein, dass das wahrscheinlich die vertretbarste Schlussfolgerung war, die wir ziehen konnten.

»Und, wo fährst du jetzt hin?«, wollte ich wissen.

»Ich lebe in Devon, aber ich übernachte heute in der leeren Wohnung eines Freundes. Sie liegt ziemlich weit weg.«

»Möchtest du den Abend mit mir verbringen? Ich gehe heute Abend auf eine Party, und meine Freundin hat sich schon beklagt, dass nicht genug Männer kommen. Sie wäre sicher begeistert, wenn ich dich mitbrächte.«

Er zögerte eine Sekunde. »Ja, gern.«

Das war eine Entwicklung, auf die ich nicht gefasst gewesen war: ein Mann, den ich auf eine Party mitbringen konnte. Er war gut in puncto Spontaneität, und er war neugierig. Und er hatte eine Glatze. Aber Patrick Stewart hat auch eine Glatze und ist trotzdem Captain auf dem *Raumschiff Enterprise*.

Wir gingen auf die Party, und er hörte jedem höflich zu. Dann kamen wir nach Hause, und ich zeigte ihm das Gästezimmer. Er war schüchtern und ziemlich charmant. Am Freitagmorgen gab es weitere drei Stunden Comedy, durchsetzt von einem Minimum an Unterricht. Es sei denn, das war alles Unterricht – mittlerweile war ich mir da nicht mehr sicher. Wieder ertönten Parolen.

»Wenn Sie sich unterdrücken lassen wollen, müssen Sie aus vollem Herzen mitmachen«, »Was ist der Sinn einer Beschränkung?«, »Wenn Sie kein Zutrauen zu sich haben, liegt es vielleicht daran, dass es Ihnen an Kompetenz fehlt ... machen Sie einen Kurs.« Und schon erzählt er die nächste Geschichte.

»Diese beiden Psycho-Vergewaltiger, die außer in meinen Augen weithin hohes Ansehen genossen, brachten mir eine Patientin, die seit mehreren Jahren an einer Lähmung im Bein litt, von der sie wussten, dass sie psychosomatisch war, die sie aber nicht heilen konnten. Außerdem bekam sie Anfälle, wenn jemand in ihrer Nähe Kaugummi kaute.« Er schilderte, wie er sie und ihre Therapeuten in Trance versetzte. Dann deckte er die von ihr getroffene Entscheidung auf, die ihre Beschwerden ausgelöst hatte, und zeigte ihr, dass sie diese nicht mehr brauchte. Eine halbe Stunde später war sie davon befreit, nachdem sie jahrelang gelitten hatte.

»Es war so einfach gewesen, dass ich wütend wurde. Ich sah mir die zwei Idioten an, die sich als ihre Ärzte ausgaben, und ärgerte mich. Also nahm ich die zwei Probleme, die sie gehabt hatte, und verpasste dem einen Psychotherapeuten die Lähmung und dem anderen die Kaugummi-Phobie.«

Nachdem er sie alle wieder aus dem Trancezustand zurückgeholt hatte, begann er Kaugummi zu kauen, und einer der Therapeuten »rastete komplett aus«. Der andere musste feststellen, dass eines seiner Beine nicht mehr richtig funktionierte. Sie nahmen an, dass es sich um ein »Geschenk« von kurzer Dauer handelte, das ihnen Bandler als eine Art Empathieübung angehängt hatte. Doch sie unterschätzten das Ausmaß seiner Wut. Als sie ihn eine Woche später aufsuchten und ihn baten, das, was er ihnen aufgehalst hatte, wieder zu entfernen, erklärte er ihnen, sie sollten sich selbst heilen. Schließlich seien sie Profis.

Das klingt vermutlich äußerst unglaubwürdig und erfunden, aber da ich sah, wie viel Macht in der Persönlichkeit dieses

Mannes lag, bezweifelte ich die Geschichte keinen Augenblick. Wir lachten, während wir ihm lauschten, weil er die Therapeuten so gekonnt imitierte, aber als Mark und ich beim Mittagessen über diese Geschichte plauderten, wurde uns klar, dass sie gar nicht so witzig war. Wir fragten uns, ob er wirklich so boshaft sein konnte oder alles erfunden war. Vielleicht war ich endlich auch einer Geschichte auf den Leim gegangen, die ich abstoßend fand, aber vielleicht hatte er auch jedes Wort ernst gemeint. An diesem Nachmittag sollte ich eine Kostprobe seines Zorns am eigenen Leib erfahren.

Er arbeitete zu zweit mit einem Mann, der ein paar Reihen hinter mir saß, und lenkte ihn durch eine geführte Meditation. Irgendwann sagte er: »Und mit jedem Lustgefühl, das Sie erleben, erfahren Sie eine neue Ebene der Sensibilität. Sie werden lernen, die Zeit zu verlangsamen, damit Sie jeden Moment sexueller Lust genießen können.« Das klang gut. Ich stieß einen Jubelschrei aus, der Unterstützung und Anerkennung seiner Arbeit ausdrücken sollte – aber ich hatte unterbrochen. Er wurde wütend und funkelte mich an. »Das ist nicht Ihr Prozess. Sie heißen nicht John. Sind Sie schwul oder was?« Wusch – schon merkte ich, wie eine Welle negativer Energie mich überschwemmte. Ich hatte keine Gelegenheit, etwas zu erwidern. Doch ich spürte die Macht dieses Mannes und dass er die Energie, die er so oft für einen guten Zweck einsetzte, auch für einen bösen nutzen konnte, wenn er wollte. Ich hatte das Gefühl, dass man sich möglichst nicht mit ihm anlegen sollte.

Ziemlich schnell errichtete ich eine unsichtbare Edelstahlbarriere gegen seine Unterstellung. Ich weiß, wie sehr ich Männer liebe, und so hege ich keine Zweifel an meiner sexuellen Orientierung, aber wenn ich ein schwächerer Mensch gewesen wäre, hätte mich sein Anwurf verwirren können, nachdem er mir mit tausend Megavolt Energie entgegengeschleudert worden war. Schließlich hatte ich es nicht böse gemeint. Im Gegenteil, ich hatte ihn unterstützen, meine Anerkennung für seine Arbeit zum Ausdruck bringen und begrüßen wollen, dass er die Fähigkeiten, die er John offerierte, uns allen offerierte. Ich dachte an andere Menschen, unter anderem an die beiden Psychiater. Sie hatten auch ihr Bestes getan, doch er hatte kein Mitleid mit ihnen gehabt. Ich verließ den Raum in einem weniger frohen Zustand und fragte mich, ob er seine Macht womöglich missbraucht hatte.

Beim Mittagessen wandte ein anderer delegierter Trottel ein, dass er diese Macht nur besessen habe, weil ich sie ihm zugestanden hätte. Ich sagte, mein Ziel sei gewesen, mich selbst zu schützen. Es war die negative Energie, die er über mich gekippt hatte. »Ich saß direkt neben ihr«, erklärte Mark, »und ich habe es auch gespürt.« Das verrückte Genie hatte gesagt: »Manche Leute halten mich für den Teufel. Der bin ich nicht, doch er arbeitet manchmal für mich.« Ich hatte gelacht. Aber was ist das Böse anderes als Machtmissbrauch?

Trotzdem wollte ich wieder hineingehen. Ich lernte eine Menge, und ich hatte im Laufe dieser Woche mehr gelacht als irgendwann sonst in meiner Erinnerung. Ich hätte die ganze Woche noch mal durchgemacht, nur um ihn sagen zu hören: »Was das Lernen angeht: Das Geheimnis lebenslangen Lernens ist, dass man aufhört, sich mit anderen Leuten zu vergleichen und nur mit sich selbst wetteifert. Fragen Sie sich, wie Sie Jahr für Jahr Ihre Lernfähigkeit verdoppeln können und achten Sie auf Ihren Werdegang. Worüber wollen Sie Bescheid wissen? Wenn Sie dann entschieden haben, was Sie wissen wollen, lesen Sie kein Buch. Ziehen Sie los und erkunden Sie die Sache.«

Am Freitagnachmittag unterrichteten uns der Hypnotiseur und der Dicke über visuelle Anhaltspunkte. Das ist eine Methode, bei der man sein Gegenüber genau beobachtet, weil man erfahren will, was der andere kann. Wenn Sie jemanden treffen, der irgendetwas besonders gut kann, bitten Sie ihn, in allen Einzelheiten zu beschreiben, wie er das tut, und dann beobachten Sie ihn ganz genau, während er es schildert. Der Grund dafür ist, dass der andere eventuell selbst nicht weiß, ob er Bilder im Kopf erzeugt, eine Stimme hört oder einen inneren Dialog führt. Das war Menschenbeobachtung, auf ein faszinierendes Niveau gehoben und dann nutzbar gemacht. Mir wurde klar, dass ich noch nie jemanden richtig angesehen hatte. Ich konnte kaum die Frage nach der Augenfarbe meines letzten Liebhabers beantworten.

Am Samstagmorgen brachten sie Schlangen und Spinnen herein und baten um Freiwillige, die Angst vor diesen Tieren hatten. Ich habe Schlangen und Spinnen schon immer geliebt und beneidete denjenigen, der gleich mit den Taranteln spielen dürfte, glühend. Eine Frau wurde auf die Bühne gebeten. Sie stellten einen Glaskasten in den hinteren Teil des Raumes, ein beträchtliches Stück weit weg, und sie fing an zu schreien. Der Spinnenwärter und sein Kasten verschwanden. Mir fiel ein, dass Roger Woolger diese irrationalen Ängste als Nachhall aus früheren Existenzen erklärte, in denen die Spinnen giftig gewesen waren. Angesichts dieser Hysterie schien mir das eine gute Erklärung zu sein.

McKenna brachte sie dazu, sich zu entspannen, und sprach genauso mit ihr, wie er mit mir gesprochen hatte. »Können Sie sich noch an das erste Mal erinnern, als Sie Angst vor Spinnen hatten?« Sie schilderte uns die Geschichte ausführlich. Jedes Mal, wenn sie eine Spinne sah, spulte sie vor ihrem geistigen Auge denselben Film ab, und so kannte sie ihn gut. »Erkennen Sie, dass Sie damals eine Wahl getroffen haben, die Sie jetzt nicht mehr brauchen?«

Kurze Pause. »Ich bin mir nicht sicher.«

McKenna war ungerührt. »Sie sind jetzt bereit, eine neue Wahl zu treffen. Stimmt das?« »Ja.« Dann versetzte er sie durch Worte in positive Stimmung, indem er sie bat, sich an eine Zeit zu erinnern, als sie sich stark gefühlt hatte. Wir hatten gelernt, dass Angst ein chemischer Körperzustand ist. Wenn Sie einen chemischen Zustand herbeiführen, der mit Glück und Kraft einhergeht, kann keine Angst aufkommen. Er bat sie, die Augen zu öffnen, und fragte sie, wie groß ihre Angst auf einer Skala zwischen eins und zehn sei. Sie stufte sie bei sechs ein. Dann bat er sie, sie größer zu machen und die Angst auf acht hochzuschrauben.

Sie lächelte ihn an. »Ich weiß nicht, ob ich das kann«, erklärte sie. McKenna sagte: »Können wir dann die Spinne hereinholen? Sie heißt übrigens Octavia.«

»Sicher.« Der Mann mit der Tarantel erschien wieder. Als er den Raum halb durchquert hatte, sagte sie: »Das reicht, danke.«

»Können Sie die Angst jetzt auf acht hochschrauben?«

»Sicher.«

»Und können Sie sie jetzt auf fünf runterschrauben?« Sie nickte. »Können Sie sie auf drei runterschrauben? Auf zwei? Können wir Octavia dann rüberholen?«

»Okay.«

Dann begann er sie mit zoologischen Details zu verwirren – Gewicht, Größe, natürlicher Lebensraum – und schärfte ihr ein, dass sie vorsichtig sein müsse, wenn sie die Spinne hielt, weil sie zerbrechlich sei, und sie sie nicht fallen lassen dürfe, weil sie sonst beschädigt würde. Das konnte wahr sein oder auch nicht. Doch es hatte die Wirkung, die Freiwillige derart wissbegierig und aufmerksam zu stimmen, dass ihre Konzentration sich völlig von ihrer Angst wegbewegt hatte. Der Vorgang hatte etwa zwanzig Minuten gedauert, und nun krabbelte ihr die Spinne über die Hand. Sie hatte einen Durchmesser von etwa fünfzehn Zentimetern. Wir standen auf und applaudierten.

Jetzt fragen Sie sich wahrscheinlich, ob diese Frau eingeschleust worden war. Ich glaube es nicht, und ich bin auch ein von Natur aus skeptischer Mensch. Ich sprach hinterher mit ihr, und ich habe keinerlei Zweifel daran, dass sie eine ganz normale Teilnehmerin war wie ich auch. Wenn Sie Angst vor Spinnen oder Schlangen haben, denken Sie vielleicht: »Mich könnte er nicht so ohne weiteres kurieren.« Vielleicht haben Sie Recht, vielleicht aber auch nicht. Sie erinnern sich bestimmt an jenen Satz von Insight: »Es gibt Leute, die glauben, sie können, und es gibt Leute, die glauben, sie können nicht, und sie haben beide Recht.«

Doch zurück zu meiner Geschichte. Am Samstagnachmittag wurden wir alle schnell zu Phobie-Therapeuten. Einer wurde aufgefordert, an eine Angst oder Phobie zu denken. Ich hatte einen Partner, der sich davor fürchtete, öffentlich sprechen zu müssen. Ich bat ihn, die Augen zu schließen und an das erste Mal zu denken, als diese Angst aufgetreten war. Seine erste Erfahrung mit öffentlichem Sprechen war bei einem Bewerbungsgespräch vor einem Gremium gewesen. Er war schlecht vorbereitet gewesen und hatte sich blamiert. Dann bat ich ihn, an einen Zeitpunkt zu denken, wo er sich glücklich und stark gefühlt hatte. Da stellte sich heraus, dass er Rapper war. Er konnte in aller Öffentlichkeit singen – er konnte nur nicht sprechen. Ich ließ ihn in den Zustand der letzteren Erfahrung eintreten und bat ihn dann, sich von diesem Ausgangspunkt aus auf der bevorstehenden Hochzeit seines Bruders sprechen zu sehen. Er fing an zu lachen und sagte: »Es kommt mir jetzt ganz albern vor, dass ich mich so gefürchtet habe.« Ich wünschte, die Hochzeit wäre sofort gewesen.

Es war ja so einfach. Wenn einem diese grässliche Angst im Bauch herumgeht, kann man sie anscheinend herausnehmen und umdrehen. Dann steckt man die Angst in den Bauch zurück, sodass sie andersherum rotiert und zu Begeisterung und Kraft wird. Ich weiß, es klingt verrückt. Probieren Sie's aus.

Am Samstagabend nahm Mark mich zum Essen zu Freunden mit. Ich trank zu viel Wein und wurde laut, aber sie lachten, und er wollte trotzdem noch mit mir nach Hause kommen. Manche Leute schreckt aber auch gar nichts ab. Am Sonntagmorgen überreichten sie uns unsere Urkunden. Es gab eine Zeremonie, bei der wir die Umschläge mit den Urkunden nehmen und sie uns wie Bischofsmitren auf den Kopf legen mussten. Bandler ließ uns einen Eid sprechen: »Ich verspreche, kein Saftsack zu werden und mich nicht wie ein arrogantes Arschloch aufzuführen, sondern in die Welt hinauszuziehen und andere Leute grundlos glücklich zu machen.«

Gegen zwei Uhr nachmittags waren wir fertig. Als wir im Sonnenschein durch den Hyde Park schlenderten, besprachen wir die zurückliegende Woche und kamen zu dem Schluss, dass sie gut gewesen war. Es liegt auf der Hand, warum andere

249

NLP-Organisationen sie hassen. Sie lehren kaum Theorie, versuchen aber die zugrunde liegenden Prinzipien aufzudecken. Bandler hatte einen großen Teil der Theorie selbst geschrieben, aber er rang immer noch mit der Frage, wie er Menschen die Vorzüge von NLP lehren konnte, ohne Trottel hervorzubringen, die die Funktionsweise von NLP in allen Einzelheiten aufsogen, es jedoch versäumten, die umfassenderen Freiheitsgrundsätze in ihrem Leben umzusetzen. Die Bekannte, die mich gewarnt hatte, ich würde eine Woche verschwenden, hatte nicht Recht behalten. Ich hatte gelernt, wie viel mir daran lag, mein Streben nach größerem und dauerhafterem Glück fortzusetzen. Und ich hatte neue Methoden gelernt, mit denen ich das erreichen konnte. Mark hatte gesagt, dass es sehr interessant für ihn gewesen sei, wie offen wir alle für Suggestionen waren, und dass er einiges davon dazu verwenden werde, um bei seinen Seminaren Entspannung herbeizuführen. Gerade als wir zur positiven Verwendung von Sprache kamen, änderte er seinen Ton urplötzlich: »Ich wollte dich fragen, ob du mit mir zusammen sein möchtest?«

»Äh, äh, äh …« Ich sah ihn an. Er hatte eine Glatze (wie erwähnt), doch da war noch etwas anderes. Er war aus dem Norden. Er hatte eine komische Art, Wörter wie »bath« und »path« auszusprechen. »Wo bist du geboren?«, erkundigte ich mich. Er fragte sich zweifellos, was das für eine Rolle spielte.

»Schottland.«

»Du bist also gar kein gebürtiges Nordlicht?«

»Schottland liegt doch im Norden, oder?«

»Nein, nein, das ist etwas ganz anderes.« Eine Frau aus dem Süden muss ihre Grundsätze haben. Außerdem hatte ich einmal einen Mann aus Yorkshire geheiratet, und ich würde nicht das Risiko eingehen, dass das noch einmal passierte.

»Aha. Ich wurde in Schottland geboren und bin in Derby aufgewachsen.«

»Aha. [Seufz] Und für wie lange wäre das mit dem Zusammensein?«

»Bis August.«

»Warum August?«

»Weil du eines Tages im August an einem Strand in Devon sitzen und einen außergewöhnlich guten Rotwein trinken wirst.«

»Ja?« Ich glaube, das nennt man hypnotische Suggestion.

»Und was gehört sonst noch dazu?«

»Ein Treueversprechen meinerseits und die Forderung nach dem nämlichen deinerseits.«

»Aha.« Was, keine Amerikaner mehr? »Ich sage dir Bescheid. Wenn dir das recht ist.«

»Klar.«

Wir gingen zur Paddington Station. Ich winkte, während ein glänzender Schädel verschwand. Darüber winkte eine Hand zurück. Auf der Stelle begann ich mit mir selbst zu ringen. Wie konnte ich mit einem Nordlicht zusammen sein? Ich meine, schließlich besaß er nicht die Läuferqualitäten meines olympiaverdächtigen Ex. Oder die sängerische Begabung eines anderen Ex. Er verfügte weder über die spritzige Eloquenz meines verheirateten Schriftstellerfreundes noch über die Skrupellosigkeit meines schwulen Freundes oder den Überschwang des letzten Amerikaners, der mich nicht wollte. Und er war auch nicht Louis de Bernières. Schlimmer noch, er verfügte nicht über all diese Qualitäten auf einmal.

Ms. Weiblichkeit schien nun sogar mit sich selbst zu hadern anstatt sich mit der männlichen Seite zu streiten. »Ich bin nicht froh darüber, dass sein Zug abgefahren ist. Er ist so nett und so sanft.«

»Aber finde ich ihn aufregend?«, fragte ich.

Mr. Männlichkeit: »Hör mal, er lebt auf derselben Seite des Atlantiks. Das bedeutet einen enormen Fortschritt.«

»Ja, aber ich mag Männer mit amerikanischem Akzent und einer amerikanischen Art und amerikanischer Freiheit. Ich mag Männer mit französischem, spanischem oder sonst einem mediterranen Akzent – und solche mit einem irischen, schottischen oder walisischen Akzent! Ich mag alle Akzente auf der Welt, außer einige nordenglische.«

Mr. Männlichkeit verlor die Beherrschung. »Isabel, ich habe dich ja schon öfter lächerliche Gründe dagegen anführen hören, warum du nicht mit jemandem zusammen sein willst. Aber die Aussprache des Wortes ›bath‹ hat noch nie dazugehört. Du hast es gar nicht verdient, mit jemandem glücklich zu sein. Warum arbeitest du nicht einfach weiter daran, bis ans Ende deiner Tage allein glücklich zu werden? Du bist einfach lächerlich!«

Er benutzte nicht mal eine sexy Stimme. Sie fing an zu quengeln. »Wer sagt, dass wir nicht mit ihm zusammen sein wollen? Ich mag ihn. Warum können wir nicht mit ihm zusammen sein?«

»Weil sie ...« erwiderte er, indem er in aggressivem Ton von mir sprach, »den letzten dieser albernen Amis noch nicht losgelassen hat.«

»Aber er hat sie abgewiesen«, maulte sie.

»Ich weiß. Aber das hat sie nicht davon abgehalten, ihn weiterhin zu lieben. Ist sie nicht lächerlich?«

Ich steuerte ein Café an, da ich Kopfschmerzen aufkommen fühlte. Das war also der Erfolg meines NLP-Seminars. Ich war völlig durcheinander. Doch dann fiel mir der Rat des verrückten Genies dazu ein, wie man mit inneren Stimmen umgehen sollte; allerdings strich ich die Schimpfwörter. Ich bemühte mich, höflich zu ihnen zu sein: »Würdet ihr bitte alle beide die Klappe halten?«

Schweigen.

Also grüble ich immer noch. Ich weiß mit Sicherheit, dass der Amerikaner, der mich abgewiesen hat, etwas ganz Besonderes ist. Er sagte nein, bevor er mich überhaupt richtig kennen gelernt hatte. Ich weiß, dass ich ihn auf eine Weise lieben könnte, die er noch gar nicht begreift. Und sehen Sie – wie viele dumme Frauen sage ich »noch«, weil es für mich im Bereich des Möglichen liegt, dass er es eines Tages begreifen wird. Vielleicht bekomme ich eines Tages einen Anruf, und eine Stimme, die ich liebe, sagt: »Okay, was verpasse ich jetzt eigentlich alles?« Und wenn ich dann noch nicht verheiratet bin, kann ich es ihm vielleicht zeigen. Wenn er mich aber weiterhin nicht anruft und sich mit anderen Frauen trifft, was soll ich denn dann machen? Warten? Ich glaube nicht. Ich will ja nicht behaupten, dass mein Amerikaner perfekt sei – weit gefehlt –, ich habe nur irgendwie nie Gelegenheit bekommen, ihn zu lieben. Aber er war aufregend, anspruchsvoll, amüsant und mir immer einen Schritt voraus. Die bittere Wahrheit war, dass dieser Mann sich jetzt ohne Gewissensbisse mit einer Freundin von mir traf. Neuer Absatz, oder?

Wenn ich mich also mit jemandem zusammentue, anstatt auf das zu warten, was ich wirklich möchte, werde ich vielleicht menschlich. Mark bot mir die Gelegenheit, ihn zu lieben, und er bot auch an, mich zu lieben. Obwohl ich ihm gesagt habe, dass es all meinen Grundsätzen zuwiderläuft, mich mit Nordlichtern zu treffen.»Ein fleißiger Malocher aus dem Norden ist bereit, sich mit einer geizigen Südengländerin zu treffen. Du weißt ja nicht, was für einen Bruch mit meinen Grundsätzen ich da vollziehe.« Er lächelte nachsichtig.

Dann tat er einen klugen Schachzug. Er bat meine Tochter um Erlaubnis, sich mit ihrer Mutter zu treffen. Natürlich lachte sie und meinte, er solle lieber mich fragen. Aber ihre Zustimmung bekam er trotzdem. Ich war gerührt. Also werde ich mich wohl mit ihm zusammentun und abwarten, was geschieht.

Ist es möglich, glücklich zu sein, während man mit jemandem zusammen ist? Das ist eine interessante Biegung in der Straße. Anstatt im letzten Kapitel den Prinzen zu treffen und in einem weißen Mini die Battersea Park Road hinunterzufahren, muss ich ein reales Leben leben. Ich muss einen echten Mann kennen lernen, bevor die Geschichte zu Ende ist, und herausfinden, ob mein Streben nach Glückseligkeit dadurch leichter oder schwerer wird. Schließlich erfahren wir nicht einmal in Märchen irgendwelche Einzelheiten darüber, wie »und dann lebten sie glücklich und zufrieden« funktioniert. Wie macht man das genau?

Werde ich glücklich sein, wenn ich mich mit ihm zusammentue? Werde ich bei ihm bleiben oder ihn verlassen wollen, und kann ich auf die eine oder andere Art glücklich werden? Werde ich erfahren, warum keiner der Gurus je eine Beziehung hatte?

Vierzehnter Schritt:
Engel, Feen und kahlköpfige Nordlichter

Die unsichtbare Welt: Ein Ausflug

Dies könnte das Kapitel sein, in dem Sie zu dem Schluss kommen, dass ich nicht mehr alle Tassen im Schrank habe. Das Leben nahm seinen Lauf, und ich bekam den Auftrag, »Projektrecherchen« anzustellen. Das ist eine Beschäftigung in der TV-Branche, bei der man Wochen damit zubringt, an Ideen für Sendungen zu basteln, die nie produziert werden. Irgendeine Leuchte von Channel 4 hatte die Idee für die x-te Medizin-Serie. Sie hatten eine unabhängige Firma beauftragt, eine Sendereihe zusammenzustellen, in der in jeder Episode eine nagelneue Behandlungsform für eine lebensbedrohliche Krankheit vorgestellt werden sollte, die dramatisch und plastisch war. Einer meiner »Freunde« bei dieser Firma hielt Ausschau nach einem Trottel, der sich dieser Aufgabe annahm. Mein Telefon klingelte. »Es müssen alles echte Fälle und echte Krankheiten sein«, sagte er kichernd, und: »Leider ist die Bezahlung nicht so wahnsinnig gut ...«

Unterdessen war ich in vollkommener Verwirrung wegen dieses neuen Mannes. Er hatte die Gewohnheit, meine Tochter und mich zu herrlichen Wochenenden in Nord-Devon einzuladen: klettern, surfen und Wanderungen durch atemberaubende Landschaft. Ich kam zu dem Schluss, dass er eindeutig nichts für mich war, aber offenbar verbrachte ich einige Zeit mit ihm. Ich kam zu dem Schluss, dass ich eindeutig nicht mit ihm zusammen war, aber offenbar teilte ich sein Bett. Also fand ich, wir sollten mehr als nur hin und wieder ein Wochenende miteinander verbringen, und dachte mir, dass mir das irgendwie dabei helfen würde, eine Entscheidung in die eine oder andere Richtung zu treffen. Ich hatte einen günstig gelegenen Geburtstag und rechnete schon damit, dass er nach einem festlichen Essen romantisch würde. Ms. Weiblichkeit posierte im Kerzenschein.

»Also, was wünschst du dir denn?« Er sah mich entgegenkommend an.

»Egal, was?«, schnurrte ich, während Mr. Männlichkeit angewidert zusah.

Er richtete seinen Blick auf mich, von Kopf bis Fuß der Trainer fürs Verteidigungsministerium. »Egal, was.«

»Es gibt da so einen Workshop …«

Der Ausdruck fassungslosen Staunens ergriff Besitz von seinem Gesicht. Ich glaube nicht, dass das die Antwort war, mit der er gerechnet hatte. »Ja?«

»Er findet auf der Insel Man statt.«

»Das ist schön. Ich war noch nie auf der Insel Man. Worum geht es denn in dem Workshop?«

»Um Engel.«

Zweimal täglich geht ein Flug auf die Insel Man. Es ist eine dieser kleinen Maschinen, bei denen man auf richtigen Metalltreppen an Bord geht. Das erinnert mich immer an Marilyn Monroe und JFK oder an wichtige Staatsmänner, die sich auf den Weg machen, um über ein bedeutendes Weltfriedensabkommen zu verhandeln. Vielleicht in meinem nächsten Leben.

Wir beschlossen, schon früher hinzufliegen und die Insel zu erkunden. Sie haben echte Spielzeuglokomotiven und -züge, und Erwachsene fahren tagtäglich mit ihnen zur Arbeit. Ein Mann, der aussah wie der dicke Schaffner aus einem Kinderbuch, stellte das Signal, indem er an einem Hebel zog, dann kamen Percy, die grüne Lokomotive, und vier Dritte-Klasse-Waggons angetuckert, und wir stiegen ein. Angesichts der Romantik eines Zuges, der »Tschu-tschu! Wuuu! Huuu!« macht, vergisst wohl jeder, wie sehr dieser stinkt. Schon bald wurde mir schlecht, und ich fragte mich, wie massiv wohl die Ozonschicht durch die Verbrennung des vielen fossilen Brennstoffs geschädigt wurde.

Mark saß mit heiterer Miene da und machte sich über die

Stadtpflanze lustig. Endlose Gelegenheiten für geistreiche Bemerkungen. »Diese Tiere heißen Kühe«, erklärte er. Ich maulte über den Gestank, bis wir in Purt Chiarn, gesprochen Port Erin, eintrafen.

Es war ein Küstenort. Eigentlich liegen so ziemlich alle Orte auf Man an der Küste. Es gab einen Sandstrand, eine von Hügeln wie aus dem Aquarellkasten umgebene Bilderbuch-Bucht und eine dieser kleinen Teestuben, wie man sie nur an richtigen Strandpromenaden findet. Wir platzten mit unseren Koffern hinein, wobei wir vielleicht ein bisschen wie Touristen aus London aussahen, und erkundigten uns nach einer Privatunterkunft. »Wir suchen etwas mit einer rosafarbenen Chenille-Tagesdecke«, erklärte ich fröhlich. Eine Bilderbuch-Lady von der Küste, die garantiert nie andere als selbst gemachte Pommes frites aß, nannte uns eine Adresse und servierte uns heiße Schokolade.

Die Sonne schien vorschriftsmäßig, und ich fing gerade an, mich für den kahlköpfigen Mann mir gegenüber zu erwärmen, als er sagte: »Die Nummernschilder sind interessant. Schau mal! Sie haben sie offensichtlich in den letzten zehn Jahren geändert. Auf den älteren ist eine Zahl, gefolgt von dem Wort Man, während auf den neueren die Initialen NM, ein Buchstabe und dann eine Zahl stehen.« Ich fragte mich, wie ich auf diese Information reagieren sollte. Er fuhr fort: »Manchmal nehmen sie auch mehrere Buchstaben und eine weitere Zahl auf gelbem Grund.«

Ich holte tief Atem. »Könnten wir jetzt gehen?«

Wir fanden die gewünschte Tagesdecke in einem Zimmer mit Meerblick und machten uns dann zur Erkundung auf. Man hatte mir gesagt, dass ich mich auf Hunderte knackiger Männer in schwarzem Leder gefasst machen sollte. Ich hatte das Motorradrennen schon einmal gesehen und mich vermutlich irgendwo im Hinterkopf gefragt, ob die gesamte Küste von überdimensionalen Amerikanern auf Harley Davidsons bevölkert sein würde. Doch der Zufall wollte es, dass wir das Wochenende mit den Radrennen erwischt hatten. Als wir durch den Ort schlenderten, verkündete ein Mann mit einem Megafon:»Und jetzt die Kinder unter zehn.« Kleine Jungs in Lycra-T-Shirts stellten ihre Räder in einer Reihe auf, um gleich um den Block zu sausen und dabei möglichst drei Pfund zu gewinnen. Nicht ein Fitzelchen Kuhhaut in Sicht. Ich bin viel zu feige für Wettkampfsportarten. Das Verlieren halte ich nicht aus. All diese niedergeschlagenen kleinen Radler.»Ich möchte, dass sie alle gewinnen.« Ich sah sie an, und es hätte mir fast das Herz gebrochen. »Das macht ihnen doch Spaß«, versicherte ein hartherziger Einheimischer, als sie losstrampelten, während ihre Väter brüllten:»Na los, Johnny.« Es war einfach unwiderstehlich. Flaggen wurden geschwenkt, und siegreiche Jungs standen auf Podesten, wo der erste, zweite und dritte Sieger abgelichtet wurde. Am liebsten hätte ich all jenen, die nicht auf dem Treppchen standen, Medaillen überreicht, wäre zu ihnen hinübergesaust, hätte allen gesagt »Ihr habt euch auch gut geschlagen« und jedem von ihnen drei Pfund in die Hand gedrückt. Offenbar bin ich zu sehr von merkwürdigen New-Age-Ideen infiziert, um mit der harschen Wirklichkeit von Radrennen an der Küste zurechtzukommen. Eine Altersgruppe nach der anderen ging an den Start, und wir standen immer noch da, als sie bei den »Veteranen« angelangt waren. Diese Seniorengruppe umfasste Vierzigjährige und Ältere. Ich stapfte davon und zählte mir an den Fingern ab, wie viele Jahre mir noch blieben, bevor ich zu den »Veteranen« gehören würde.

Wir spazierten den Strand entlang und sahen uns den Sonnenuntergang an. Ich widmete mich meinem Tick, den Strand seiner Steine zu berauben. Ich beschloss, runde, weiße Quarzstücke zu sammeln, um jedem Seminarteilnehmer eines zu geben. Mark wartete geduldig.»Du kriegst eine Geldstrafe, wenn du Steine mitnimmst, weißt du.«

Ich war definitiv zu dem Schluss gekommen, dass ich ihn mochte, und dann, gerade als die Sonne ins Wasser tauchte, sagte er:»Wenn meine Küche fertig eingerichtet ist, kaufe ich mir einen Satz tischfeines Kochgeschirr.« Ich beschloss definitiv, ihn zu verlassen. Bald. Dann nervte er mich damit, dass er die Namen sämtlicher Seevögel wusste und mir alles über die Gezeiten, den Mond und die Auswirkungen des Windes auf die Dünung erklärte. All das kam mir vor wie mystische Magie. Im Gegenzug hätte ich ihm alle Feinheiten der Öffnungszeiten von Starbucks in der King's Road darlegen können.

Am nächsten Tag wollte Mark mit dem Zug den »Berg« hinauffahren. Es gab einen Dampfzug und einen Elektrozug. Mmm. Ich beschloss, nicht darüber nachzudenken, ob er sich mehr fürs Zugfahren interessierte, als ich mir hätte träumen lassen. Er war so nett, so anspruchslos, so freundlich. Er fragte zum Beispiel: »Was möchtest du denn heute Nachmittag unternehmen, Liebes?« Und gerade wenn ich dachte: »Dieser Mann ist dermaßen reizend, warum sollte ich je ohne ihn sein wollen?«, sagte er etwa: »Schau dir mal den Lack auf diesem Holz an. Den hätte man gründlicher abschmirgeln sollen ... Anscheinend haben sie ihn einfach Schicht für Schicht aufgetragen, anstatt ihn nach jedem Lackieren mit Sandpapier leicht aufzurauen.«

Konnte ich das noch länger aushalten? »Außerdem ist es vermutlich Polyurethan statt echtem Lack. Das glänzt doch gar nicht richtig, oder?«

»Nein, Schatz«, antwortete ich dann und überlegte kurz, wie romantisch es wäre, mich unter *Percy, die grüne Lokomotive* zu werfen.

Wir kamen auf dem Gipfel des Snaefell an, von wo aus man England, Schottland, Irland und Wales sehen kann. Ich beschloss, Mark den Genuss zu gönnen, mich »On a Clear Day, You Can See Forever« singen zu hören. Das war meine Art der Ironie, wissen Sie, denn an dem Tag, den wir gewählt hatten, sah man in allen vier Richtungen Nebel. Aber die Schafe waren schön, und im Café gab es guten Tee und prima Doughnuts mit Marmeladenfüllung. Wir kamen mit einem einsamen Junggesellen ins Gespräch, der uns erzählte, dass er am Abend zuvor schon auf dem Berg gewesen sei, um an der jährlichen Feier der Eisenbahnfans teilzunehmen. Es waren zweihundert von ihnen auf der Insel, die allesamt mit Kameras bewaffnet waren und eifrig Fotos von Lokomotiven knipsten. Das ist leider wahr. Ich warnte Mark, dass ich ihn, wenn er noch weitere abfällige Bemerkungen über Polyurethan von sich gäbe, als Fan anmelden würde.

Um Rache zu üben, nahm ich ihn an diesem Abend mit zu einem Besuch bei einer Freundin, mit der ich bei den Pfadfinderinnen gewesen war. Ich hatte das Amt einer Kingfisher-Patrol-Führerin bekleidet, was mir natürlich gefiel, weil es die ideale Rechtfertigung dafür bot, massenhaft unverlangte Ratschläge zu erteilen. Es wird Sie bestimmt nicht überraschen zu hören, dass ich schon in jungen Jahren eine sagenhafte Begabung fürs Herumkommandieren hatte und infolgedessen die Zeit, die ich für meine Hausaufgaben hätte aufwenden müssen, damit verbringen konnte, Zelte aufzustellen. Die sechs Mädchen, die das Pech gehabt hatten, unter meine »Fürsorge« zu geraten, haben mich nie vergessen, aber da sie von versöhnlichem Wesen ist, wollte uns die hier zum Abendessen einladen und uns ihre Manx-Katze zeigen. Es stimmt wirklich, dass sie Katzen ohne Schwänze haben. Sie sah sehr sonderbar aus, als könne sie eigentlich das Gleichgewicht nicht halten, aber irgendwie niedlich. »Es ist ein genetischer Defekt«, sagte meine Freundin Miki, während wir Mark zu Tode langweilten, indem wir in albernen Erinnerungen an Kreuzknoten und Dreiecksbandagen schwelgten. Er brachte es sogar fertig, interessiert dreinzusehen, als wir uns ihre Hochzeitsbilder ansahen. Es war enorm beeindruckend.

An diesem Abend fuhren wir mit einer Pferdebahn zu unserer Unterkunft zurück. Es war so einfach, den Tag mit ihm zu verbringen. Und, was Sie sich bestimmt schon gefragt haben, auch die Nacht. Ich war froh, dass wir ein Seminar besuchen würden. Vielleicht konnte ich feststellen, dass unsere Schutzengel nicht zueinander passten?

Meist ist es empfehlenswert, sich dem Veranstaltungsort eines Workshops mit Vorsicht zu nähern. Bei einem Seminar, das ich besucht habe, tat in der ersten Nacht kein Mensch ein Auge zu, weil die Zimmer so kalt waren. Und so betraten wir ziemlich überrascht das Brightlife Institute in Andreas im Norden der Insel. Das Zentrum für Lehrgänge und Firmenseminare war ein Hotel mit fünf Sternen, wenn nicht mehr. Wir wurden in ein luxuriöses Doppelzimmer geführt, das größer war als meine gesamte Wohnung in der Battersea Park Road.

Sie hatten mich als Marks Frau registriert, und als ich sagte, dass mein Familienname Losada sei, wurde ich zu Mrs. Losada. »Es gibt keine Mrs. Losada«, versuchte ich zu erklären. Nun sah es so aus, als wäre ich mit jemand anderem verheiratet und hätte eine Affäre. Die Empfangsdame schmunzelte verständnisvoll. »Nein, ehrlich – es gibt auch keinen Mr. Losada. Ich bin ledig. Ich habe keine Affäre.« Ich verstrickte mich tiefer und tiefer.

»Es stört uns nicht, wenn Sie eine Affäre haben, meine Liebe«, flüsterte sie.

»Ja, das ist mir schon klar. Aber ich habe keine.«

»Dann ist ja alles gut, oder nicht?«, sagte sie mit einem Zwinkern. Es musste doch einen Weg geben, diese Situation zu vermeiden.

Mark und ich gingen gespannt zur Happy Hour, um die anderen Teilnehmer kennen zu lernen. Sicher wird es Sie mittlerweile nicht mehr erstaunen, dass es zehn Frauen und vier Männer waren, vier Einheimische von der Insel und wir anderen aus ganz Großbritannien. Ich sprach mit einem der Männer, einem übergewichtigen Typen, der wie ein *Sun*-Leser wirkte und völlig fehl am Platze aussah. Ich fragte ihn, was er von Beruf sei (nicht dass ich diese Frage je stellen würde, Sie erinnern sich), und es stellte sich heraus, dass er Gärtner war, was mir ungemein gefiel. Beim ersten Glas Wein teilte er uns mit, dass die genaue Bezeichnung des Seminars »Mit Engeln, Feen, Musen und Naturgeistern arbeiten« lautete. Mark wäre fast aufgestanden und gegangen. Doch dann traf William Bloom ein. Ich weiß nicht, was ich von jemandem erwartet hatte, der ein Seminar über Feen abhielt, aber dieser Mann war es jedenfalls nicht. Wir setzten uns zum dreigängigen Haute-Cuisine-Abendmenü an den Tisch, und ich befragte William, der weltweit doziert, etwa zehn Bücher veröffentlicht hat und als Vortragender permanent gefragt ist, nach seiner ursprünglichen Disziplin. »Haben Sie Feen an der Uni studiert?«, fragte ich mit unbewegter Miene.

»Mein Vater war freudianischer Psychiater und meine Mutter Journalistin in New York. Ich habe meinen Abschluss in Internationaler Politik an der London School of Economics gemacht und dann in Politischer Psychologie promoviert, bevor ich über psychologische Probleme in internationalen Beziehungen zu dozieren begann.«

»Ah.« Und dieser Mann wollte uns über die Welt der Geister unterrichten? Mark war jetzt schon ganz verwirrt. Na prima. Ich bestellte mir noch eine Portion Waldbeerenauflauf mit Baiser.

Als das Abendessen schließlich vorüber war, fand die erste Sitzung des Feenzirkels statt. Freilich nannte er sie nicht so – das tat nur ich. Nach der üblichen unerlässlichen Vorstellungsrunde schilderte uns William, wie es ablaufen würde.

»Unser Seminar wird zu zwanzig Prozent aus meinen Erläuterungen bestehen und zu achtzig Prozent aus Übungen. Das Ziel dieses Kurses ist, Ihnen nahe zu bringen, woraus die Welt der Engel, Musen und Naturgeister eigentlich besteht, Ihnen zweitens dabei zu helfen, die Welt der Geister zu erfahren, und es Ihnen drittens zu ermöglichen, dieses Bewusstsein anzuzapfen, wann immer Sie wollen.«

»Wie haben Sie erstmals Zugang zur Geisterwelt gefunden?«, wollte eine ernst wirkende, langhaarige Frau von etwa sechzig Jahren wissen. William begann mit seiner Einführung.

»Ich war schon immer empfänglich für meine Umgebung und habe – wie viele Menschen – von Kindheit an immer wieder gespürt, dass alles lebt – nicht nur Tiere, Bäume und Pflanzen, sondern sogar Landschaften und Felsen. Alles schien zu pulsieren, und ich entwickelte über meine akademischen

Studien hinaus Interesse, dies zu erforschen. Als ich fünfundzwanzig war, stieß ich auf ein altes Manuskript aus dem vierzehnten Jahrhundert über einen Mann, der sechs Monate mit Bittgebeten zubrachte, um seinen Schutzengel zu treffen. Ich zog nach Marokko und lebte in den Bergen, um dieses Experiment zu wiederholen. Ich baute eine Kapelle und betete jeden Tag: ›Es tut mir Leid, dass ich ein Wichser bin, aber könnte ich bitte meinen Schutzengel treffen?‹ Am letzten Tag wartete ich in aller Ernsthaftigkeit, betete wie verrückt, aber nichts geschah. Ich fühlte mich wie ein totaler Idiot.« Wir lachten alle. Schon jetzt mochte ihn jeder. Er fuhr fort. »Erschöpft kehrte ich zu meinem Lager zurück und weinte. Als ich aufwachte, fühlte ich mich getrieben, zu meinen Gebeten zurückzukehren, und dann spürte ich, wie mich eine gigantische Präsenz der Liebe umfing. Sie war absolut real, und zwar dermaßen, dass ich sie weder anzweifeln noch als Einbildung oder Projektion meiner Wünsche abtun konnte. Sie war real. Und seitdem sind die intensivsten Erlebnisse, die ich hatte, als ich das Pulsieren und die Schönheit in allem sah, meine ständigen Begleiter.«

»Ständig?«, fragte ein skeptischer Yogalehrer.

»Außer wenn ich betrunken oder gestresst oder schlechter Laune bin. Die meiste Zeit bin ich aber nichts davon. Ehrlich.«

Er war vollkommen glaubwürdig. »Nur ein bisschen Theorie heute Abend ...«, begann er und stellte ein Flipchart auf. »Der menschliche Körper ist von einem elektromagnetischen Feld umgeben.« Er zeichnete eines um ein Strichmännchen. »Wenn etwas in Ihr Energiefeld eindringt, spüren Sie es. Sie brauchen nichts zu sehen oder Hellseher zu sein, um zu wissen, dass da etwas ist. Sie müssen nur sensibel und aufmerksam genug sein, um es wahrzunehmen. Neunundneunzig Prozent der Menschen spüren Dinge. Sie wissen, dass ihr Partner mit schlechter Laune nach Hause kommt, bevor sie ihn sehen – weil sie es spüren. Die Leute wollen manchmal unbedingt Geister sehen, aber was man sieht, ist eben ein Energiefeld.«

Dann begannen wir mit der ersten Übung, einer Meditation, mit der wir uns »in unsere Körper« einfühlen sollten. Alle setzten sich bequem hin, manche auf Kissen oder auf den Boden, andere auf Stühle. Wir schlossen die Augen.

»Jetzt möchte ich, dass Sie sich ein Reh vorstellen, das sich behaglich auf dem Boden zusammengerollt hat und mit der Schnauze sein Hinterteil berührt.« Ich dachte an ein Rehkitz, das geborgen in einem Waldwinkel liegt und neben seiner Mutter und seinem Vater auf Laub, Zweigen und der bemoosten Erde ruht. Ich stellte mir vor, vier Beine zu haben und in diesem gefleckten Fell zu leben. »Atmen Sie in Ihren Unterbauch«, sagte William. »Und jetzt möchte ich, dass Sie eine zusammengerollte Katze werden, die seelenruhig schläft.« Mein alter roter Kater, mein Bettgefährte aus über fünfzehn Jahren, hatte mir diese Stellung ausgiebig vorgemacht. Ich weiß, wie es sich anfühlt, Pfoten zu haben und nach warmem Fell zu riechen. »Atmen Sie sanfte Atemzüge in die Gegend unterhalb Ihres Nabels. Gehen Sie die gleiche glückliche Beziehung zu Ihrem Körper ein wie diese Katze. Blicken Sie mit Liebe und Anerkennung in Ihren Körper.« Ich fühlte mich glücklich und zufrieden und ein bisschen zu voll mit Waldbeerenauflauf. Dieses »Sich-in-den-Körper-einfühlen« ist immer dermaßen angenehm. Vermutlich nennt man es deswegen »zur Besinnung kommen«.

Dann mussten wir uns einen Partner suchen und auf ihn zugehen, damit wir sein Energiefeld spüren konnten. Das fällt nicht einmal einer Stadtpflanze wie mir schwer. Es ist mir durchaus vertraut, dass auch in London jemand gute oder schlechte Schwingungen durch den Raum schickt. Ich spüre es, wenn mich jemand anglotzt, und ich habe schon oft »Schau-mich-an«-Schwingungen gespürt, mich umgesehen und einen lächelnden Fremden erblickt. Schwingungen sind real, so viel steht fest.

Auf jeden Fall wurde ich von einem Börsenwunderkind ausgewählt – einem jungen Mann, der sich zu langweilen begonnen hatte, nachdem er im Alter von sechsundzwanzig Jahren einschließlich eines roten Porsche alles erreicht hatte, und nun mit ebensolcher Leidenschaft das Mystische erforschte. Er stand da und sah mich an, und wir gingen zusammen durch den Raum. Sein Energiefeld war für mich so deutlich, als wäre es rosa eingefärbt gewesen. Den Leuten zufolge, die behaupten, Auren sehen zu können, war es wohl tatsächlich rosa. Ich konnte es zwar nicht sehen, aber spüren. Genau wie die Energie, die mir in Form eines Balls von Monsieur Tai Chi gereicht worden war.

Nachdem wir die Energie gespürt hatten, mussten wir spielen. Ich sollte unsichtbare Energie oben aus meinem Kopf aussenden, sie kreisförmig hinüber und in sein Energiefeld schicken, dann nach unten durch das, was seine Wurzeln wären, wenn er ein Baum wäre, dann zurück in meine Wurzeln, durch mich nach oben, wieder aus meinem Kopf heraus und auf ihn zu. Das war ein lustiges Gefühl. Es bedeutete, ihm gute Schwingungen zu schicken, aber bewusst. Dann forderte William uns auf, den Kreislauf umzukehren, sodass er mir seine Energie schickte, und ich schwöre, ich habe eine zarte Energie, ein Etwas, gespürt. Der letzte Teil der Übung bestand darin, unsere Herzen zu öffnen.

»Operationen am offenen Herzen an einem Freitagabend?«, erkundigte ich mich.

»Nein.« William rang sich ein Lächeln ab.

Es war das Herz-Chakra, das wir öffnen sollten. Sie kennen die Stelle. Es ist der Punkt hinter dem Brustbein, der wehtut, wenn jemand, den man liebt, weggeht, oder wenn man einen Geliebten vermisst oder sich nach seiner Gegenwart sehnt. Diesen Schmerz kennen Sie doch, oder? Das ist Ihr Herz-Chakra. Es ist möglich, diesen Fleck zu öffnen, um mehr Liebe zu geben und zu empfangen. Es ist empfehlenswert, das beim Liebesspiel zu versuchen, und (Achtung, unverlangter Ratschlag) wenn Sie feststellen, dass Sie Ihr Herz nicht öffnen wollen, dann liegen Sie mit der falschen Person im Bett, oder es ist der falsche Zeitpunkt. Nicht, dass ich das je getan hätte. Doch ich schweife schon wieder ab.

Ich freute mich bereits auf den Abendwhiskey, als William ankündigte, dass wir zum Strand gehen würden, um »die Übung auszudehnen«. Das Brightlife Institute stellte einen Kleinbus zur Verfügung, in dem ein Stapel Decken lag, auf die man sich am Strand setzen konnte. Sie hatten an alles gedacht. Ich schwebte selig am Strand entlang. Auf einmal peng! Ein Schuss. »Mark! Sie schießen auf etwas!« Ich schrie wie ein durchgedrehter, verstörter New-Age-Hippie.

»Ja, Schätzchen – Tontauben«, gab er grinsend zurück. »Hättest du Lust, auch mal welche zu schießen?«

»O ja, bitte!«, sagte ich begeistert. Da hatten wir es – der weibliche Wankelmut in zwei Sekunden. Wollen wir hoffen, dass Tontauben keine Seelen haben, denn wenn sie welche haben, dann sieht es ganz danach aus, als sei ich mehr als bereit, sie zu ihrer nächsten Wiedergeburt zu entlassen.

Ich starrte auf die Schönheit der Bucht, des Meeres und des Himmels, und gerade als ich langsam ganz still wurde, sagte Mark: »Also, der Leuchtturm am nördlichen Ende der Insel blinkt viermal mit Zwei-Sekunden-Intervallen nach jedem Blinken, und dann kommt ein Zwei-Sekunden-Intervall, bevor sich das Muster wiederholt. Sag mal, kennst du eigentlich den Unterschied zwischen Blinken und unterbrochenem Feuer?«

»Blinken eignet sich nicht zum Würstchengrillen?«

Er lachte höflich, als hätte ich einen Witz gemacht. »Unterbrochenes Feuer auch nicht.«

»Klär mich auf.«

»Ein Blinken dauert eine Sekunde oder kürzer, aber wenn es sich um unterbrochenes Feuer handelt, dann dauert es über eine Sekunde.«

Ich nahm all meinen Mut zusammen. »Warum erzählst du mir das?«

»Weil es interessant ist.« Zwei Austernfischer flogen vorüber. Ich fragte mich, ob sie auch solche Schwierigkeiten dabei haben, einen Lebenspartner zu finden.

Dann rief uns William zu unserem Feenkreis zusammen. Ein

paar Minuten standen wir schweigend da, um die Atmosphäre des Strandes auf uns wirken zu lassen, und dann sagte er: »Wir werden jetzt die Übung von vorhin wiederholen, in der wir Energie ausgetauscht haben, nur dass diesmal unser Partner das Meer sein wird. Viele von uns sind von der Schönheit des Meeres bewegt …« – er sprach in ganz sachlichem Ton über das alles –, »aber die meisten Leute betrachten es nur. Ihnen ist nicht bewusst, dass sie die Beziehung vertiefen und das Meer kinästhetisch erleben können.« Ich mutmaßte, dass es mit Schwimmen, Surfen oder Segeln auch funktionierte, doch das hier war eine Methode, bei der man sicher an Land blieb und die bei jedem Wetter gefahrlos angewandt werden konnte.

Ich setzte mich im Lotossitz an den Strand, vom Scheitel bis zur Sohle ein Buddha. Ich starrte das Meer an, und das Meer starrte zurück. Es machte angenehme Wellengeräusche für mich. Ich dachte an meine Energie und stellte mir vor, wie sie sich ausdehnte, um den Horizont zu umfangen. Ich malte mir aus, wie oben aus meinem Kopf Energie austrat, einen vertikalen Kreis beschrieb und durch die Füße zu mir zurückkehrte. Dann kehrte ich den Kreis um. Ich öffnete meine Seele, so gut ich es vermochte, um die Kraft und die Sanftheit der Flut zu empfangen.

Ich habe das Meer schon immer als beruhigend empfunden, seit ich bei meiner Großmutter in Brighton gelebt habe. Selbst als lautes Bühnenschulkind war mir nicht entgangen, dass das Meer nach wie vor dasselbe war, ob ich nun in *Die Trapp-Familie* die Rolle bekam, die ich wollte, oder nicht. Und später, ob die Jungen in der Schauspielklasse der Oberstufe nun meine hingebungsvolle Leidenschaft wahrnahmen oder nicht, war das Meer immer noch da und ging seiner ewigen Beschäftigung nach. Ich liebte es. Und es war ein gutes Gefühl, daran erinnert zu werden und zu spüren, dass ich in konzentrierterer Form Energie vom Meer aufnehmen konnte. Denken Sie jetzt »Das ist nur deine Einbildung, Isabel«? Aber wer weiß, wo die Einbildung anfängt und wo sie aufhört? Dr. Roger Woolger hatte uns beigebracht, vorsichtig mit der Formulierung »nur deine Einbildung« umzugehen.

Ich saß da, tauschte mich aus und spürte die Gegenwart des Meeres in meinem ganzen Körper. Was das Meer im Gegensatz zu mir besitzt, ist eine unendliche Perspektive. Und erneut schien mir, dass alles so war, wie es sein sollte, und falls nicht, selbst wenn es Leid gibt, ist auch das auf eine Art, die ich nicht begreife, in Ordnung. Ich nahm Mark bei der Hand, und wir gingen den Strand hinauf.

Der Samstagmorgen begann mit einer dieser Tafeln, die mit allem beladen war, was man sich zum Frühstück nur wünschen kann, und mit lächelndem Personal, das einen fragte, was man an warmen Gerichten wolle. Ich bestellte mir Filterkaffee und fragte mich, wie mein Dickdarm wohl diese Attacke überstehen würde. Die Fadenwürmer, die mittlerweile zweifellos wieder geboren worden waren, würden ihren Aufenthalt im Brightlife Institute genießen.

Unser Tagwerk sollte mit noch ein bisschen Theorie beginnen. Eine Geschichtsstunde über die universelle Erfahrung einer Parallelwelt, die von Geistwesen bewohnt wird. Der große Mythologe Joseph Campbell hat darauf hingewiesen, dass im achtzehnten und neunzehnten Jahrhundert, als man begann, die Ergebnisse anthropologischer Forschungen auf der ganzen Welt zusammenzufassen, das, was zuvor für kulturell isoliertes Auftreten von Geistern gehalten worden war, in Wirklichkeit ein weltweites Phänomen darstellte.

Trotz der Unmengen von Beweisen und Erfahrungen glaubt die herkömmliche Psychologie nach wie vor daran, dass all diese Erlebnisse Schöpfungen des biologischen Gehirns sind, und so legt jegliche Erwähnung der Welt der Engel nahe, dass der Sprecher dringend qualifizierte psychiatrische Behandlung braucht. (Schon gut, das wussten Sie über mich ohnehin.)

Es ist ein weiterer Beleg für die Arroganz der westlichen Kultur, so versicherte William nachvollziehbar, dass wir Tausende klassischer und mystischer Kulturen sowie Stammeskulturen, die an Geister glauben, als von Halluzinationen getäuscht abtun. Vermutlich denken wohl die meisten Menschen, dass all das erfunden ist, aber ich persönlich habe kein Problem damit, an die unsichtbare Welt zu glauben. Engel werden im Alten Testament erwähnt, im Koran und den östlichen Religionen, und jeden Sonntag stehen auf der ganzen Welt Menschen in Kirchen auf und sprechen im christlichen Glauben:»Ich glaube an Gott, den Schöpfer des Himmels und der Erde und der sichtbaren und unsichtbaren Welt.«

Doch wie man sich dieser unsichtbaren Welt nähert, steht auf einem ganz anderen Blatt. Ich begann schon fast zu glauben, dass all das höchst unwahrscheinlich war, als von irgendwo hinter mir der Gärtner das Wort ergriff:»Ich wollte es eigentlich niemandem erzählen, aber wenn man im Freien arbeitet, ist dort etwas, eine Art Gegenwart; ich sage es bloß nie jemandem, weil ich Angst habe, dass sie dann die Männer in den weißen Kitteln holen, damit sie mich mitnehmen.«

William reagierte sofort mit ähnlichen Geschichten, um ihn zu beruhigen. Er schlug ein Buch auf und zitierte den Forschungsreisenden Sir Francis Smythe, der berichtete, dass er sich beim Aufstieg auf den Everest in den letzten Phasen seiner Wanderung von einem Wesen begleitet gefühlt habe. William las vor:

In seiner Gesellschaft konnte ich mich weder verlassen fühlen noch konnte mir irgendetwas zustoßen. Es war immer da, um mich bei meinem einsamen Aufstieg über die schneebedeckten Hänge zu unterstützen.

Dann zitierte er den irischen Dichter George Russell:

Die goldene Welt der unsichtbaren Wesen umgibt uns überall ... die Schönheit steht allen offen, und keiner, der sich umwendet und sie sucht, wird von ihr ausgeschlossen bleiben.

Anschließend erzählte er selbst eine Geschichte. Ich zweifelte keinen Augenblick an seinen Worten. »Ein paar Freunde waren beim Zelten in einer abgelegenen Waldgegend. Gegen drei Uhr morgens wurden sie von einer Stimme geweckt, die sie anwies, aus ihren Schlafsäcken zu steigen und ihr Zelt woanders aufzustellen. Die Aufforderung war so eindringlich, dass sie es trotz des Aufwands taten. Im Morgengrauen fiel eine riesige Tanne um und stürzte genau auf die Stelle, wo zuvor ihr Zelt gestanden hatte.«

Natürlich kann es sein, dass Sie das nicht glauben. Aber ich wette, Sie haben schon ähnliche Berichte von übernatürlichen Erlebnissen gehört. Wie viele solcher Geschichten wären nötig, um uns ganz zu überzeugen?

Aber was jetzt kommt, ist wirklich kaum zu glauben. Jemand vom Personal erschien und brachte uns Kaffee und mit Schokolade überzogene Erdbeeren. Ich weiß ja, dass ich Ihre Gutgläubigkeit schon mehrmals strapaziert habe, aber hat man Ihnen schon mal auf irgendeinem Seminar mit Schokolade überzogene Erdbeeren serviert?

William plauderte weiter. Er gab zu, dass er – abgesehen von seinem Erlebnis in Marokko – im Grunde nicht viel wusste, als er anfing, Seminare wie dieses zu halten. Er lernte von den Menschen, die sie besuchten.

»Mir fiel auf, dass sie sich alle in klare Gruppen unterteilen ließen. Die erste Gruppe waren die Heiler: Ärzte, Lehrer, Sozialarbeiter, Gesundbeter und Therapeuten. Die nächste Gruppe waren die Künstler: Architekten, Musiker, Designer, Schauspieler und Kreative im Allgemeinen. Zu dieser Gruppe zählen auch Computerprogrammierer und Ingenieure. Dann gab es noch eine Gruppe, die mit Ritualen arbeitete: Priester, Nonnen, weise Frauen, Schüler des Schamanentums und sogar Freimaurer und Okkultisten.

Ich dachte bei mir, dass ich gern einen Tag damit verbracht hätte, dem Gespräch in dieser Gruppe zu lauschen.

»Dann gab es eine Gruppe von Menschen, die mit Pflanzen und Landschaften arbeiten: Bauern, Gärtner und Landschaftsarchitekten. Und schließlich noch die Geschäftsleute: Büroangestellte, Anwälte, Unternehmer, Werbefachleute und Marketing-Experten.«

Die Leute aus all diesen Gruppen, die in Williams Seminare kamen, waren Menschen, die bemerkt hatten, dass es eine unsichtbare und unterbewusste Hilfe gibt. Als Schauspielerin bin ich mit dem Konzept von Shakespeares Muse der Inspiration vertraut, aber irgendwie war ich nun in einem Raum mit einem Mann gelandet, der behauptete zu wissen, wie man Kontakt zu ihr aufnahm. Ich lauschte sehr aufmerksam.

Ich hatte etwas Geheimnisvolles erwartet, doch die Lehre lässt sich in einem Wort zusammenfassen: Innehalten. All diese Leute hatten irgendwie erkannt, welche Wohltat darin liegt, ein paar Minuten innezuhalten, bevor man eine Tätigkeit anfängt, um sich auf den »Geist« der Aufgabe einzustellen.

Eine der Frauen, eine Künstlerin, meldete sich zu Wort. »Genau das tue ich. Ich halte eine Weile inne. Ich stimme mich auf ›etwas anderes‹ ein. Nennt es den Geist des Gemäldes, wenn ihr wollt. Es ist wie eine Muse. Es sagt mir zwar nicht, was ich tun soll oder wie ich es tun soll, aber es inspiriert mich irgendwie. Irgendwie kann ich mich dann besser in das Bild einbringen. Ich bin präsenter.«

Einen Geist kann man auch als Bauplan für das ideale Muster aller Aspekte des Lebens betrachten. Mittlerweile machte ich mir hektisch Notizen. William erklärte in Begriffen, die mir viel zu hoch waren, wie es kommt, dass es der modernen Wissenschaft schwer fällt zu verstehen, wie Energiepartikel und Wellen sich verbinden, um zu kohärenten Atomen zu werden. Die fehlende Substanz ist das Deva oder der Geist des Atoms, der ein Energiemuster davon enthält, wie das Atom aussehen soll. Wie Jungs Archetypen (anscheinend). Können Sie mir noch folgen? Der Geist enthält den Bauplan und zieht magnetisch das bestmögliche Ergebnis an. Wechseln wir mal das Beispiel. Wir alle »stellen uns vor«, dass es so etwas geben könnte wie ideale Gerechtigkeit. Die Gerichte kommen diesem Ideal nur selten nahe, doch der Geist der Gerechtigkeit ist da, und er ist nicht nur ein Konzept, sondern eine spirituelle Wirklichkeit, eine Energieform, die das Muster dafür liefert, wie alles sein könnte. Es gibt ein Muster für die ideale Demokratie, eine Form der parlamentarischen Debatte, der das Parlament womöglich manches Mal, wenn auch vielleicht nicht oft, nahe kommt. Es gibt einen Geist, der das Gleiche für die verschiedenen Elemente einer Zeremonie leistet. In der katholischen und der orthodoxen Tradition fand William eine »tiefgründige Magie«, die sich im Rahmen des Ritus abspielt.

»Manche Mystiker haben die Eucharistie als die höchste Zeremonie der westlichen Kultur bezeichnet«, fügte er hinzu und erklärte, dass die Tatsache, immer wieder ein Teil dieser Rituale zu sein, die Zeit und den Raum bietet, gelassen in ihnen zu ruhen und ihre Energien und Atmosphären auf sich wirken zu lassen.

Dann machten wir eine Übung. Wir mussten die Augen schließen, uns auf unsere Körper konzentrieren und an unseren Atem denken, bis wir uns ruhig und gelassen fühlten, und uns dann auf die Atmosphäre im Raum einstimmen. In der Stille unserer eigenen Köpfe und Herzen sollten wir an die »unsichtbare Welt« denken. Mir fiel ein Satz aus meinem Lieblingsfilm *Wie verrückt und aus ganzem Herzen* ein, wo ein spanischer Student auf einem Spaziergang durch den Park zu Juliet Stevenson sagt: »Die Geister sind überall, sie begleiten uns auch jetzt.« Ich fragte mich, ob das wohl möglich sein konnte. Und ich sagte in Gedanken »hallo« zu ihnen, nur für den Fall, dass sie da waren. Und ich dankte ihnen in Gedanken, nur für den Fall, dass sie mich hören konnten.

Bei dem Wort »Picknick« möchte ich immer am liebsten auf und ab hüpfen und »juhu« rufen. Noch toller ist es, wenn jemand anderer Picknickkörbe mit allen möglichen sagenhaften Leckereien gefüllt hat. Wir wurden zu einer Fahrt ins Blaue abgeholt. Unser Kleinbus und ein paar weitere vom Brightlife Institute zur Verfügung gestellte Autos fuhren in die geheimnisvollen Tiefen der Insel, bis wir uns in Ballaglass Glen befanden, das wohl eine der schönsten, absolut unberührten Landschaften ist, die ich je gesehen habe. Die Aufgabe hier war leicht: den Tag genießen und auf die Atmosphäre und die Geister achten, die dort lebten. Falls es so etwas wie Geister gibt, dann mussten hier zweifellos welche wohnen, weil es so idyllisch war, dass sie hätten dumm sein müssen, sich nicht hier niederzulassen.

Ich setzte mich auf einen Felsen neben einem Wasserfall und sah den Wasserspielen zu. War es denkbar, dass da mehr war, als ich sehen konnte? Die umstehenden Bäume strahlten ein Leuchten aus, das sogar für mich »sichtbar« war. William hatte uns gesagt, dass den Naturgeistern nicht deshalb die menschenähnliche Gestalt von Feen und Elfen zugeschrieben wurde, weil kleine Wesen mit rosa Kleidchen und Flügeln herumschwirrten, sondern weil die Geister der Blumen so wirkten. Die um Baumwurzeln herum herrschenden Energien wirken erdig, also hat der Mensch sie als Gnome visualisiert. Es leben zwar keine kleinen Männchen im Wald, aber das entsprechende Energiemuster ist vorhanden. Als ich vom Wasserfall in den Wald spazierte und von einem umgestürzten, verfaulenden Baum zu einer frisch durchs Unterholz gewachsenen grünen Anemone ging, lauschte ich mit meinem ganzen Wesen und nicht nur mit den Ohren. Ich setzte mich sogar einem Baum gegenüber und wiederholte die Übung mit dem Energieaustausch, die ich mit dem City-Banker und dem Meer gemacht hatte. Ein Baum ist ja so unabhängig. Wurzeln, die weit hinab ins Dunkel reichen, und Arme, die sich zum Licht recken. Vielleicht konnte ich einfach regelmäßig vor den Bäumen im Battersea Park meditieren, ihre Schwingungen in mich aufnehmen und ihnen etwas von meinen geben. Aber eigentlich mag ich diese Bäume recht gern. Es wäre ein Jammer, eine herrliche Londoner Platane, die schon seit fünfzig Jahren steht, vor Stress und Erschöpfung umkippen zu sehen.

Unterdessen hatten sich einige der künstlerisch Begabten ans Zeichnen gemacht. Sind Ihnen Leute nicht zuwider, die die gesamte Schönheit einer Landschaft mit ein paar Bleistiftstrichen auf einem Stück Papier wiedergeben können? Wir hatten zwei solche Teilnehmer. Voller Ehrfurcht bestaunte ich ihre Skizzen und dachte an die Unzulänglichkeit von Worten.

Dann hieß es zurück in den Kleinbus und weiter zum nächsten geheimen Fleckchen. Diesmal fuhren wir zu einem der höchsten Punkte der Insel, um einen Steinkreis aufzusuchen, einen der Versammlungsorte des alten Parlaments. Von diesem hohen Punkt aus konnten wir den größten Teil der Insel überblicken. Es war die ideale Stelle für Ruhe und Frieden, und genau das wollte William auch erzeugen. Er hatte nicht mit mir gerechnet. Nachdem wir unser köstliches Picknick verzehrt und uns zum Ausruhen hingelegt hatten, merkte ich, wie ich in übermütige Stimmung verfiel.

»Ich kenne ein Spiel!«, rief ich. »Man nimmt einen Grashalm und steckt ihn einem Schlafenden ins Nasenloch, damit er niesen muss. Das macht echt Spaß.« Ich sauste mit meinem Grashalm herum. William sah mir zu und wusste nicht, ob er lachen oder mich erschießen sollte. Hilfe heischend sah er Mark an. »Isabel! Komm her und leg dich hin!«, versuchte Mark es mit fester Stimme. Ich war bereits dabei, jemanden zu belästigen. »Isabel!« Schließlich kam ihm eine Eingebung, und er kippte ein Glas Wasser über mich. Ich stieß ein lautes Jaulen aus. »Typisch Männer«, schrie ich. »Kein Gefühl für Verhältnismäßigkeit.« Ich nahm meine Decke und stapfte davon, um mich in gebührender Entfernung von ihnen beleidigt hinzulegen. Sie hatten genau das erreicht, was sie wollten, und konnten nun in Ruhe schlafen.

Etwa eine Stunde später wachten wir auf. Der Wind blies duftende, warme Luft über den Berg. William sprach: »Das hier ist ein heiliger Ort, weil die Insel von hier aus von ihren Beschützern überwacht wurde. Sämtliche alten Dörfer und Städte haben einen Geist, der auf sie aufpasst, eine wachende Präsenz. Ich möchte, dass Sie an die Größe des Geistes dieser Insel denken und sich auf diese Energie einstimmen. Wenn

Ihnen dabei etwas einfällt, das Sie für den Geist tun könnten, dann nehmen Sie das einfach wahr.«

Wir saßen da und blickten in die Ferne. Ich stellte mir vor, wie es wäre, dieser Geist und irgendwie anwesend zu sein, um alles an diesem Ort zu inspirieren und ihm Leben einzuhauchen. Auf der Insel Man leben siebzigtausend Menschen, und laut William hatten die Engel und Geister auf geheimnisvolle Weise mit deren alltäglichen Belangen zu tun. Erneut kamen mir die Worte des Nizäischen Glaubensbekenntnisses in den Sinn: »Ich glaube an Gott, den Schöpfer des Himmels und der Erde und der sichtbaren und unsichtbaren Welt …« Ich habe noch nie eine Predigt über dieses Thema gehört. Vielleicht fanden die Priester, die sich mit dem Thema befasst haben, es zu wenig greifbar. Es gibt nicht viele Lehrmeinungen über Engel. Gott sei Dank. Eine Zeit lang saßen wir schweigend da und widmeten uns der Seins-Übung. Und dann fuhren wir allesamt zum Tee ins Hotel.

Am Samstagabend teilten wir uns auf, und Mark und ich gesellten uns zu der Gruppe, die noch einmal zum Strand ging. Ich hatte den Einfall, mich an den Rand des Wassers zu setzen und zu meditieren. Jetzt glauben Sie sicher, ich sage gleich, dass ich nass wurde, stimmt's? Wie kommen Sie denn auf die Idee, dass ich das zugeben würde? In Sachen Meditation bin ich wie gesagt eine Niete. Ich brauche nur die Augen zu schließen und zweimal tief Atem zu holen, und schon bin ich eingeschlafen. Die Tatsache, dass ich aufrecht dasaß und mir der Wind ins Gesicht blies, spielte keine Rolle. Wie soll ich nur Fortschritte auf dem Weg zu tiefer Meditation machen, wenn mein Unterbewusstsein ständig nur Gelegenheiten zum Tiefschlaf sieht? »Bewusstsein? Puh!«, sagt es, und ehe ich mich versehe, schnarche ich schon.

Als ich aufwachte, sah ich, dass sich ein Kreis von Leuten um Mark versammelt hatte. Er ist so eine Art Weltmeister im Steine-springen-Lassen und kann einen festen Gegenstand öfter auf der Meeresoberfläche hüpfen lassen, als es physikalisch möglich ist. Die Leute zählten mit – »acht, neun, zehn« – und brachen dann in frenetischen Beifall aus. Mittlerweile waren sämtliche Frauen im Seminar (und die Männer auch) in Mark verliebt. Doch er schien immer noch mit mir zusammen sein zu wollen. Was manche Leute für einen Geschmack haben …

Dann, als wir im Kleinbus zurückfuhren, riss mich Mark aus meinen Tagträumen, indem er plötzlich sagte: »Schau!«

»Was ist denn?«, fragte ich erschrocken.

»Ach, nichts. Ich dachte nur einen Augenblick lang, ich hätte aufeinander folgende Nummernschilder gesehen.«

Am Sonntagmorgen gab es einen Diavortrag. Ich liebe Diavorträge. Klick, surr …»Und hier sehen wir …«Wie Lesen, nur ohne die Mühe, umblättern zu müssen. Und was noch besser war, vor uns stand William Bloom höchstpersönlich und gab uns weitere technische, historische und allgemeine Informationen über Engel. »Diese Künstlerin hat ihr Empfinden dieses Geistes durch eine Doppelhelix wiedergegeben«, erklärte er uns, als hielte er eine naturwissenschaftliche Vorlesung. »Und dieses Bild zeigt einen Baldachin, der aussieht wie eine Qualle mit einem Körper wie ein Strudel. Ein unsichtbares Gefühl zu zeichnen bedeutet eine Herausforderung für Künstler, aber es ist interessant zu sehen, dass unabhängig von Zeit und Kultur ähnliche Muster entstehen.«Als die Gemälde durchgelaufen waren, zeigte er uns Blumen und Bäume, und ich war dermaßen auf unsichtbare Energie eingestimmt, dass ich die Muster erfühlen konnte, die nicht eingezeichnet waren.

Der Kaffee kam und mit ihm viele Schachteln herrlicher Pastellkreiden. William führte uns durch eine wunderbare Meditation über unsere persönlichen Schutzengel und forderte uns anschließend auf, in irgendeiner Form unsere Eindrücke zu zeichnen. »Zeichnen Sie erst sich selbst – wenn es sein muss als Strichmännchen –, dann Ihr Energiefeld, und zeichnen Sie dann Ihren Engel hinein.« Ich nahm mir eine rote Kreide und skizzierte einen Umriss meiner selbst. Das Innere ließ ich weiß. Anscheinend fühle ich mich meistens ziemlich leer. Dann nahm ich leuchtende Farben und zeichnete mein Energiefeld. Massen von Pink mit Rot, Blau, Gelb, Grün, Orange und Violett. Wenigstens schien meine Energie ziemlich bunt zu sein. Dann machte ich mich daran, meinen Engel zu zeichnen. Ich begann mit Farben direkt über meinem Kopf, noch bunter als die meiner Aura. Ich zeichnete eine Spirale in die Mitte, damit die Form einen eindeutigen Mittelpunkt besaß, und dann viele leuchtende Farben, die davon ausgingen. Ich überlegte, wie sehr ich die Farben in meinem Engel mit denen meines Energiefeldes verketten sollte, griff dann lächelnd zum Gelb und verband die beiden. Platz da, Picasso, hier kommt Losada.

Ich liebe Zeichnen, weil ich mich dabei nicht verpflichtet fühle, gut zu sein. Die zweite Zeichnung sollte unsere Wohnungen darstellen, und wir mussten einen Hausgeist hineinzeichnen. Ich skizzierte ein paar Umrisse von Zimmern, stellte aber nichts in das Haus außer kleinen, grünen Energieblasen für die Pflanzen und runden, roten Energiekugeln für meine Tochter, den Mieter und mich selbst. Dann fügte ich mit Zyklamrot den Engel hinzu. Meine Tochter bedeckte ich komplett mit Farbe. Ich weiß nicht genau, warum, aber es gab mir ein gutes Gefühl. Es machte mich auch froh, die Energie meines Mieters mit dem Engel zu bedecken, aber als ich zu meinem Zimmer kam, ließ ich ihn in der Zimmerecke schweben, wo er mich ansah, meine Energie auf der einen Seite und die Engelsenergie auf der anderen. Ich weiß nicht, weshalb ich mich nicht auch mit Engelsenergie bedeckte. Vielleicht hatte ich Angst, ich müsste mich ändern und Spaß am Kochen entwickeln oder so. Dann zeigten wir uns gegenseitig unsere Bilder und plauderten ewig über sie wie aufgeweckte Grundschulkinder. Es ist schon komisch, wie sich ein Grüppchen Erwachsener amüsieren kann, wenn man sie nur lässt. Ich wünschte, ich hätte William als Lehrer gehabt, als ich zur Schule ging.

Dann kam die Abschlussübung. Zum letzten Mal saßen wir in unserem Feenkreis. Eine der Frauen sagte:»Ich habe gelernt, dass ich, anstatt nur zuzusehen, ein Teil des Lebens sein kann. Dazu war ich bisher nie imstande. Es war eine erstaunliche Erfahrung.«

Der Banker sagte, das Wochenende habe zu seiner Entdeckung beigetragen, dass er Heilkräfte besaß. »Ich lerne gerade, dem Wirken von Engeln zu vertrauen, da sie so viel Hilfe spenden können. Ich habe an Heilungen teilgenommen, die völlig aussichtslos schienen. Ich empfinde große Dankbarkeit.« Nicht alle sagten etwas, und ein Wunder geschah – ich schwieg.

Mark meldete sich zu Wort. Er sagte: »Das Meer und die freie Natur waren mir vertraut, seit ich denken kann. Immer wenn ich im Freien bin, spüre ich etwas, und vielleicht ist das die Harmonie, von der Sie gesprochen haben. Ich weiß, dass ich immer bewegt bin und mich hinterher besser fühle. Ballaglass Glen und der Strand … beide kommen mir jetzt wie ein Zuhause vor.« Es entstand eine kurze Pause, in der die Teilnehmer seine Worte aufnahmen, und dann klatschten wir Beifall.

Später überflog ich Williams Buch und fand den Satz: »Wenn jemand Respekt und Staunen empfinden kann, warum soll es dann von Belang sein, ob er an Engel glaubt?«

Es war kein Wunder, dass William Mark mochte.

Ich schlug mich nicht so gut. Als schließlich alle den Raum verlassen hatten, lächelte William mich an. »Mark und ich haben überlegt, ob wir heute Nachmittag spazieren gehen sollen – er ist etwas ganz Besonderes, nicht?«

»Ja, schon, aber ich bin im Zwiespalt«, gestand ich ihm. »Ich kann mich nicht entscheiden, ob ich mit ihm zusammen sein möchte oder nicht. Es ist, als schwängen wir auf unterschiedlichen Frequenzen.«

»Haben Sie mit ihm darüber gesprochen?«

»Ich kann nicht«, sagte ich kläglich. »Ich habe keinerlei Veranlassung, ihn zu kritisieren. Er ist, wie er ist. Und ich kenne mich, deshalb scheint es mir nicht fair zu sein.«

»Mir kommt es nicht fair vor, dass Sie mir mehr von Ihren Zweifeln erzählen als ihm.«

278

»Nein.«

Er und Mark schlenderten nach dem Mittagessen davon. Ich kam zu dem Schluss, dass ich Roger Woolger lieber mochte – wie ärgerlich, dass William mir etwas sagte, das ich nicht hören wollte. Bis dahin hatte ich ihn sehr gemocht, aber es hatte mir gerade noch gefehlt, dass jemand anderer Recht hatte. Puh. Das bedeutete, dass ich ein weiteres Mal die Möglichkeit in Betracht ziehen musste, dass ich Unrecht hatte.

Später an diesem Tag versuchte ich das »mit Mark reden«.

»Äh, ich weiß wirklich nicht, ob ich bei dir bleibe. Es entspricht mir einfach in so vieler Hinsicht nicht. Ich kann nicht mit dir reden. Ich habe keine Lust, jemals etwas Böses zu dir zu sagen. Ich bin so im Zwiespalt.« Ich jammerte erbärmlich. Mein Gott, welche Reife. Ich glaube, man nennt das »emotionale Intelligenz«, oder? Ich sitze noch in der Grundschule.

»Schon in Ordnung«, sagte er lächelnd. »Es macht mir nichts aus, wenn du im Zwiespalt bist.«

»Heißt das denn nicht, dass ich dich benutze, wenn ich mir nicht sicher bin, ob ich bei dir bleiben will?«

»Ich bin mir auch nicht sicher. Darf ich dich also auch benutzen?«

Er ist ja so nett. Was soll ich mit einem netten Freund anfangen, mit dem ich nicht fest zusammen sein will, der sich für aufeinander folgende Nummernschilder interessiert und bei dem ich mich jedes Mal darauf freue, ihn zu sehen? In Büchern heißt es doch immer, dass es ganz anders sein muss, oder?

An diesem Abend klopfte ich an Williams Tür, als er sich bereits zurückgezogen hatte und nach dem langen Tag ein wenig die Abgeschiedenheit genoss. Ich stürmte hinein wie jemand, der nicht soeben einen Kurs mitgemacht hatte, der die Feinfühligkeit trainiert, und fing an, mit lauter Stimme auf ihn einzureden, während ich ihm Bücher in die Hand drückte, die er signieren sollte.

»Ich habe mit Mark gesprochen«, sagte ich.

»Gut.« Offensichtlich fragte er sich, was in aller Welt ich in seinem Zimmer zu suchen hatte. »Könnten Sie das hier auch signieren?«, plapperte ich weiter, während er mich mit ungläubigem Staunen ansah.

»Äh, ich würde jetzt gern schlafen gehen.« Wie unvernünftig von ihm. Ausgerechnet wenn ich mich mit ihm zusammensetzen und die halbe Nacht reden will.

»Ach ja, natürlich.« Ich huschte aus dem Zimmer und dachte: »Jetzt hasst er mich.« Es war eine so schöne Woche gewesen. Warum hatte ich eine potenzielle Freundschaft blindwütig zerstört, indem ich zu nachtschlafender Zeit in sein Zimmer gestürmt kam? Wie konnte ich nur zu einer derart unsensiblen Handlung imstande gewesen sein? Und wenn ich nach einer Woche, in der ich mein Bewusstsein für Atmosphären und die subtile spirituelle Natur von Lebewesen entwickelt hatte, dazu imstande war, welche Hoffnung gab es dann in der Zukunft noch für mich? Ich setzte mich auf die Außentreppe und betrachtete die Sterne.

Ich sah auf das Buch herab. Er hatte geschrieben: »Ich wünsche Ihnen Liebe und Wohlwollen, William.« Ich dachte: »Mmm, wahrscheinlich findet er, ich habe beides nötig.« Dann entdeckte ich vier X – für ebenso viele Küsschen. Ich bin zwar unverbesserlich, aber William empfand genug Wohlwollen, um mich trotzdem zu mögen.

Epilog: Immer noch auf halbem Weg

»Und – was haben Sie gelernt?«, höre ich Sie zweifelnd fragen.

Ich sehe einen tibetischen Lama, der mir schmunzelnd mitteilt, dass ich unter Halluzinationen leide, falls ich mir einbilde, etwas gelernt zu haben, und es besser für mich gewesen wäre, wenn ich überhaupt nicht erst versucht hätte, diesen Weg zu beschreiten. Dann grinst er und sagt etwas wie: »Lieber dasitzen und über das Gras meditieren als den Weg der Illusion zu gehen.«

Hier sind nun ein paar meiner Illusionen, die ich fröhlich bekannt gebe.

An erster Stelle steht der von Insight gelehrte Zauberspruch, der zu einem Bollwerk meines wunderlichen Glaubenssystems geworden ist. Sie kennen den Satz – und jetzt alle gemeinsam: »Nutze alles für deine Erfahrung, Erbauung und Entwicklung.« Ich wende diesen Grundsatz wirklich an. Wenn also etwas Beschissenes passiert, sage ich nicht nur »Ach du Scheiße«, sondern frage mich: »Was kann ich daraus lernen?« Dieser Gedanke mag zwar eine Selbsttäuschung sein, aber es ist eine enorm praktische, finden Sie nicht? Und, was noch schlimmer ist, ich bilde mir ein, dass ich infolgedessen unaufhaltsam zu einem wundervolleren Individuum heranreife. Meinem Ego gefällt diese Vorstellung ganz besonders. In der wirklichen Welt mache ich mir vielleicht nur zunehmend etwas vor. Außerdem ist mir aufgefallen, dass all das völlig egozentrisch ist, aber ich kann die Frage, ob ich etwas gelernt habe, schwerlich beantworten, ohne die sowieso schon tiefen Wasser des Sich-gehen-Lassens in diesem Buch auf ganz neue Tiefen abzusenken. Also springen Sie rein. Sie können all das jederzeit auf sich selbst anwenden, und dann können wir uns schamlos gemeinsam gehen lassen.

Was das »ein besserer Mensch werden …« angeht: Es gibt tatsächlich einen Gedanken, der ein klein wenig beigetragen haben mag, und zwar die Erkenntnis, dass das, was wir über andere sagen, ein sicherer Hinweis darauf ist, woran wir bei uns selbst arbeiten müssen. Zwei Kommentare habe ich in jüngster Zeit von Freundinnen gehört: »Meine Mutter ist ja so voreingenommen!« und »Mein Freund ist absolut intolerant.« Sehen Sie, wie es funktioniert? Wer ist denn in solchen Gesprächen voreingenommen und intolerant? Zuerst einmal der Sprechende. Ich bemerke immer wieder, dass sämtliche Kritik an anderen sofort auf uns selbst zurückfällt.

Wissen Sie, ich kann laut und starrsinnig und voreingenommen und egoistisch und warmherzig und freundlich und sanft und einfühlsam sein. Das macht mein Wesen aus, und ich kann mich trotz aller schlechten Eigenschaften lieben und akzeptieren. Das muss ich lernen, wenn ich andere lieben soll – koste es, was es wolle. Es gibt andere Probleme, die wir mit unserem Leben haben, aber am Lieben und Geliebtwerden liegt uns doch am meisten, stimmt's? Es ist seltsam, wenn Leute fragen: »Was ist der Sinn des Lebens?« Ist das nicht ganz einfach? Ist der Sinn nicht stets die Liebe?

Und was ist mit Glück? Ob ich glücklich bin, wollen Sie wissen. Umfassend, überschäumend, himmelhoch jauchzend und gedankenlos? Dass mir die Tränen übers Gesicht strömen und ich weiß, dass es in Ordnung ist? Dass es in Ordnung ist, mich missverstanden oder verlassen oder wie auch immer zu fühlen? Und mit dem Schmerz und dem Leid in Frieden zu leben? Zu wissen, dass ich mein Bestes tue und Sie ebenso und dass alles, ob es nun schwierig oder erfreulich ist, vergehen wird? Alles willkommen zu heißen? Ja, das ist Glück. Es ist nicht das, was wir normalerweise unter Glück verstehen. Die andere Art, die auf Beziehungen, Geld und beruflichem Erfolg basiert, mag ja wesentlich amüsanter sein, aber sie kann über Nacht verschwinden. Welche wäre Ihnen lieber?

Das Leben ist spannend. Wir alle haben etwas zu bieten, und es gibt so vieles, was man tun und lernen kann. Man braucht gar nicht viel Geld. Werfen Sie einfach Ihren Fernseher weg und werden Sie kreativ. Wenn es wirklich noch nicht zu spät ist, all die Dinge zu tun, die wir schon immer tun wollten, was dann? Mal sehen, ob ich eine Schale auf einer Töpferscheibe machen kann, ohne dass der Drehteller davonfliegt. Einen einjährigen Tantra-Sex-Kurs belegen. *Erinnerungen, Träume, Gedanken* lesen. Eine Möglichkeit finden, den Regenwald zu besuchen, solange es ihn noch gibt. Eine eigene Biomülltonne anschaffen. Selbst Brot backen. Einen Hund haben. Im Weihnachtsmärchen den Prince Charming spielen. Durch Südamerika reisen. Ein halbes Jahr als Freiwillige im Orden von Mutter Teresa arbeiten. Auf einem Kamel reiten. Ein großes Bild in den Grundfarben malen. Politik, Geschichte, Erdkunde, Biologie, Geologie, Theologie und Psychologie studieren ... ach nein, vielleicht doch nicht Psychologie. Aber Fußreflexzonentherapie – das ist eine Disziplin, die mir gefallen könnte. Und gerade habe ich eine Adresse in Großbritannien gefunden, wo Astralreisen gelehrt werden. Sie wissen schon, diese »außerkörperliche Erfahrung«, die Menschen haben, wenn sie im Sterben liegen. Das kann man jetzt lernen, während man noch lebt. Ist es zu fassen?

Wir haben nur noch eine begrenzte Anzahl an Herzschlägen übrig. Also werde ich das, was ich tun will, wohl gleich tun müssen. Und was sollen wir tun? All das, was uns und den Menschen um uns herum Freude bringt. Es gibt ja so viel Inspiration. Sehen Sie sich das Leben von Helen Keller, Christopher Reeve oder Nelson Mandela an. Suchen Sie sich ihre eigenen Lieblingsbeispiele aus.

Doch genug davon. Vielleicht interessiert Sie ja das Ende der romantischen Seite meiner Geschichte. Heute Morgen rief mein Amerikaner an. Er sagte: »Isabel, ich habe einen schrecklichen Fehler gemacht. Du bist die Richtige. (Orchestereinsatz) Du bist die einzig Richtige – ich bin ziellos umhergeirrt und habe nun endlich erkannt, dass du die Richtige bist.« Er hat eingesehen, dass sein Leben ohne mich immer unvollständig bleiben wird.

Wenn ich doch nur Romanautorin wäre.

Beim Rebirthing hätte ich eigentlich gelernt haben sollen, dass ich mit einem Mann zusammen sein kann, den ich will und der mich will. Aber ich kann diesen Satz nach wie vor nicht aussprechen, ohne zu schmunzeln.

Ich liebe den kahlköpfigen Mann aus dem Norden, der sich für aufeinander folgende Nummernschilder interessiert, aber irgendwie ist von Anfang an ein »aber irgendwie« dabei gewesen.

Der August kam, der Monat, in dem ich eine Entscheidung fällen sollte. Wir saßen eines Abends am Strand und tranken Rotwein, genau wie er es mir zuvor per Hypnose versichert hatte. Er sagte genau die richtigen Dinge: »Ich liebe dich. Ich möchte bei dir einziehen.« Und ich saß da wie ein albernes Weibchen und weinte. Doch statt ihn zu küssen und ihm den Schlüssel zu reichen, wie es sich gehört hätte, sah ich nur weiterhin jämmerlich drein. Er saß da und sah mich an. Ich wollte nicht, dass er bei mir einzog. Ich wollte mein Leben nicht mit ihm verbringen.

Ich murmelte: »Können wir uns nicht einfach weiter sehen wie bisher?«

»Nein. Ich will mehr.« Auf einmal klang das Drehbuch verdächtig nach zu vielen Episoden von Vorabendserien.

Ich schwieg. Manchmal kommt das vor.

Er blickte aufs Meer hinaus und sagte: »Gut, okay. Ich bringe dich morgen früh zum Bahnhof.«

»Und steckst mich heute Nacht ins Gästezimmer?« Guter Gott.

»Ich glaube schon. Ich glaube, das Alleinsein wird uns sowieso beiden gut tun. Die wahre Reise ist die mit uns selbst.« War das ein Echo, oder befand sich irgendwo hier am Strand eine Nonne?

»Rufst du mich an?«, fragte ich.

»Vielleicht.«

»Kann ich dich anrufen?«

»Natürlich. Wann immer du willst.« Wir lächelten einander etwas dümmlich an. Eine seltsame Art von Happy End.

Der Morgen kam, und er hielt sein Wort und brachte mich zum Bahnhof.

Vielleicht glauben Sie, ich sei ein hoffnungsloser Fall? Unheilbar dysfunktional? Und alle meine Bemühungen, mich zu bessern, seien schreckliche Fehlschläge gewesen? Vielleicht finden Sie, ich hätte bei dem kahlköpfigen Mann aus dem Norden bleiben sollen, wo er schon so dumm war, mich zu wollen. Doch ich habe meine Wahl getroffen, oder nicht? Oder vielmehr, er hat es getan, weil ich nicht den Mumm dazu hatte. Gut für ihn. Er wollte alles oder nichts. Seltsame Sache, das. Normalerweise ist doch angeblich der Mann derjenige, der eine feste Bindung ablehnt. Aber ich hätte den letzten verrückten Amerikaner geheiratet. Ich wollte lernen, ihn zu lieben, also glaube ich nicht, dass ich ein Problem mit Bindungen habe, solange ich das Gefühl habe, mich an den Richtigen zu binden. Verdammt schwer zu fassen, diese Richtigen, stimmt's? Also habe ich jetzt Gelegenheit, meiner Beziehung zu mir selbst auf den Grund zu gehen. Verflucht noch mal.

Heute ist ein neuer Tag. Ein Dienstag. Meine Teenager-Tochter hat mich angelächelt. Ein rotbrauner Kater ist unaufgefordert bei mir eingezogen und sieht heute Morgen ganz elegant aus, wie er da auf den zermatschten Blumen im Blumenkasten hockt. Der Briefträger hat Briefe mit handgeschriebenen Umschlägen gebracht. Der Himmel ist von einem grässlichen Grau, und ich wette, es wird jede Minute zu regnen anfangen. Ich schlendere hinaus, mitten auf die Battersea Park Road, und bin völlig grundlos irrsinnig glücklich.

Ich wollte lernen, heiteren Optimismus auszustrahlen, ganz egal, was sich in meinem Leben ereignet. Anscheinend gelingt mir das. Und ich wollte absolut widerlich werden – ich bin nahe dran, finden Sie nicht?

Danksagung

Sämtliche Personen in diesem Buch gibt es wirklich. In manchen Fällen habe ich die Namen der Betreffenden geändert, um ihre Identität zu schützen, doch erscheinen viele mit ihrem echten Namen. Deshalb möchte ich allen danken, die in der einen oder anderen Form hier erwähnt werden. Besonderer Dank gebührt Dr. Roger Woolger und William Bloom, die mir nicht nur erlaubt haben, ihre Worte zu zitieren, sondern auch in großem Umfang Material aus ihren Büchern zu nutzen.

Auf persönlicherer Ebene möchte ich mich bei Michael Morris, Sarah Leigh, Tony Edwards und Christy Mack für ihre Unterstützung bedanken. Besonderen Dank schulde ich meinen Lektorinnen Rosemary Davidson und Marian McCarthy und der enormen Begeisterung, Fantasie und Energie aller Mitarbeiter von Bloomsbury. Es ist ein wirklich außergewöhnlicher Verlag.

Schließlich danke ich meiner Tochter Mez, deren Geduld mit mir unendlich und wundersam ist.

Die Autorin

Isabel Losada lebt in London. Sie war Schauspielerin, Sängerin, Tänzerin und TV-Produzentin. Ihr erstes Buch, eine Sammlung von Gespächen, erschien auf Deutsch unter dem Titel *Um Gottes Willen. Warum Frauen ins Kloster gehen* (2000).